仗卷走天涯

全国大型社会调查之督导笔记

SOCIAL SURVEY SPREADING THROUGH CHINA

Reflection of
Chinese Large Social Survey

邹宇春 崔 岩 主 编

李 炜 任莉颖 范 雷 张丽萍 副主编

社会科学文献出版社
SOCIAL SCIENCES ACADEMIC PRESS (CHINA)

序

本书是由一群参加了"中国社会状况综合调查"（Chinese Social Survey，CSS）的老师和学生们合力完成的对社会调查实践体会的汇聚。书中用日常的语言讲述了每位督导参与这项大型社会调查的点点滴滴。通过陈述自己的亲身经历和感受，每位作者用非学术化语言讲述了一个个与社会调查有关的"故事"，或深或浅地反思了社会调查的学术旨趣和时代使命。

一

社会调查是系统地认识社会的一种方式。通过结构式或非结构式访问，研究人员直接从取自总体的样本那里收集信息并进行分析，从而得到一系列对这个社会的认识和判断，进而以此为基础去了解、评估和完善这个社会。我国越来越多的社会政策的制定、评估和完善，都重视社会调查的作用。因此，在这个"没有调查就没有发言权"的标准被广泛接受的时代，掌握并熟练运用社会调查技术是实现与社会有效对话的重要途径。

但是，如何把社会调查的专业知识转化为实践中的调查操作，这中间实际存在着一条很长的路。本书希望通过每位督导朴实无华的笔记自述，把他们各自走过的路慢慢地呈现出来，以抽丝剥茧的方式，为那些没有参与或即将参与大型社会调查的调查人员提供可参考的、内容各异但执行原则一致的社会调查的现场执行案例。本书意在呈现，在遵守专业要求和遵从现场执行情境之间的这条路不容易走，但也没有想象中那么难，甚至还很有趣，会带来不同的收获和成长，令有志之士心向往之。

因此，在结构编排上，书中每篇文章首先会叙述执行 CSS 的大致经历，包括成功的经验和存在的困难，不会刻意去渲染、夸大或躲避，而是实事求是地还原一个个真实的现场案例；其次，从督导的视角提炼出这项大型社会调查的优点和不足；最后，指出这项调查可改进的环节以及个人领悟，供后来者飨食。

本书总体上分为三部分，分别名为"边走边看"、"辗转反侧"和"逆流而上"。名字的意涵主要源自《诗经·周南·关雎》，指代大多数人对社会调查的态度转变恰是三部曲的过程。对于参与调查的人来说，社会调查是内心向往的美好，但其相拥的过程却免不了一番波澜起伏：从初遇时的相看欢喜到接触过程中的痛苦与彷徨，再到幡然领悟的逆流而上。因此，这三部分的文章内容也由浅入深，逐渐展现越来越多的学术思考和实践沉淀。

换言之，多数人在接触社会调查课程或专业书籍后，都对社会调查实践有种迫不及待、跃跃欲试的冲动，但在真正实践的过程中，却发现用"知易行难"来形容社会调查最恰当不过。很多督导深深体会到，社会调查的实践现场对专业知识的掌握度、对各种规则的操作化有非常高的要求，加上来自调查现场的时间压力、组织协调力的压力以及心理调节能力的压力，督导们常常"被迫"在调查现场迅速成长，从"手足无措"最后成长为"笑看风云"。无论是在专业上，还是在个人能力上，最终坚持下来的督导都获得了极大的提高。高质量地完成社会调查，一定是痛并快乐的过程。

二

那么，在以入户调查为主要数据收集形式的这类社会调查中，为何那条架在知识与实践之间的路是模糊、坎坷但却令人向往的呢？

为了减少各类误差，入户调查须设计非常专业的执行规则，这些规则对现场入户调查的各个步骤都做了规定，从随机抽样到问卷提问，从平行数据到后台质控，每个规定都服务于社会调查的相关理论假设和统计原理。但是，由于调查执行的现场情况存在差异性，原则性的规则很难覆盖所有调查点的特殊情况。如果不及时调整某些规则，现场调查执行的难度会加大。但是问题在于，谁来调整这些规则（是设计者还是执行者），在什么范围内允许规则发生变化，某个调查点的规则调整会不会成为区域间的误差。更重要的是，社会调查的现场执行人员（包括督导、访员）能否真正理解、掌握、认同每个调查步骤背后的设计理念，能否在调查主动性和调查执行力之间保持平衡。

也就是说，一项好的入户调查既要遵从设计规则以确保调查的标准化和数据的有效性，同时也要在考虑各地入户执行特殊难点的现实情况下，在原则许可范围内对执行规则做出相应的调整。如果只遵从规则却不根据现场执行特点做出相应的调整，就会导致现场执行变得相当艰难，不仅会耗损现场执行人员的执行力，还会无形中增加调查的人力、物力和时间成本，间接降低数据的有效性。但如果一味地为了便利现场执行而无原则地调整现场执行规则，又很容易导致调查误差的增加，破坏数据的质量，并且这种误差在调查数据的统计分析中不那么容易被发觉。

因此，只有对调查目标、统计原理和现场可能遇到各种难点进行统筹管理与平衡，才有可能做出有效合理的调查规划和现场执行方案。一旦需要调整时，才能做出即时有效的调整方案。这个过程，实际就是社会调查知识与社会调查实践之间的那条神秘的路。这条路不好走，但必须走，而且走得越稳，社会调查的数据质量则越高，带来的社会价值和学术价值也越大，类似"马太效应"。

这是社会调查领域的难题。不过，本书尚不准备全方位、系统性地阐述如何能把这条路走好，而是聚焦于一个层面：从督导的视角出发，以他们参与 CSS 的亲身体验来讲述在这条路上所遇种种以及如何应对。比如，现场抽样如何做，现场访问如何问，与受访户如何建立良好的互动关系，遇到拒访怎么办，遇到挫折怎么办，如何做好访员的心理建设，如何做好调查团队建设，如何处理督导和访员的关系，如何充分动员社区调查资源，等等。需要说明的是，督导们的应对，也许并不一定是最优解决方案，供讨论之。

三

为了方便广大读者阅读，笔者对书中反复提到的一些专有名词（比如，CSS、CSSer、PSU、SSU、地图地址抽样）和相关背景信息解释如下。

CSS 是"中国社会状况综合调查"的简称。该调查是中国社会科学院社会学所于 2005 年发起的一项全国性入户调查，每两年实施一次，每次覆盖 10000 余个家庭。通过收集我国 18~69 岁居民的生活、就业、家庭、社会心态等方面的数据信息，发掘和了解我国社会发展过程中的规律与问题，为学术研究和政府决策提供参考。

在抽样方法上，CSS 采用了多阶段混合抽样（multi-stage composed sampling）设计。首先利用第六次全国人口普查分区县市资料，将全国的区县按照地理 - 行政区域的分布，即东北、华北、华东、中南、西北、西南 6 大地理 - 行政区域划分为六大层。而后在第一阶段抽样中，采用隐含分层（implicit stratified）方式在每个层中按照 PPS（按规模大小成比例的概率抽样）方式，抽取 151 个区县（即 primary sampling unit，PSU）。在第二阶段抽样中，以 PPS 的方法在每一个抽中的区县内独立抽取 4 个村（居）委会（即 secondary sampling unit，SSU），全国范围内共计抽取 604 个村（居）委会。

为了覆盖更多的外来常住人口，CSS 在第三阶段抽样中采用地图地址抽样（address-based sampling）抽取住户地址。即深入抽中的村（居）委会实地，用地图法绘制出村委会和居委会的所有建筑物，并进一步列举建筑物中的所有住宅，以此作为抽样框来抽取住户地址。抽出受访户以后，第四阶段由访员根据一定的规则在受访户家庭内现场随机抽取受访者。

为了更好地推动入户调查的现场执行，项目组通过报名选拔考试的方式在北京高校中招募以社会学、社会工作专业为主的研究生，承担项目的培训督导和巡视督导工作。经过 10~15 天的 CSS 专项培训和实地操作演练，这些担任督导的学生奔赴全国各地，与项目组老师一起培训地方督导和访员，同时还要前往调查实地，为地方的调查执行提供专业支持和现场调查技术指导，并配合北京总部质控进行现场质控反馈。

可以说，CSS 是一项设计严谨的、执行规则相对规范的全国性的入户抽样调查。参与这项调查的大部分督导都具有良好的专业基础，并接受了 CSS 执行的专项培训。尽管如此，在 CSS 的执行过程中，他们仍然遇到了很多挑战，有辛酸、有感动、有彷徨、有欣喜，也有更多的思考。

四

最后，是致谢。

没有 CSS，就没有本书。感谢所有参加 CSS 的老师和学生们，我们称之为 CSSer! 感谢中国社会科学院的领导及相关部门、中国社会科学院－上海市人民政府上海研究院，以及社会学研究所诸位领导和同事们对 CSS 项目的大力支持！感谢创立 CSS 项目的老所长李培林研究员，感谢以李炜老师为首的 CSS 项目执行团队全体成员，他们的名字在本书中随处可见。还要感谢 CSS 的各地执行科研院所的大力支持！感谢本书的编辑张小菲老师！

"年岁一挥过，且唱曲三叠。愿为民安乐，策马再力竭"！

邹宇春

2019 年 5 月

目录
C O N T E N T S

099

**第二部分
辗转反侧**

195

**第三部分
逆流而上**

第一部分

边走边看

在路上

田 帅

我特别喜欢在路上的感觉，总是盼望着在路上遇见形形色色的人，经历形形色色的事。跟自己对话，谓之内观，能感觉到自己以肉眼可见的速度成长，身高是指望不上了，能指望的是心灵。中国社会综合状况调查（Chinese Social Survey, CSS）是期盼已久了，课堂上李炜老师绘声绘色地给我们讲以往 CSS 调查中发生的"奇闻趣事"，成功俘获了一众"粉丝"，我也是其中之一，希望自己能为 CSS 做点什么，哪怕是一丁点儿事情也好。我非常幸运能够进入 CSS 的培训课程，得到了各位老师的提点，才有了后面的"CSS 旅程"，也才有了一个终生难忘的完美夏天。

一 宁夏的夏天不宁静

培训完之后的等待让人内心澎湃，我想着终于可以挽起袖子大干一场，尤其是第一批去福建的队友出发之后，各种"脑补"下现场之后八面威风的场景；同时我也很担忧，整日提心吊胆，担心自己学艺未精，不能很好地处理现场遇到的各种问题，影响调查进度，甚至影响整个调查的数据质量，这可就是大罪过了。

盼望着，盼望着，终于接到了去宁夏的"命令"，由范雷老师带队，毕林、胡石伟还有我一同前往。听到这个消息，我悬着的心终于放下了，有范老师指导，有两位队友做榜样，自然是不用担心了。奈何，世间之事总是充满着变数，我们突然又接到通知，范老师要带毕林去兰州"督战"，因为宁夏本身调查点也比较少，不需要那么多"人马"。

如此，只有我和胡石伟去宁夏了，我要协助胡石伟宣讲，并且做好行政和巡视工作，而胡石伟宣讲完之后就去下一个调查点，我一人全程跟随调查。我又开始心慌，心里问了十万次"怎么做"，却也只能把慌张抛之脑后，紧锣密鼓地准备，四处与队友们交流应该做什么准备工作，整理宣讲的PPT，思考到现场之后应该都要开展哪些工作，现场怎么开展工作，密切关注"打响首战"的福建队的"每日捷报"……出发前一天的晚上我只睡了两三个小时，花了好长时间列了一张工作清单和个人物品清单，然后按着清单准备。凌晨两点，我已经在需要携带的十台平板上安装好APP，充好电关机。CSS之旅开启，期待一个完美的夏天。一路西行，我的内心颇不宁静。纵然睡眠不足，在火车上还是要细心准备宣讲的内容，与胡石伟对坐，互相提问、试讲、提意见。当然，主要是我向胡石伟请教。次晨到达塞上江南，下着雨，潮潮湿湿的，很不清爽。

稍作歇息，便开始了宣讲培训。参加培训的基本都是在读硕士，培训的时候还是有点没有底气，不过有这么高水平的访员，我对接下来的问卷调查还是有不少信心。培训进行了三天，我和胡石伟的活动轨迹基本在宾馆、培训教室以及学校食堂之间，学校的景色也来不及领略。培训结束的当天，胡石伟马不停蹄去了四川，我跟随聂君老师带队的宁夏调查队伍去了石嘴山惠农。

图 1 宁夏调研团队合影

这里夜幕降临得比较晚，九点晚霞还红彤彤的，吃了"特色玉莲面"。循着夜色，聂老师带着我们去附近的一个小区"踩点"。聂老师边走边给我们讲，石嘴山是一个工业小城，这几年的发展速度变缓，青壮劳动力外流十分严重，这里的老人和学生居多，要不然就是"候鸟"，周内在石嘴山上班，周末回银川跟家人团聚，如此往复，给调查增加了很大的难度。这个小区是以前一个工厂的家属区，人员复杂，这提醒我们第二天做问卷时要注意安全。我的心扑通扑通跳，越来越不宁静。

第二天，顶着近40℃的酷热，聂老师带着"大部队"去了离市区较远的J农场；我带着一名地方督导、两名访员在头一天晚上"踩过点"的小区开始调查。适逢周末，居委会不上班，联系未果，一个一个样本敲门更是收效甚微，我倒是宁愿被拒访，也不愿苦苦敲门得不到回应了。

晚上开会，听另一路访员说，J农场的进展甚是可喜。J农场特别大，他们兵分几路，各个"击破"，正是农忙，有访员甚至帮农人们干完农活才得到调查问卷的机会。

第三天，J农场已经结束"战斗"，第三个社区的调查开始了，正当我兴冲冲地和一个访员连着敲了五六个样本家的门、终于做完一份问卷，中午休息时，却得到了调查暂停的消息。由于天气太热，有几位访员中暑，为了安全起见，聂老师决定暂停访问。我很是忧虑，感觉自己工作做得不到位，赶紧联系范老师，又联系李炜老师。

就这样悻悻而归，当天下午就回了银川。报告邹老师后，得到先回北京休息的"命令"，后又突然被告知需要火速前往江西。从西安辗转去江西，片刻未停留，一过家门而不得入，甚至没有吃上羊肉泡馍，我到达萍乡已经是晚上了。

二　江西的辣哪个不怕?

由于到得太早，还没有公共交通，我找到住处后毫无睡意，只好去街边溜达，顺便看看附近有没有药店、哪里可以吃早餐。宾馆门口在修路，我走到一个路口，看到除了还在营业的烤串、喝酒吹牛的食客，其他别无，顿时没了兴致。

返回宾馆跟前台值班的服务员搭讪，了解一下跟队友会合处的线路、当地的风土民情。宾馆前台说，上到不会动的老太太，下到不会走的小朋友都是会说普通话的。这让我放心了不少，闲扯了几句，回房间赶紧写通稿。

江西由白舒惠、秦亚琪、高晋三个女生分别带了一队"人马"，很是辛苦。因为高晋马上要去武汉（后直接去广西），所以我去接替她，带领"萍乡小小分队"。此次江西省的调查是江西社科院委托某平台做的，平台招募的访员也是"普通院校"中低年级的大学生，似乎没有什么"竞争力"。江西的访员由一位他们口中的"小兰姐"掌握"财政大权"，有"财权"的必然是有"发言权"的，访员们也确是由"小兰姐"总领。分了"三队人马"之后，每个小分队又有一名督导、一名财务，所以每个小分队都是统一花钱，我也就跟着"蹭吃蹭喝"，无以为谢，只好隔三岔五地买点水果。访员们每天晚上都要开"复盘"会（由地方督导自行主持），每个人都要在专门的"CSS调研感悟群"里写当日工作总结。工作总结分为四部分：回顾目标，还原现实，明日计划，心得感受。工作中还要贯彻"三主动原则"，即主动思考、主动确认、主动反馈。

我心中满是惊喜，行政联络、路线规划、吃饭住宿、团队建设基本不用太过于费心。反观我们的巡视督导、宣讲督导、绘图督导团队，虽然相亲又友爱，总觉得像一柄一柄被发射出去的"宝剑"，虽然个个都是"宝"、都是"利器"，却总归没有"剑阵"的威力大。与其要求巡视督导们天天自觉写巡视日志，最后统一上交，不如差专人天天在微信群"催更"，由专人整合。这样也能掌握每一支队伍的进度，结合上传到北大数据中心的数据，汇总"村居层面数据"，及时又清晰。

具体在每一个村居进行调查的时候，也可以在微信群"直播"样本接触情况，每接触一个样本，访员都在微信群里面"直播进度"，如果不能及时"直播"，也要在有信号、有时间的时候"补播"。在江西某几个村的调查问卷这样做过，效果还是有的，晚上只需要查阅聊天记录就可以掌握情况，以后再翻也非常方便，也能落实到人［可以统一格式，比如访员＋样本ID＋接触对象（访问对象＋性别＋年龄）＋接触状态（无人／拒访／再约／完访）］。

在江西待了20天，我们辗转了芦溪、玉山、吉安3个县的9个村，大部分调查点都是山村，非常分散，往往村头到村尾要绵延几十里路。为了节省体力，玉山的访员们摸索出一套方法：到一个村安顿好住处，就开始借交通工具，往往是旅馆老板或者村干部"遭殃"，他们需要提供电动摩托车、自行车等。"江西老表"也真是好，最不济也能在山路上拦个便车。在玉山县骑过两辆除了铃不响哪里都响的自行车，骑过两辆电动摩托车，我脑海中净是《摩托日记》，还有《转山》。我走过不见五指的夜路，走过坑坑洼洼的公路，走过蜿蜒而不绝的山路；被大狼狗追过，虽然当时骑着电动车，但是已经快没电了，大狼狗似乎刚吃饱，与我对峙了好久，那时天色已晚，我眉头一锁，急中生智，右手抓住电动车丝毫不减速，左手从口袋里掏出法式小面包，先诱惑之，随后"嗖"地一下将面包抛向远处，趁着时间差，赶紧溜之大吉。

在玉山县某镇，我们住过一个"麻雀虽小，五脏俱全"的旅馆，旅馆门前落地灯箱上——左边写着"宾馆、歌吧、复印、传真"，右边写着"刮痧、拔足、按摩"，中间赫然写着"按摩院"。我们心中不免嘀咕，这回去能报销吗？也罢，反正是访员找的住处，且小镇上也没其他旅馆了，踏实住着吧。在每晚50块钱的"按摩院"住了三天三夜，老板娘是一位四十多岁的大姐，圆圆的身材，喜欢扎丸子头，丈夫早走，留下三个孩子如今都已有模有样，大姐孤身一人，为了排解寂寞，买了"专业的粉红麦"，有麦架的那种，每天晚上都要做直播唱歌。房间没有热水，我们每天调查完回来比较晚，都要去大姐那儿拎热水壶，总会打扰到大姐的直播。

江西的食物用一个字评价，就是辣！每一道菜都辣。对于我这种清淡惯了的人，刚开始只能吃白粥就咸菜，但是吃不饱，而且江西菜看着很香，我就跟着吃，每次吃完胃里面都热滚滚的，吃得是鼻涕一把泪一把。红辣椒配绿辣椒再加辣椒粉，不怕轰烈短暂，却怕绵延不绝。虽然夸下海口，在江西呆上半个月，从此变态辣不在话下，心里却在说"江西辣我是怕"了。

从江西回到北京的那天是我的生日，一个人发着烧去看了场电影。

三 关于郑州的那点记忆

关于郑州的记忆并不多，以往都只是路过这城市，这个夏天终于匆匆去了一次。8月17日晚上快11点还在整理村居的数据，得到胡老师通知说是需要到郑州走一遭，走便走，哪里需要便去哪里。

因为平板还没有调度好，所以我就没有提前订票，第二天等胡老师那边安排好可以出发的时间之后，再订票已经没有动车和高铁了，普快也只剩下了无座票。北京下着小雨，平板公司的工作人员把平板送到了北京西站，50台平板平平整整放在一个纸箱子里，纸箱直接放到我带的行李箱里，正合适。得亏胡老师提醒我带行李箱，不然真不方便携带。

还一直担心会被安检员拦下开箱检查，心里已经盘算好回应的"台词"了，这一幕却没有发生。到郑州的时候已经晚上10点多了，郑州的地铁已经停运，跟接我的张宾一起打车去他们住的宾馆。到了宾馆，李炜老师辛苦了一天已经睡下了，小伙伴们陪我吃了碗烩面就赶紧回宾馆检查平板，充电是否正常、进行APP更新，三个房间，一个房间分十几台开始操作。凌晨1点多，下起了瓢泼大雨，我坐在地上听雨，头已经开始疼，贾聪还在对着电脑……

雨下了一整夜，8 月 19 日早上，李炜老师带着我们去吃早餐，胡辣汤，吃得美滋滋。我休息了一会儿就动身回北京了，雨还在下。

四　日喀则那美丽的河

2013 年，我去过一次拉萨，留下了诸多遗憾。听到 CSS 可以申请去西藏做督导，便主动请缨，欣然前往。直达的火车票没买到，只好从西宁转车，也便有了我 2017 年支付宝年度报告里的那句"走遍了北京、西宁的便利店"。从西宁到拉萨的火车，跟 2013 年是同一个车次，旅游专线，一步一景，全然仙境。

忘记还要准备宣讲课程，还要写作业，其实是假装忘记，景色真的是太美了，不忍心错过！整个车厢的人不是扒着窗感叹，就是扒着窗狂拍，信号稍好的地方还有通过视频向别人炫耀的，我贴着窗做"沉思者"状，眼睛也不舍得眨。

这次可是带着"非常"任务来的，肩膀上扛着巨大的责任——整个宣讲的课程、整个巡视的课程都需要自己来完成。本来说的是 8 名访员，结果因为一些原因突然减半，时间紧迫，任务繁重。

初上高原，一般都被告诫要缓慢行动、戒烟戒酒，我要一直讲三天课。访员都是藏族的，庞老师也尽可能找到家在南木林县的学生，这样到实地后便于沟通，说不定能遇上访员的亲戚。为了更快地融入当地，我们按照藏族孩子的节奏，中午跟他们一起去藏餐馆吃饭，先喝上一壶茶——甜茶或者清茶，吃完饭就在草坪上睡会儿，这样更能亲近大自然。访员们说，如果能喝惯酥油茶，能吃生牛肉，藏语肯定能学好，我只能说我还是喝茶吧。

因为汉语不是他们的第一语言，所以他们理解起来也慢一些，我就只能慢慢地讲。有 3 名访员来得早，2 名访员来得晚，只能再把后面俩人落下的再讲一遍。访员也反映了一些特殊情况，比如一妻多夫制怎么处理，藏传佛教要不要与其他佛教做区分，等等。我特别担心访谈的时候会出现失误，因为全程他们都讲藏语，我就算跟着也只能傻看着，也不知道讲了啥。

从拉萨坐公共汽车去南木林县，一路风光，尤其是进入日喀则以后，风景美得不像话，我坐在汽车上一路狂拍。还没出发，庞老师就说南木林可能在过节，但是要调查的4个村子有没有过节还不知道，到了南木林之后我们发现，临近县城的那个调查点刚开始过节。这节日叫作望果节，就是在收青稞之前一个祈祷收成的节日，一过节就没办法进行调查了。过节时，全村人都搬着帐篷、沙发、床，搬着酒肉食物，到广场上驻扎，中午来广场，吃完饭开始喝酒、聊天、喝茶、玩骰子，玩儿高兴了就开始跳锅庄舞，跳高兴了又开始喝酒，如此一共7天。藏族同胞都非常友好，没有拒访的现象，只要能找到人，条件符合基本没问题。

西藏的调查还有一个不便是不能进行绘图抽样，日喀则属于边境地区，绘图要经过层层审批，所以只能根据名单进行抽样。到村委会沟通后，拿到村里尽可能全的名单，用随机数表进行现场抽样。刚开始我心里想，即便是现场抽样，名单也有电子版吧，直接随机数表一数，对照电子表格就完成了，结果在抽样环节，压根没用电脑。在南木林县租了一辆车，司机小哥基本不会说汉语，调查期间载着我们，很是辛苦。

第二个村也在过节，不过已经到最后一天了，人们已经懒洋洋了，在村委会抽好名单，给访员分配好之后，直接进帐篷做问卷调查。藏族同胞很热情，进了帐篷之后就给我们倒酥油茶，如果不喝，就双手端给你，喝一口就给续上，访问一般进行两个多小时，喝得肚子油滚滚；也有的藏族同胞十分贴心，看我是汉族人，担心我喝不惯酥油茶，直接给我倒白开水，也是一直让我喝，直把人家一大保温瓶开水喝没了；也有邀请我喝青稞酒的，我担心自己不胜酒力，喝了一两杯，不敢再喝。因为任务比较紧，基本都是一天完成一个村，早上出发前吃一顿饭，完成之后回县上吃一顿饭。

去调查的第三个村正在修公路，路左边就是河道，真可谓一路泥泞，穿山越岭。一路颠簸，车里面放着音乐，访员们不时合唱，感觉真好。第三个村子刚抽样完、分配好任务之后，访员便四散开来，快速地向样本靠拢，我一抬头，访员都不见了，我就拿着趁分配任务时记下来的几个藏语名字，一路用蹩脚的藏语名字问路，很尴尬，只会说几个名字，其他啥也不会，跑了一圈也没找到人。村东头有一个简易房，我看到像是一个汉族的阿姨，赶紧冲上去，那叫一个兴奋，结果阿姨是给附近修路的工程队做饭的，并不认识村里人，我只好坐一会儿，继续去村里尴尬地问。为啥不打电话呢？因为没信号，一格信号都没有！拉萨只覆盖 3G 信号。我尝试了有一个多小时，放弃了，直接在路边跟一群藏族大妈坐在一起，她们问我话我也听不懂，我说话她们也听不懂，只好一起晒太阳。

　　调查的第四个村子景色最美，有一条河穿过村子，声势颇为浩大，能看到清晨就着阳光在河边捣衣、洗毛毡的阿妈，顺着河往上游走，能看到一条瀑布。村子里面很安静，也没有信号，找不到访员，我就坐在河边等，听隆隆水声。像前面村子一样，访员如果遇到问题，可以来问我。

图 2　访员在向路人询问信息

　　来也匆匆去也匆匆，问卷完成后，我马不停蹄地回北京准备毕业论文开题答辩。虽注定是遗憾之旅，却更是无憾之行，可敬可爱访员们的名字我现在还记得很清楚。

五　在路上

　　姥爷被查出肺癌时，我还奔波在 CSS 的路上。等到 CSS 结束家里又传来消息说姥爷恢复得很好，不用回来了，我就没有回去。元旦，准备收拾收拾回家，可是姥爷已西去。

　　图书馆里，坐在我后排的女生洒的香水太浓了，简直让我无法呼吸，这影响了我的发挥。若是写不好，就可以做外归因了。

　　虽是很短暂的一段路，于我却很厚重，终将成为一笔宝藏值得不断挖掘；于 CSS，这也只是其中的一次。但是每一个样本都值得被记住，第二个10 年才刚刚开始，愿 CSS 能在历史的长河中留下浓墨重彩。

　　旅程才刚刚开始。

45天3省6市调查记

欧阳章鹏

关于行走的文字很不好写。我在东北时，本打算写篇名为《在东北》的文章，但写着写着感觉像是在凑字数，遂放弃；去了浙江，又想写篇《江浙行》，写满千字时通读，却没读出任何韵味，又删掉。关于这个暑假的调研经历，如果我不用文字来记叙，多年之后，当回忆起这段往事时，我一定会倍感遗憾的。

一 关于社会调查

但凡行走，都有目的，或是旅游，或是出差。其实所谓的"说走就走"，也是有目的的，或是为了散心，或是为了赌气，甚至只是为了在朋友圈发几张照片。

我这次行走，却是因为要参加"中国社会状况综合调查"（简称CSS）。这是一项由中国社会科学院社会学所于2005年发起的全国性的社会调查。简单来说，就是到老百姓的家里做调查，收集一些综合性的资料。这些数据经过匿名化处理后，数据无偿向社会发布，推动社会政策和社科研究。

这是我们的宣传单，上面的文字大致也说明了我们调查的目的和意义。顺便一提，传单上的四个学

图1　CSS宣传单

生中，男生就是我本人。的确，是我拉低了组织的颜值。但是只是当时拍照的角度不太对而已。对，只是拍照的角度不对罢了！

二　佳木斯的桦川：只有一条街道的县城

2017年7月4日刚刚结束期末考，第二天我便和师兄师姐坐动车去了哈尔滨，给访员们培训。培训结束后，我在赶往哈尔滨东站旁边宾馆的路上，发现手机和充电宝都没电了，全靠问路过去。我天生是路痴，就算问路也不一定能准确找到目的地，就全靠人品和被问路者的热心程度了。哈尔滨，这是个有人情味儿的城市。

桦川县是我们调研的一个点，属于佳木斯市。作为巡视督导，我得从哈尔滨单枪匹马赶过去和那边的访员集合。我认为黑龙江省的省内交通并不方便，因为各市之间没有高铁动车。从哈尔滨到佳木斯，虽然才短短380公里，但坐K字头的快车却得6个小时。

坐了几个小时的火车后，我终于到了佳木斯，又幸好赶上最后一班从佳木斯开往桦川的汽车。

从地图上看，桦川县城是有好几条街道，然而真正的主干道却只有一

条，其他都是小小的支路，桦川县主路的照片，我没有保存。这是两条比较大的支路。在这里，我见到了久违的拖拉机。

图2 拖拉机

早上9点多，街道上行人较少，整个县城看起来没什么活力。或许一些地理学家经济学家又会吹着胡子瞪着眼睛感叹一番，说什么东北衰落了。但是，就我本人而言，还是比较喜欢这种宁静，不糟心。

我真正意义上的角色转变是从这里开始的，即从访员转变成督导。所谓访员，就是拿着问卷去做访问的学生，在一个多小时的时间里，用各种合理的方法请受访者把访问做完。而地方督导呢，则居中做协调，在居委会和受访者之间进行周旋。

我的身份和上述两种都不同。我是一名巡视督导，是来支持大家干活的。刚开始，我还是站在访员的角度来思考问题，影响了访问。因为这事儿，我还和地方督导的师兄吵了一次。后来醒悟过来，连忙改正，做好巡视督导该做的事情。我的作用就是陪访、为访员提供专业指导，尤其要把访员没有按规定做访问的细节问题指出来予以纠正。

三 沈阳阜新的彰武

我刚在桦川待了没几天，老师便和我说，辽宁省的调查也要开始了，让我马上赶到沈阳去做访员培训。

佳木斯到沈阳的车没几趟，车票很难抢到，我只能到哈尔滨转车。因为是硬座，这次我就更难受了。坐我旁边的，还是一位边抠脚边吃泡面的大爷。

好不容易到哈尔滨。由于赶路，之前在桦川县宾馆洗过的衣服都还没干，我只好在哈尔滨火车站的座椅上把衣服摊开晾干。

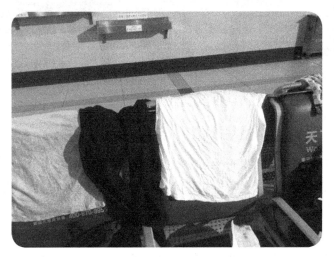

图3　在车站晾衣服

当时觉得真是心酸，做巡视督导不容易啊。独自一个人在一个陌生的城市，在空荡荡的哈尔滨火车站，就这样把皱巴巴的衣服晾开，就像自己的心一样。在等车的3个多小时里，我吃了碗泡面。

辽宁的访员和督导较多，加起来有50多号人。有辽宁本地高校的学生，也有从首都医科大学（北京）来的学生。这可能是全国地方调查团队中最大的队伍之一了。

培训完后，我坐火车到阜新市的小县城彰武县。在我看来，彰武是那种精致的、稍显繁华的小县城，比黑龙江的桦川强不少，但是和我之后要去的浙江温州的乐清相比却又差了不少。在这里，我单独带着访员去做了

图 4　辽宁调研团队合照

一个村子的访问。村子里的景象是我从没见过的。

首先，是村子里的驴子特别多。多得让我的爱驴之心开始枯竭起来。

这里不但驴子多，牛也不少，真的是三步一驴、五步一牛。作为一个地地道道的南方人，牛我见多了，自然不觉得奇怪。在山区，马也常见，所以也不惊讶。但是这么多驴子，真的是我头一次见。

以前儿歌里唱到"我有一头小毛驴"，我一直以为驴子都很小，但是真

图 5　街上无行人

正的驴却很大的，比我高一个脑袋（一米九）的都有。

听当地人介绍，因为村子四周有山，以前拉东西全靠驴子。现在一些人家也要依靠驴子拉东西。当然，现在大部分驴子都以卖驴肉为主。

其次，是村子里的人少得可怜。

我们走在被当地人称为"街"（音同"该"）的路上，基本上不会遇见什么人……除了个别老人外。

再次，我们遇见的人都很热情。

和城市社区不一样。城市里的人因为对信息、隐私很是看重，很多都不愿意接受访问——而我们的调查往往无法绕开这些信息。辽宁彰武这边的村民们却很不同。

他们以被抽中做访问为荣，争先恐后地反映着家中的情况以及当地政府的作为。没有被抽中的人也是笑语盈盈地围着我们，陪我们聊天。下面这张照片里的我笑得很开心。因为我真的超级喜欢这样的一群人。有位老师看到我这张照片时说，你真像一个下乡去考察的老干部……请脑补笑抽的表情。

图 6　热情的村民

最后，这里家家户户都养狗，无论是土狗，还是藏獒、萨摩、金毛一类的狗。而且大部分人家还养了不止一条。养三条四条的大有人在。这在一定程度上给女访员形成了入户压力……

　　这个村子很是偏僻，我们中午没有地方吃饭，只能在小卖部买泡面吃。他们的村委会里基本没人值班，就变成了我们吃泡面的好场所。

　　第一天做完访问，已经是晚上9点多。我们一路聊得太激动，等回过神来才发现置身于一个没有任何光亮、没有任何汽车经过的偏僻小路上……

图7　午饭　　　　　　　　　　图8　调研四人组

　　因为我们一行有4个人，也丝毫不担心会有什么危险出现，所以在那种夜风习习、伸手不见五指的夜晚，我们也很随意地漫步在乡间的小路上。

　　后来，我们遇到了一个走夜路的老奶奶，她带着我们走到一个校车站牌旁。

　　我们来到校车站牌旁，并不是因为我们能在这里坐到校车，而是利用这个站牌进行定位。我们虽然有手机地图，可是打开地图后，周围数百米都是空白，没有任何明显建筑物。只有在站牌附近，我们给县城的出租车师傅打电话，人家才知道我们的位置，于是便开车来接我们回县城。待我们坐上车走后，老奶奶才放心地往回走。

　　第二天访问继续。这天的访问就没那么多可讲的了。主要讲两件事。一是我在一个老爷爷家里，遇见了久违的纸烟。

　　作为一个偶尔也抽抽烟的男人，纸烟我是抽过的。但是我不太会卷。在爷爷的指导下，我也卷了两根，这劲道真不错。可能是因为没有过滤嘴的缘故，抽起来那烟直达肺部，没有任何阻挡刺激的东西。我直呼过瘾。在学习卷烟的过程中，我们和老爷爷建立了很好的访问关系，访问也变得更

图9　纸烟

加顺利。

二是有件事让我感触太深。我们访问的时候遇到一位老人，他在多年前丧失了独子。我初见他时，他笑呵呵说着自己还有很多活要干，我没能看出他是一个经历过丧子之痛的人。当我说"大爷耽误您时间了，您可以把我当您外孙子，我给您干活儿"，旁边的一位老阿姨告诉我，这位老人的儿子去世了。听老阿姨这么说，我很难受。毕竟我还未有真正接触过失独家庭。结合我当时

〈相册　　　详情

惜朝

我说，大爷，耽误您时间您可以把我当您外孙子，我卷起裤管给您干活儿～这时一个老阿姨说，小伙儿你提起人家伤心事儿了，他儿子跟我儿子一样大，后来出事走了。
我再看老人脸上的表情，沧桑中带点儿隐伤，但又释然地摆了摆手，说了一句"没事儿，不耽误事儿。"
我鼻尖一酸，内心颇为难过。
有的东西没法放下，但又不得不放下。放下的，是斗不过的。

2017年7月20日 上午10:15　删除

图10　有感而发的朋友圈

的现场感受，再根据我学过的《人口学》课程，我愈发觉得二孩开放的迫切性。

彰武的农村访问做完了，最后只剩下一个城市社区了。因为十几名访员都集中到了城区，人多活少，除了陪访，我也没有太多的事情可做。

另外，还有必要提一下，在做一个高档小区的访问时，有的访户住在高层，高层电梯是需要刷卡的，我们只能去问物业要电梯卡。但物业不相信我们，于是我们就让学校发公函给警察局，让警察叔叔带着我们去找物业。这样，我第一次上了警车：

阜新彰武的访问就在警察叔叔的帮助下顺利完成。

图 11 警车

四 想念锦州的包子和烧烤

稍事休息之后，我又坐上了去锦州的火车。

那天我不再有难过的情绪了。毕竟走了一些地方，遇见了以前从未见过的人，内心也渐渐强大起来了。那天，我手里握着一瓶啤酒，在街头边走边喝，好不畅快！

如果说一开始我还有很多感性的地方，时不时会有少年愁，但是从锦州开始，我发现自己逐渐变成了一名青年人。少年的那种强愁，已被我放在一边。我忽然体会到，巡视督导让我更迅速地成长。

锦州这边的调研点就在城区。历来，社会调查在城区都是难以进行的。别看城区人素质更高，对社会调查的理解程度更高。但是——问题的关键是，我们得先见到这些人，上述的两条优势条件才可能发挥作用啊！

想进小区的大门，保安不让进；进了小区想进楼层，物业不让进；物业允许之后，才发现楼层都有门禁；门禁卡刷进去后，敲门不一定有人应答；就算有人应答，人家不一定有时间！

所以在我刚去锦州的时候，那边的访员纷纷向我吐苦水。我只能安慰他们说，放心吧！同志们，老师的支援马上就要到了。共同患难的战友……啊不，兄弟们，再坚持几天，八一之前我们准能做完！

我们的工作量是这样的：在每个社区要成功做 17 份问卷，4 个社区就是 68 份。别觉得这 68 份好做，因为每一份问卷都得做一小时左右！中间还有很多变数！受访者可能随时拒访——哪怕是只剩几道题了。

我去的时候，锦州的访问已经开始 6 天，6 天时间，才不到 30 份，而且这 30 份主要还是前几天做的，越往后越难。我刚来时，锦州的访员们觉得，按照这速度至少得 8 月中旬才能结束。大家没有速战速决的信心，也是很正常的。

这种情况下，我只能一边跟辽宁的老师联系，一边通过微信请教 2015 年调研时带队的师姐，并努力安抚大家的情绪。

第二天，我跟着两名访员弟弟去了一个城中村。这个村子在 3 年前还是居委会，后来被改成村委会了。在我知道的诸多村子、居委会中，由村子变成居委会的不少，但是从居委会变成村子的少之又少。

等到了那里，我们才知道这个社区从居委会变成村子，也是有原因的。

图 12　居委改村委

村子里人少，且房屋破旧，植物乱长。一些长期没人居住的房子门前更是杂乱。在我来之前，他们在这个城中村已经做了好几天，一共完成 5 份问卷。不知道是我长得帅还是什么原因，我带队的当天就完成 6 份问卷。

在长期做访问的过程中我发现，如果能跟受访者家的狗搞好关系，访问往往会容易一些。下图中的这只狗被我收服后，访问就很好进行了，这不是玩笑话。

一个老爷爷接受访问到一半，说里面牵扯到太多隐私问题，就不愿意继续进行了。这种情况很常见，我之前也见过不少。受访者担心自己隐私被泄露，这是人之常情，我们有很多话术，让他不要担心。一般情况下，80%的人都会被我劝住，继续做访问。

图 13　访问秘籍

但那天我劝了很久，老爷爷还是不同意。我知道在这种社区做访问的难度，能在我们的抽样清单上找到一户的概率比喝啤酒中奖的概率还低——丢失了他这一户，再找一户谈何容易？我只好说："爷爷，你们东北人不是都把话放在酒里头么？来吧，我跟您喝酒！骗子、偷窃人信息的人是不可能和您喝酒的。"

爷爷倒也是个爽快人，说着便让他老伴儿拿出酒来。这酒有40°，我喝了几大杯，边喝酒边陪同他们访问。

图 14　以酒取信于人

可能真的是看我喝醉了，爷爷也信了我们，所以访问就又继续了。还真别说，有时候酒比话管用。那天我说了几百句好话，也抵不上我的四五杯白酒。当然在这个过程中，我还吃了几根黄瓜。酒葫芦旁的黄瓜蒂就是我吃剩下的。

2017年这个暑假，我的酒量上升了不少。45°的白酒，我能喝半斤左右，30°的，至少能喝1斤。至于啤酒，除了胀肚子外，基本感受不到醉意。

下午，访员把我推醒，我们继续去做访问。

在一个婆婆家里，我们的访问快要做完时，婆婆的丈夫回来了。她丈夫是个暴脾气，二话不说便从我手中把社区的地图等文件抢了过去。

"我撕了你们的！"他大吼道。

换作调研之前，要是有人从我手里抢东西，又对我大喊大叫，我多半会骂他，甚至还会和他打起来。然而现在不同了，毕竟我要对我的两个访员负责。

于是我装委屈说："大爷，您就算把我们的东西撕了，上面还会给我们再发过来，您撕了一份还有千千万万份。而且，我们也是下面办事的，您何必为难我们呢？"因为当时旁边也有一些看热闹的人，她丈夫也不好说太多，便把东西还给了我们。

晚上6点半，我们结束了这一天的访问，去赶最后一班车回市区。离在公交站还有六七百米的地方时，我们猛然看到那公交车就在前面开着。访员弟弟说，这车在公交站只停不到半分钟。我连忙叫："那还愣着干啥啊，赶紧追啊老弟！"于是，我们仨背着很重的书包，跑了一里地，终于追上了车。本来就累了整整一天，现在还追着公交车猛跑，真的是要命。访员弟弟一上车就睡着了。

第二天，我想起昨天喝酒时那个受访者爷爷的话："你们这个问卷还有好多东西没有囊括。我要写封信，反映一下我们这边的真实情况，你给我带到中央去。"在一些老百姓看来，我们这些出来做调研的，是能够把情况带到中央去的。他们可能并不清楚中国社会科学院是什么单位，只是想如实地说一说平素里因为缺少渠道而说不出去的话。

前一天，我留了电话，说让老爷爷写完就打电话给我，我给带到北京去。

但是等到了北京，再把这个带到哪儿去我也不知道。或许，我会把它交给项目组的老师们，或许我会把这封信留下来，激励我自己："你看，我们国家的乡土社会，还有诸多不平之事。年轻人，你得努力！"可是后来，直到我离开锦州，爷爷也没打电话给我。

在村委会里偷拍工作人员上班期间玩耍、无所事事的照片就不发了。因为这样的情形实在太多太多了。纵观我走过的村子，上班期间玩耍的绝对占了多数。我不能说他们不在认真工作，有时候，村委会确实没那么多事情。

城中村的访问做完后，就是艰苦的城区调研。城区难做，辽宁本地老师连在锦州的同学都特意跑过来帮我们去联络，晚上还带着我们入户。其中的艰苦，非三言两语便能说完。

五　结语与两年后的思考

1. 结语

离开辽宁后，8月1日我又启程去了浙江，浙江成为我在 CSS 中的最后一站，同样也印象深刻，但我已写得头脑昏沉，这里就略下不表了。像是写流水账一样写完了我这个暑假的经历，自己读起来都觉得枯燥无味。

写到后面我的确是写累了……既然如此，那便重整心神，去写以后的人生路吧！

我大致算了下，这个暑假，步行距离达 420 公里（根据苹果手机自带的健康系统里的数据加总算的）。这虽然算不上行万里路，但好歹是个开始。

大学还剩半年，那就好好读书吧！

2. 两年后的补充

2019 年 7 月，邹宇春老师将本文修改稿发给我，嘱托我修改。

此时，我已在中央民族大学社会学系读研。何其幸运，我在研究生阶段仍在社会学专业内浅耕，人生一大幸事，梦中几次笑出声！2017 年 CSS 调查开始时，距离研究生入学考试不足 6 个月，因此，当时包括邹宇春老师在内的很多老师，都曾善意地劝我放弃这次调查，毕竟研究生不是轻而易举就能考上的，而 2019 年的 CSS 还会如期进行，那时候我将以研究生的身份参加，或许更好。但我思索再三，最终作出决定，坚定地向邹老师表示，我不愿做书斋式的学者，一定要参加调查！

现在看来，我这个决定是正确的。因为 2019 年 7 月中旬的我，正忙于自己在民大申报的课题，以及导师的课题——这两个课题加起来，要忙到 9 月初，跟 CSS 的时间"完美"冲突。如果那时候我放弃 CSS 调查，可想而知，我这辈子都将无缘于 CSS 了（我已放弃继续读博，因而 2021 年的暑假必将是为了工作及柴米油盐而奔走，根本不可能再参加 CSS）。

在总结考研经验时，我觉得自己在面试时提到的 CSS 调查是一个很大的加分项。据我后来的问询，我研究生班上的同学基本没有人在本科阶段参加过像 CSS 这么大型的调查，就连小型调查参加的人都很少。而研究生，需要的不只是会读书做题的人，还需要有那么一点社会实操的人。很幸运，CSS 给了我这点儿社会实操经验，因而，面试老师们允许初试成绩差的我"上岸"了。

我在最应该考研的时候选择了 CSS，CSS 却也在我后来的考研中"反哺"了我。这种反哺不仅是面试时的加分，还有对社会学理论的深入理解，以及对于社会研究方法的验证理解。兹各举一例。

吉登斯的结构二重性理论虽然不难理解，但是让我去解释，却说得吞吞吐吐，不能够非常明晰地进行解释。而当我们在锦州"身陷囹圄"，调研完全没法进行时，我却深刻体会到了"结构二重性"理论。吉登斯认为，结构约制人、影响人的行动。是啊，当时，我们的调研小组在一个非常不愿意信任外来人、陌生人的小区中，该小区的这种文化氛围、严格的安保不就是一种"结构"吗？在这种结构之下，我们基本很难见到我们的受访者，访谈活动非常难以进行。

但是不必沮丧，结构二重性亦点明一点，那就是行动者能够通过自身的努力，对这种结构进行建构——总的来说，结构与行动者是双重建构的关系。在小区中，我们受到结构的约束，没法顺利进行访问，但是，我们可以借助一些资源，通过一些努力，让安保放我们进去，并在居委会的帮助下，见到受访者，并通过一种滚雪球的方式，让小区中一些较活跃的人士信任我们，从而顺利进行我们的访问。你看，这不就是行动者对结构的一种建构吗——虽然这个建构较浅，并且也只是一种短期的作用，但是起码在没有伤害任何人的前提下，我们顺利进行了访谈。

在研究方法上，CSS 的研究是问卷调查，是一种定量的研究方式，因而，以往我那种质性研究的思维，在这里受到冲击。起初，我不太理解老师说的"问问题不要太过于自由发挥，一定要忠于问卷"，但在后来我备考的过程中，我细细地看定量研究的特点，最后终于弄明白了。毕竟，理解的过程是存在差异的，一旦我用自己的话把问卷上的问题表述出来，即使表述得再好，也会存在偏差，这里损失了第一步的有效性；而受访者去理解我的话时，也不可避免地存在偏差，这里便损失了第二步的有效性。经过两个步骤有效性的损失，原问卷即便再具备效度，也会因为受访者的自作聪明而大打折扣。原问卷要保持其效度，已经不是容易的事情了；经过老师、专家们反复保持的效度，却因为像我这样的研究者的自作主张而毁于一旦，那真是不可饶恕的"罪过"。

CSS 带给我的学术性的思考何其多！以上两点，是给我的最大启发，其他零零散散的还有很多。值得一提的是，锦州那个想托我送信去北京的爷爷（那个我以喝酒的方式取得他信任的爷爷），在 2018 年冬天时曾给我打了一个电话，说是有个纠纷需要我帮忙。遗憾的是，现实并不是童话故事、武侠小说，没有什么能力的我最终什么忙也没帮上他。但我会永铭于心，不断成长，争取以后让类似的遗憾更少些。

对于看到此文有志于从事社会调查或准备体验的朋友，在你们深入基层、深入社会实践的广阔田野中，近距离了解民情、观察民风之前，我愿以辛弃疾的名句赠之："一气同生天地人，不知何者是吾身。"

柔而不弱闯世界

曾思洪

我的 CSS 始于 7 月初，终于 9 月初，历时 56 天，先后走过湖南省、青海省、四川省和广东省，共到过 17 个社区，和地方访员们一起完成调查任务。

一 第一站——湖南

湖南作为第一站，从开始就不顺。长沙接连不断的暴雨，导致隧道渗水，所有南下的高铁都停靠武汉。毫无准备地被迫从武汉站下车到旁边汽车站搭乘汽车去长沙，到达酒店已半夜，第二天一早起来就开始展开为期 3 天的培训。

培训在长沙闷热的天气中结束，隔天就跟随湘潭小组去到 Z 村和韶峰集团开展调查。Z 村这一站我印象最深的是陪访的最后一个样本，被抽中的受访户住在半山腰上，地方督导先是开着车带我们到山脚，然后和村委会的工作人员一起走了二十几分钟的山路才到达老乡家。到达时老乡正在地里干活，看到家里有人来，立马停住手里的活，回到家接受我们的访问。经过电脑的随机抽样，女主人被抽中成为我们的受访者。当我们跟男主人解释我们要访问女主人时，看得出他有一丝"遗憾"的表情，然后到里屋，出来时手里拿着几个药瓶和一个小本本，摆到桌上一看，原来是女主人的精神疾病药物和证件。我和访员对视一眼，默默合上手里的平板电脑，对受访家庭说"感谢配合，我们的访问结束了"，然后送给他们孩子一个小礼物便离开了（调查规定我们不能对有精神疾病的人进行访问）。

下山的路上，看到有点丧气的访员，我对他说："没事，这才是真正的社会调研。"其实，这也是我第一次做社会调研。我们不能改变所有规定好的原则，不然我们所访问的这一万多个受访者，怎么能代表着中国十几亿人口？同时，在那一刻又突然觉得自己身上担负起一份责任——如实反映社会现状。

按计划结束 Z 村工作之后，我们来到 S 社区——老式国企社区的格局，进到里面，仿佛像回到小时候妈妈上班的地方。支书很热情地一直陪我们去敲门，由于担心我们进到单身宿舍不安全，便一直在楼下等待。一位老奶奶虽然不符合我们对调研对象的年龄要求，但知道我们的来意之后也一

图 1　访问中

直鼓励我们，要我们不怕苦，一直坚持下去。

中午在小区楼底的小亭子下小憩时，接到项目组老师的电话，将我调离湖南，"青海培训马上开始，你去吧"。于是，我踏上了去往西宁的火车。

二 第二站——青海

经过 30 多个小时的车程，我终于到达西宁，不得不说在祖国大地普遍遭受高温袭击的 7 月来到青海是幸福的。由于青海只有一个 PSU，所以 3 天的培训结束之后，一起培训的小伙伴先回了北京，我带着访员进行接下来的调研。青海省唯一一个 PSU 的结构是——2 个藏族村、1 个回族村和 1 个社区，要深入少数民族生活的村子调研，让我对青海站充满着期待。

图 2 青海调研团队合影

由于我们是 9 人的庞大分队，所以 3 个村都是一天就完成调研任务，社区难度大的做了两天。第一站是西北村，这是一个回族村，和中国其他村子一样，年轻人几乎都外出打工，留下的多为老年人和妇女儿童。开始调研的第一天，队伍处于磨合阶段，我和小伙伴们一起工作到晚上 11 点才收工，坦白讲其实有点打扰到受访者，但好在最后一户很配合，允许我们一直做完那份问卷。紧接着迎来周末，我们把这两天时间放到最难啃的社区。在这个社区，我经历了整个 CSS 调研经历中最刻骨铭心的一次拒访。

那天上午和访员一起敲门顺利入户,屋里有个上高中的姑娘,说明我们的来意之后,姑娘配合着完成了抽样,抽中的是她母亲。她说她母亲在上班,于是我们预约了晚上7点到访,并互留联系方式。其间,我们保持着短信交流。晚上7点她发来短信告诉我们他们一家人在逛超市,大概晚半个小时回来。于是我和访员坐在楼梯口等着。

而当他们一家人出现在我们的视线里,我和访员起身,"你好"还没讲出口时,父亲远远地看着我们就开始大吼。声音足够有威力,楼道的灯齐刷刷地亮了,那一刻我觉得整个地都在震。青海话我听不太懂,正准备上前继续解释的时候,访员拉住了我。我只好用尽我最大的声音,试图穿插到他的话语中,说了句:"对不起,打扰了。祝您一切顺利,另外,我们不是坏人。"

看着旁边的访员一直绷着脸,大概作为90后的我们在调研过程中所受的委屈都是我们的生活中不曾遇到过的。我拍拍她,安慰道:"没事,我们尽力了。"平静地说完之后,眼泪直接滚出来。还好,那条道黑,深呼吸一下,擦干眼泪,出来对等待我们吃饭的访员们笑着说:"怎么办,明天又有多一户的任务了,大家加油。"后来回到住的地方后,我给姑娘和她妈妈各自发了短信,对姑娘说声对不起,因为我们,她被家长批评了。

在那以后,青海站的任务完成得很顺利。离开青海返回北京在西安中转时,接到项目组老师电话,被告知四川开始调研,需督导前往。四川是我的家乡,所以我毫不犹豫地接受了任务。

三 第三站——四川

7个小时的长途客车,将我从西安带到仪陇县。好玩的是,从西安到仪陇的途中要经过广元市(我的家乡),中途司机选择在广元进行短暂的休息,下车时看着熟悉的场景,这是我第一次从家门口路过却没回家,心里却有一种莫名的成就感。

在四川调研期间,由于地方督导老师少但PSU多,所以调研的过程基本都是督导老师远程指挥,现场由学生和巡视督导控制。这种相对独立的执行模式对访员以及地方督导都是一种难得的锻炼，也让我们更珍惜这段回忆。

我进入的小组一共承担着 8 个 SSU 的调研任务，难点在最后的三城街社区。这个社区区域内包含着阆中古城景区以及很多事业单位的小区。事业单位小区管理很严格，在没有相关的文件通知和人员的带领下，很难进入。古城的结构更加复杂，和北京四合院不同的是，阆中古城的院子大多是"院子套院子"的结构，且院内的住户大多是租户。所以，此社区的调研任务难度可想而知。

调研过程中，访员们倾尽全力找寻突破点，使受访户"不忍拒绝"我们。比如，抽中的受访者在开餐馆，我们就去他们店里吃饭，用两顿午饭搞定一份问卷；抽中的受访者在景区内有一家卖奶茶的店铺，我们就选择不忙的时间段去买奶茶，在软磨硬泡下"打动"受访者，其间还帮店铺卖东西。

在最后一份问卷进行时，剩下的访员都集中在一起等待着接收微信群里的那句"已完成"，然后欢呼着庆祝这一"历史时刻"。每份问卷背后的不容易，可能只有经历过调研的人才会懂得吧。

四 第四站——广东

从接受培训开始，作为督导的我们好像都将广东和高拒访率默默画上等号。当知道我下一站去广东后，前几站一起工作的巡视督导们都发了个"哭笑不得"的表情给我加油。而我在经历四川站后，带着不知哪里来的自信心，并抱着一种"到底有多难"的好奇心来到这里。在老师让我选择具体带队去哪里的时候，看着督导们都对东莞调研的迷之担忧，我主动请缨。

后来绘图的同学告诉我，有两个 SSU 只有名单，没有地图，因为那里有很多工厂，根本没办法进入，所以无法绘图。到达东莞开始工作，刚依据地方督导的经验进入大家公认的最好做的 Z 社区后，现实就给我们来了个下马威。进入社区之后我"大开眼界"，原来一层楼可以被隔成十几间房子进行出租。起初在未得到居委会的协助时，为了确认抽中的住房是否为空户，我只能冒充租房者给房主打电话约看房。在地方督导老师口中"最好做"的 Z 社区，我们待了 4 天时间却依旧未完成 17 份问卷，我第一次感受到绝望和无力。直到最后由于开学，我不得不结束我的 CSS，东莞依旧未完成一个社区的任务。这也是直到今天，我特别遗憾的一个地方。

每到一个地方，首先要做的就是"融入"，融入地方督导老师的沟通方式、访员的交流方式以及居民的生活方式，这是对我们每一个巡视督导的能力考验。只有这样，在调研过程中才可能避免矛盾、克服困难。而几乎每个地方的访员都会问我一个同样的问题："你为什么来参加 CSS？"我一直都这样回答："这是一份责任，作为社会学或者社工专业的学生，我们有责任将当今社会现状反映出来。而且，有些苦现在不吃，以后就没机会吃了。"

五 个人体会

作为一名北京体育大学的体育社会学研究生，接触并参与全国大型社会调查项目的机会是很难得的。由于不是社会学专业出身，所以不像培训时很多小伙伴所说的"我是在我们专业课上知道的 CSS"，初次了解 CSS 是我在硕士导师群看到一则关于巡视督导的招聘。我由于对社会大调查充满好奇，所以报了名。坦白讲，我们一直生活在自我营造的舒适"体育圈"里，很少突破圈子去看待和思考问题。参与 2017 年 CSS 让我有一段难忘的经历，正如在第一次进行督导培训时邹老师所讲的那样，"参与大调查的同学，你们将经历一场历练与蜕变"。

在经过面试之后，我们围绕着识图、问卷、访问技巧等内容进行了两个月左右的培训。在完成培训之后，最后的考核是试讲，从而选出宣讲督导。我由于试讲发挥不好有点丧气，那天在回来的公交上，绝望地为了 CSS 流了第一次眼泪。好在最后老师们"收留"了我，给我机会继续参与调研。

整个调研过程，我个人的体会就是"累并快乐着"。虽然在调研过程中，我们没有一个人叫过"累"，但高负荷的工作真的很辛苦。为了找到抽中的受访户，我们可能会在烈日下暴走几十分钟；为了少点路途上浪费的时间，我们可能晚上就在村委会的办公室里将就着休息，第二天起来继续干活；为了提高效率多做问卷，我们可能一天下来就吃一顿饭……但这些一起吃苦的日子又是无比的快乐，充满着成就感。当我们在遭受推搡、无视甚至辱骂时，当我们在受到陌生人的帮助、鼓励时，我们才更了解生活真实的面貌。在脱离学校这个舒适的生活圈时，我们更明白社会的样子。在入户调查越来越难的今天，我们凭借着一份情怀一份信念战胜了困难，完成了问卷调查。

参与调研的收获很多，作为巡视督导的身份介入各个访员群体，学会的第一个内容就是如何快速融入与沟通，以及如何在访员士气低沉时给予鼓励。每进入一个地方的团体，通过简单的沟通，我首先会将访员进行"可自愈型"与"不可自愈型"的分类，也就是观察在团队里，面对拒访、面对辛苦时哪些访员可以自我控制，不传递消极气氛、不影响工作效率，而谁又必须有人进行开导。我会在前几天的调研中重点陪访"不可自愈型"访员，在每天的组会上与"可自愈型"访员进行放松式的沟通，从而提高工作效率。通过观察，我也发现在面对前三次拒访时，访员受到的打击最大，可能会出现放弃的念头。而三次过后，大家基本学会"自我安慰与恢复"，甚至还会把自己的拒访经历当"好玩的事"讲给大家听。此外，由于调研过程中会和访员们一直一起工作，所以观察他们习惯的沟通方式和语言（比方说一些"口头禅"）也是融入他们、迅速拉近距离的一种好办法。只有跟他们融入，他们才不会将你当作"外人"，当他们可以敞开胸怀跟你倾诉时，你会觉得这一站的督导工作算是"合格"。

作为巡视督导，学会的第二个内容就是如何"担当"。由于地方督导老师有限，调查点较多，加之地方访员大多是本科生，所以很多时候作为巡视督导都必须去扛起地方调研工作的"担子"。开始阶段访员不敢敲门时，巡视督导要冲在访员前面带着访员敲门，把他们一个个送入受访者家中进行调查；在面对拒访时，巡视督导要冲到访员前面进行解释，忍受一切拒访行为和理由；在需要与村委会甚至更高一级的政府机构进行沟通时，巡视督导也会走在最前线。因为在没有地方督导老师带领的时候，巡视督导对于访员来讲更多是一种依靠。其实这种依靠是相互的，在敲门被拒访后，访员可能看见我脸上一丝失望，立刻对我讲："学姐，没关系，我们再去下一家。"在调研过程中，作为巡视督导受到的鼓励和安慰大多来自项目组老师以及其他一起工作的巡视督导们，而这次来自访员的鼓励让我感动至极。

作为巡视督导，学会的第三个内容就是如何快速处理现场各种紧急情况，这次调研过程由于第一次采取 CAPI 系统，现场大多数紧急情况也出现在设备上。比如，突然死机黑屏、数据无法上传、后台网络维护无法进行数据更新……对于现场紧急情况的处理也是巡视督导必备素质之一。

除了巡视督导的身份之外，我还担任着宣讲督导的身份。对于宣讲督导而言，最大的收获就是如何在短时间内将大量专业知识输送到访员头脑里，如何将已有的经验纳入课堂中，尽可能多地在访员进行实地调研之前展示给他们。现在回想起来，好像大家都比进行培训时的自己"能说会道"很多。

总之，参与 CSS 的经历，印证了邹老师的那句"你们将经历一场历练与蜕变"。在蜕变之后，我也没忘记参与其中的初衷——"跳出舒适的生活圈，换个视角思考问题"。同时也很欣慰我在这一路上结交了很多朋友，虽然很有可能在这之后很长一段时间里我们只能生活在对方的微信朋友圈里，但是当我们再提及 2017 年 CSS、看到 2017 年的调查数据时，记得我们也出过一份力就足已。

不忘初心，砥砺前行

胡石伟

这是一个特别的夏天，也是一个不平凡的夏天。

一　培训篇

1. 宁夏之行

2017 年 7 月 4 日，在暴雨和骄阳的双重考验下，我和我的小伙伴——田帅踏上截至当时我人生中去过的最北的地域——银川，开启中国社会综合状况调查（以下简称 CSS）第一站，踏足这片塞外江南，我的心情异常激动，又有点惴惴不安。此次培训任务没有老师带队，这是对我培训两个多月知识的检验，也是我融入 CSS 的一个敲门砖，只许成功，不许失败。

虽说在北京已经经历各种魔鬼式训练，各种访问流程和技巧早已熟知在心，但是第一次以督导的身份培训其他访员，我心里特别没底，特别是在没有老师带队的情况下，我跟田帅独立作战。不过，我们相信自己能够圆满完成此次的调查任务，压力大，动力更足。坐18个小时的火车，我们第二天早上6点到银川火车站，同时接到通知，9：30就要开始讲解。于是在火车上，我和田帅安顿好行李，就开始一遍遍阅读资料，互相演练，当天一直准备到晚上11点，虽然很累，但是我们心里很踏实。

当你认认真真做一件事的时候，就会忘掉窗外的风景，忘掉外面的花花世界，脑子里只有一个信念，就是我一定要把这件事情做好。

第二天早上到了银川火车站，不巧的是，刚下车银川就下起了暴雨，我们很无奈，不知道啥时候自带萧敬腾的"雨神"体质了。到达目的地，来接我们的聂老师第一句话就是：感谢你们把大雨带给了宁夏，这边很少下雨，尤其是这么大的雨……我哭笑不得，不知道这是幸运还是无奈。安顿好之后，我们稍事休息，就开始了三天的培训。人生第一次给别人讲课，虽说不是正式的，但对于我来说是一个小小的挑战。这三天，累并快乐着！

三天的紧张培训结束后，我心里终于松了一口气。从刚开始的担忧和紧张到后来的淡定与从容，我知道在这个过程中我收获了很多，也付出了很多，但是一切的付出都是值得的。有范老师的鼓励，有田帅和老乡的帮助，还有北方民族大学老师的配合和支持，这一片陌生的土地竟让我感到如此亲切，各种莫名的"小确幸"在内心跳跃。

很遗憾，没有时间在这座美丽的城市停留太长时间，没能去深入领略她特色的风土人情和民俗文化，但这座城市已深深地刻在我的心中。我相信总有一天我还会踏上这片土地，不再匆匆忙忙，我要穿越那一片沙漠，到不同的地方，吃遍所有的特色美食，体会什么叫真正的丝路驿站、塞上江南。

每一座城都是一段永恒的记忆，美丽的银川，再见！

2. 成都之行

宁夏培训结束之后，我便踏上了去往四川成都的火车。以往20多个小时的车程对我来说绝对是煎熬，但是这一次例外。窗外"峰峦如聚，波涛如怒"，美得大气磅礴，美得动人心魄。欣赏风景之余，带着对成都的无限期待，我继续准备宣讲PPT。

到了成都，一下火车，就感觉到了南方特有的湿润，北方呆久了，对这种感觉有种莫名的亲切，像回到了家乡。让我感动的是，王泽刚好在成都进行绘图培训，不仅提前帮我联系了住宿，等我打车到宾馆的时候，又不辞辛苦地来接我，让我感到一股暖流涌上心头，感到这座城市并不陌生。第二天早上，告别王泽，我和我的新搭档——帕克米拉和程菀蕾就去往西南民族大学寻找新的住宿地方以及准备CSS培训的相关事项，忙得不亦乐乎。自从参与CSS以来，不管是当初自己接受培训还是现在每次去地方学校培训访员，我都感觉自己跟打了鸡血一样，只要是自己认定的事，我都会全力以赴。

依然是三天的宣讲培训，与宁夏不同的是，这次有范雷老师亲自带队和指导，整个培训过程很顺利，我本人也收获颇丰。经历了两次宣讲，我已经不缺乏站在台上的勇气，但我还缺一种气场、一种历练，这才是更深层次的东西，需要我用更丰富的经历、更深刻的体验去弥补，我会努力。

图1　成都培训团队

成都的确是一座令人神往的城市，虽然我们带着工作使命来此，没有时间去那些名胜古迹甚至街头走一走，但是最好的体验不在于去某某景点，而是将这座城市刻在心上，成为自己独有的记忆，这正是 CSS 带给我的对每一座城市的独特体验。

成都，下次再见！

3. 云南之行

从成都出发的列车经过 18 个小时的行驶，终于到达昆明，相比其他地方的炎热，这里太过清凉，我隐隐感到有点冷。谁能想到我竟然会来到春城呢，心中不禁暗暗一笑：这座城市很调皮，特立独行！昆明正值雨季，三天的时间里雨一直下着，但是很舒适。连我这个不喜欢下雨天的人都觉得昆明就应该下雨，否则就不叫昆明。

我们的最终目的地是云南大学翠湖校区。这里充满古色古香的韵味，树木枝繁叶茂，感觉所有的建筑物都是掩盖在丛林中的古堡。建筑物虽然比较陈旧，但是却笼罩着一种厚重的学术氛围和历史文化感，让人感到庄严和肃穆。三天的培训就是在这个美丽的校园开展的，我觉得优美的环境能够提升学习的效率，在这么美的环境中学习是一件快乐的事情。

图 2　昆明培训团队

三天的培训还算顺利，但是其中出了一个小插曲：有两个男生上课的时候极不认真，几乎每堂课都在低头玩手机，问他们问题也是一问三不知。

对于这种现象，我极为生气，甚至向老师建议是不是停止他们的访员身份。但是老师制止了我，他只是适当地批评他们，并给予一定的鼓励。令我没想到的是，在最后一天互访和试访过程中，这两位同学的表现较之前进步很多。后来老师跟我们分析，每个人都是能够改变的，我们要善于鼓励和引导，而不是把矛盾激化。仔细想想，课堂上的低头族不也是我上课时的样子吗？自己没有做到的事却强求别人，这本身就是不客观的。除此之外，我对这三天的工作还有一个深刻的感悟，就是凡事不要急，慢慢来，总会找到解决问题的方法。

一转眼，昆明的三天之行就结束了，虽然没有时间在这座城市好好逛逛，但是学校附近的各种特色小吃依然给我留下了深刻的印象，让我一饱口福。剩下的，就留待下次慢慢体验吧。

4. 吉林之行

从云南培训完回到北京，歇了两周左右，我接到通知，吉林省的调查培训从 8 月 15 号开始，而我担任此次调查的负责人，和我的搭档——赵杜灵于 14 号先到达长春做准备。作为负责人，各项任务繁杂琐碎，没有之前那么轻松，不仅需要跟吉林省的老师、同学对接，还需要负责培训和督导各具体事项。在云南督导期间，经受了一系列打击之后的我进入了倦怠期。好在经历了两个星期的休整，出发之前，我又信心满满了。

CSS 再次刷新了我的北上纪录。来到吉林长春，坐在从车站通往吉林大学的轻轨上，从荒郊穿梭到城区，颇有一种 19 世纪的代入感，但是到达吉林大学之后，你会发现又回到了现代文明。此时的我内心是激动的，对于新鲜事物我总是难掩内心的喜悦，大街小巷的东北味也让我感觉异常亲切。

住宿安顿好之后，吉林大学两名对接的同学就带着我们去教室调试设备，准备第二天的培训，其后带着我们逛了逛美丽的校园。此时，东北之地广人稀在一个校园中就可见一斑了。我们培训所在的校区是前卫校区，其面积之大足以顶社科研院十多个校区，校内有林有水，甚至还有一个含影院的一站式购物中心。我估计很多人见到这些全能设施之后都会感叹：吉林大学的学生真幸福。

由于吉林省的调查开始得相对较晚，为避免跟开学时间冲突，我们需要加快进度。于是，原本三天的培训被压缩到了两天，三天的任务量放在两天完成，这对于每个人来说都是比较辛苦的，尤其是访员们，他们需要消化、记忆，还要演练。令我感动的是，所有的访员都没有任何怨言，他们的认真回应给了我很大的信心，让我们坚信，不管有多难，我们一定会圆满完成任务。实际上，从后来实地调查的表现来看，所有访员的表现也是无可挑剔的。

两天的培训顺利结束，这也意味着我的 CSS 培训经历可以画上一个句号了。回顾整个培训过程，与其说是我培训了那么多访员，不如说是 CSS 培训了我，让我在这个过程中第一次站在讲台上体会到为师之不易，也让我更加清楚"责任"这两个字的重量。或许我不是一个好的讲师，但我的听众一定是世界上最棒的，他们每一个人都是我人生中的导师，从他们的眼神中我能够看到他们的渴望以及自身的不足，而这就是我前行的动力。

图 3　吉林培训团队

二　督导篇

如果说 CSS 培训是"文斗"，那么督导无疑就是"武斗"了。我参与了云南和吉林两个省的督导工作，其中云南省有 5 个市（县）、20 个社区，需完成 340 份有效问卷；吉林省有 3 个市（县）、12 个社区，需完成 204 份有效问卷。回想督导经历，每一个调查点就是一个战场，每一个战场都有 17 个对手。作为督导，我的责任就是带领访员们把这些对手转化成朋友，早日凯旋归来。不过现在看来，过程虽然艰辛，但是我们最终取得了胜利。

1. 云南督导

云南是一片神奇的土地，有着无与伦比的美景、多姿多彩的民族特色，还有极其险恶的自然环境。这里给我也留下了一段难忘的回忆。

（1）大山深处的村子。七八月正是云南的雨季，已经连续下了大约一个月的雨。出发之前，昆明已成海，山区很多地方发生了滑坡，这使我们山区的调查异常危险。但是 CSS 告诉我们，要尽可能在安全的前提下不惧风雨，迎难而上。于是，云南调查队兵分两路，开始了调查之役，我跟随调查小组到楚雄市彝族自治州。万事开头难，第一次进村路上就遇到诸多挑战，先是另外一组进山的路被大水淹了，他们无法到达目的村，而后我所在的这一组前行的路上出现滑坡，路况很差，再加上路的一边是悬崖一边是峭壁，令人胆战心惊。最终，另外一组被重新安排去其他村，而我带的组在司机师傅高超的驾驶技术下也顺利进到大山深处。我仍然记得师傅说的话："在云南大山里开车的师傅不管走到哪里，技术都是最牛的，因为找不出比这里更难走的路。"

大山将云南的美刻画得淋漓尽致，雨过天晴，绿水青山，白云缭绕，山

图 4　大美云南

上农家炊烟袅袅，那就是一幅画，也是我心目中美丽中国的缩影。然而此次我们并非来欣赏美景，我们的使命是在这个山村完成 17 份问卷。可以说，景有多美，调查就有多难。我第一次体验从一户到另一户需要翻山越岭，刚刚还在感叹盘山路的蜿蜒曲折之美，过会儿就想骂人：为什么要修这些弯弯绕绕的路，不直接弄个直梯呢？面对艰苦的条件，我们抱怨归抱怨，但最终仍然选择勇往直前，我们深信最终的付出必然会得到回报。在这个村里还出现了一个小插曲。进村的第二天，访员和受访户之间发生了摩擦，在多次跟村委会和受访户道歉的情况下，受访户还是将访员告到了村委会和派出所。第三天，地方老师和那位访员带着礼品亲自去赔礼道歉，好在受访者态度有所好转，在我们的真诚歉意和村委会的协调下，完成了我们的访问。

（2）花椒树下的村子。汽车在颠簸了近一个半小时之后又来到了一个小村子，村子里的风景还是那么美，泥泞的道路，鸡鸭鹅猪，到处都是农家生活的气息。与前面到过的村子不同的是，这里一下车就能闻到一股麻辣的味道，每家门口都有人在摘什么东西。后来，司机师傅说他们在摘花椒，现在是花椒收获季节啊。村子里几乎每家门口都种了花椒树，刚摘下来的新鲜花椒拿到市场上去卖，每公斤价格在 0.8~1.5 元（云南大部分商品按公斤算），这些花椒是村民很重要的收入来源。然而，这对于我们的访员来说又是一个考验。

图 5　花椒树下的行动

我们抽中的受访者中有好几位都在摘花椒，在访问一位大妈时，好不容易争取到大妈的同意，一个访员搬了个凳子坐在花椒树下开始我们的问卷访问，大妈则边摘边回答。一个半小时的访问结束之后，访员嘴巴、身子全麻了，身子移动以及说话都不利索，大家笑着让她去休息，调查仍在继续。后来，只要是家里要摘花椒的，我们主动去帮忙，让受访者能够专心接受我们的访问。

（3）"难熬"的社区。10个人，一个社区，兜兜转转快一个星期，首次70个样本全部都用完了，可我们的17份问卷还没有完成。究其原因，一是社区范围大，初次抽到的受访户住址相隔距离太远，在寻找住户方面需要消耗大量时间和人力；二是核图准确度低，大量不符合调查的建筑物均包含在内；三是拆迁社区和职工宿舍混杂，大部分都是流动的外来人口。每天在太阳的炙烤中一户一户地敲门，忍受着接触对象的冷言恶语，大家身心俱疲，士气低落。这时候，任何鼓励都显得苍白无力，我也几度濒临崩溃的边缘，经常要自我安慰。

令我感动的是，即便再苦再累再崩溃，大家也没有放弃，初次样本用完继续进行二次抽样，地方督导张老师也一直陪着大家，积极寻求居委会的帮助，给大家最大的鼓励和支持。从早上8点到晚上10点甚至11点，哪怕只有一点点希望，大家也不会放弃，累了就坐在马路边休息，饿了就啃点随身携带的干粮。就在这种情况下，我们最终克服了困难，完成了17份问卷。其间有一个69岁的老党员看到我们塞在门缝里的预约信之后，深

图6　访员们休息与冒雨赶路

信我们的所作所为是利国利民的，特地打电话给我们，表示愿意接受访问。可惜的是，老先生年龄不符合访问要求，又是独自居住，我们只得放弃。

每遇到一个钉子社区，我都告诉自己，以后再也不会来到这个地方了，哪怕风景再美。现在看来，所有的问题都已经不是问题了，再大的困难都能够得到解决。这场战役，我们最终胜利了。我想，如果再给我一次选择的机会，我还会选择云南。

2. 吉林督导

相对于云南来说，吉林之行要顺利得多。吉林也分为两队，由我和赵杜灵一人带一队，前前后后共花费了约半个月的时间。第一次站在东北大地上，近距离地了解当地人的生活，看屯儿里的人和事，看东北社区新面貌，对于我来说，这是一件新鲜又有挑战的事。

（1）社区大事记。相对于其他社区来说，对J社区的访问不算太难。一是因为社区结构较简单，建筑排列相对集中，不管是屯儿里还是社区里，房屋都是一排一排的，非常齐整，这给我们找地址节省了不少时间；二是J社区在家的多为中老年人，他们主要在家带孩子，在物质的激励下，他们愿意接受问卷访问；三是吉林访员极其认真负责，在没有老师带队的情况下，他们有条不紊、事无巨细，事情安排得很妥当。但是，在整个过程中，也遇到了很多麻烦。

进社区的第一天，跟在云南的经历一样，一个访员由于几次征求受访家庭是否同意访问，激怒了受访家庭，被其举报。后来在社区协警的帮助下，受访家庭查看了访员的所有证件，最终认可了访员的身份。虽然这件事给该访员心理造成一定的冲击，但是这些社会调查的真实状况以及所需承受的心理压力也恰恰是CSS带给我们所有人的成长。

调查集艰难与乐趣于一身，只是置身事内的时候，我们往往会放大困难，但是跳出访问事件本身，会发现调查这件事是很好玩的。除了以上事例之外，当我们因寻找不到受访户而坐在楼梯口暗自伤神时，发现小区楼房的外围都在拆什么东西，后来东北的朋友告诉我那是因为冬天太冷，东北的住宅楼外围都需要裹上一层塑料泡沫，主要是为了保温，这种来自生

图 7　吉林调研小分队

活的鲜活知识真正丰富了我的认知世界。就这样，将最难的社区做完之后，我们开始进村，令我没有想到的是，村里的访问进行得异常顺利。

（2）屯儿里的那些事儿。吉林调查点共有三个社区，其他全是村居，而且每一个村居都跟当地村委会建立了良好的关系。由村委带路，七个人，一天一个村，没有遇到任何阻碍，我们收到的只有老乡们的热情。

一般来说，每一个行政村有七八个屯儿，屯儿与屯儿之间相隔较远，但是一个屯儿里的村民住得很集中，且大部分村民都在种庄稼，在村委会干部的带领下，村民们对我们的到访没有任何疑虑，而且将自家种的李子、姑娘果等拿来招待我们。给我印象最深刻的是东北大爷大妈们的艺术细胞，每一个村都会组建二人转歌舞团，逢年过节就会被邀请表演。第一个村访问结束的时候，大爷大妈们正在村委会大院里排练，院里大人、小孩欢聚

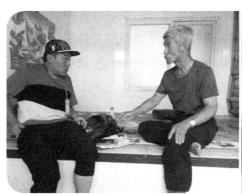

图 8　屯儿里的村民和蓝天

一堂，或欣赏表演，或加入他们的队伍一起扭秧歌，现场还有现做现卖的小吃。我们调查小分队也忍不住凑了个热闹，在欢歌笑语中被他们的生活热情深深打动。在另一个屯儿，一位大爷连续两年被抽中作为我们的受访者，老人了解访问调查是利国利民的好事，积极配合，并向我们表达他对党和国家的衷心感谢。原来老人之前患有白内障，在政策的关怀下，免费做了白内障手术，没有花一分钱，已经完全康复，由此他的内心充满对党和国家的感恩之情。在我们调查中，他作为参与者，感到很光荣。临走时，老人兴奋地表示，下一次还要继续抽到他，他希望以这种方式为国家贡献一点点的力量。

我很欣慰，吉林的访员们都很优秀。但最后一天结束的时候，接到质控中心电话，有一份问卷有部分信息需要补做，当时大家都已经买好回程的车票，为了减少损失，需要留下一位同学到社区补访。一位叫刘阳禾的大四同学，为了让师弟师妹先回去，主动请缨留下，返回社区补访。一个人最大的优点就是看他能不能为别人付出，我认为这是人最可贵的品质。

总而言之，吉林的督导工作结束了，也意味着我的 CSS 工作告一段落。在这个过程中，我收获了很多，也成长了很多。很高兴，在这个夏天，有这么奇妙的旅程。

三 小结

回顾整个调研过程，我遇到了各种各样的人，也经历了各种各样的事，这都是人生的宝贵财富。我觉得应该感谢我遇到的所有人，不管是花费 1~2 个小时认认真真接受访问的受访者，还是那些对我们冷眼相对或直接拒绝的朋友，每一个接触对象都在我脑海中留下了深刻的印象。那些信任我们的人，教会我们要去信任其他人；而那些拒绝我们的人，甚至是某些行为比较恶劣的人，他们并没有错，只不过他们是对这个社会更加警惕而已，这是对自己的保护。但是需要反思的是，我们怎样才能以一种更加适当、更加温和的态度去对待其他人，尤其是陌生人。在我看来，这是一个温暖的社会，但我们同时需要倾注自己更多的信任和真心去维持，去增加这个社

会的温度，这是社会正常运转的要件之一。

走过那么多地方，见过那么多贫富的对比之后，我觉得精神贫瘠更可怕。在大山深处，在东北大屯儿里，生活虽不富裕，但是村民们都乐在其中，在青山绿水之间从事着日出而作、日落而息的生活，农闲时唱唱歌、跳跳舞、赶个集，这能说他们贫穷吗？我们可以说是贫穷限制了村民们的想象力，但是一条条通往外面世界的路修起之后并没有给他们的家庭带来多大的财富，反而造成大量留守老人和留守儿童。亲人分离，这是比贫穷更可怕的现象。在很多我们看似贫穷的地区，人们的生活并不是我们想象的那样困难，反而他们能够知足常乐。相比之下，对于那些生活在城市里的人们，他们物质充足，但却精神贫困，生活充满压力。我想，当我们精神倦怠的时候不妨去各地走一走，开拓一下自己的眼界，看看那么多物质缺乏但精神丰富的人们，怎能不感谢自己拥有的一切呢？

参加 CSS 的这个夏天，是我人生中的一笔宝贵财富。这段经历告诉我，没有什么困难是克服不了的，只要付出，所有的任务最终都会完成。今后的日子，我会不忘初心，砥砺前行！

不一样的暑假

原钰尧

2017 CSS 给我与以往不一样的暑假之旅。从 2017 年 7 月 8 日起，我作为巡视督导和培训督导，先后到黑龙江、浙江、广东、贵州 4 省开展巡视和培训工作。我很荣幸自己能够成为 CSS 团队的一员，为 CSS 数据收集尽微薄之力。我的 CSS 之旅收获颇丰，不仅收集了宝贵的中国社会状况数据资料，积累了丰富的社会调研经验，见证了许多感人的瞬间，更重要的是收获了友谊，认识了一群亲切的老师、师兄、师姐和小伙伴们。CSS 之旅有酸、有甜、有苦、有辣，这段珍贵的回忆将永远铭刻在我心。

一 四省调研体验

1. 黑龙江

7月8日，我加入黑龙江齐齐哈尔小分队，先后到 DX 社区、DY 社区、H 社区、L 社区进行访问，小分队于7月15日高效高质完成访问。总体而言，在哈尔滨的访问是很顺利的。一方面，地方督导和访员均是研二的师兄、师姐，联系村委会、寻找地址、预约、入户接触等一系列流程都进行得有条不紊，访问技巧和经验也很丰富；另一方面，黑龙江的村委会和居委会都比较配合，拒访率很低。

我最深的感受是，黑龙江齐齐哈尔小分队的团队建设工作在圆满完成任务的过程中发挥了不可替代的作用。团队建设在团队中培养了团队精神，使访员、督导齐心协力朝着一个目标努力，在访问中遇到再大的困难也绝不气馁；团队建设在团队中培养了凝聚力，引导成员们产生共同的使命感、归属感和认同感，使小分队具备强大的凝聚力；团队建设在团队中培养了激励精神，使成员力争向团队中最优秀的访员看齐，提高访问质量和访问效率。在团队建设的过程中，地方督导起到了至关重要的作用，在拒访或

图 1　齐齐哈尔调研小分队

者遇到其他困难的情况下，访员们可能会气馁甚至放弃，地方督导应及时给访员加油鼓劲，提高他们的自信；地方督导应真诚关心每一位访员，比如陪访晚上入户的访员；尽量组织团队活动，比如组织成员聚餐，增强团队之间的互动和凝聚力等。

2. 浙江

7月17日，我加入 CSS 浙江小分队，先后跟随宁波小分队和温岭小分队进行巡视，巡视工作于8月9日结束。总体来说，浙江省的调查还是比较有难度的，特别是在宁波经济发达的社区拒访率比较高。当时给受访者的报酬是50元现金，有的受访者甚至和访员说：我给您50元现金，您不要来找我。有的社区花费一星期才"啃完"，但是在社科院老师和访员的共同努力下难关最终被攻克，访问圆满结束。在调研过程中，地方督导十分认真负责，有的亲自开车去实地进行访问，有的根据自己的体会和经验给项目组提出了一些宝贵的建议，包括对问卷语言通俗化、CAPI 系统的改进等。浙江省社会科学院招募浙江工业大学的学生担任访员，督导老师和访员之间的关系也比较轻松，访员们亲切地称呼徐伟兵督导"老徐"，称呼王平督导"王大哥"。这种亲切感加强了团队凝聚力和团队精神，使团队能够同心协力共同完成目标。

3. 广东

8月19日，我加入广东江门小分队，于9月2日返回。广东省有12个 PSU，跟我们对接的有8个，分别是汕头、梅州、河源、清远、佛山、东莞、江门鹤山以及江门恩平。我督导的江门鹤山和恩平两个地方，都是广东地区著名的侨乡，其中在外侨居的人家甚多，这给我们的调查任务增添了不少困难。8月的广东，酷暑与台风骤雨同在。就在短短十余天，我们的调查就接连受到两次台风以及台风所带来的强降雨影响。所幸的是，执行调查任务的组员们都积极发扬敢打敢拼的精神，克服了客观存在的困难，并最终按期按质地完成了调查任务。实在令人惊喜！尤其是在第二次台风期间，无论是恩平还是鹤山小组的成员，都无一人以天气缘由拒绝出访任务，甚至有几个成员直接顶着狂风暴雨出访，只为应约出现在受访者家中进行调查。在调查的中前期到结束，我都跟着鹤山组一行人转战各处，而鹤山组组员们无论是晴雨还是早晚，都会严格执行检查任务。作为著名侨乡，鹤山、恩平两市多客居在外的人家，当地空户的确不少，这也给访问增加了一定的难度。此外，早出晚归、高强度的工作，对访员来说肯定是超负荷的，可在他们疲惫的脸上我却几乎看不到丝毫的懈怠，总是保持着一副斗志昂扬的样子！

图 2　广东 CSS 鹤山小分队

我印象最深刻的是深夜 11 点在广州一位劳模叔叔家的一次陪访，绝大多数受访者担心自己家庭信息或者个人信息被泄露，因此在访问开始的 ABC 部分拒访率高，而在价值观、反腐等模块拒访率低。但劳模叔叔恰恰相反，他是在涉及个人信息方面丝毫没有顾虑，但问及价值观、态度等问题时却遭拒访，他觉得收集受访者态度时很难收集到大家的真实想法，收集不到真实想法这个调查就没有意义，他表示自己不会做没有意义的事。在我们苦下功夫解释项目的重大意义以及大打苦情牌的攻势下，劳模叔叔终于接受访问，最终于凌晨 1 点完成了访问。我们十分感谢劳模叔叔牺牲休息时间接受访问，也十分敬佩劳模叔叔乐于助人、坚持原则的精神。

4. 贵州

我于 11 月 6 日加入 CSS 贵州小分队，经过地方督导和访员的努力，我们最终于 12 月 3 日圆满完成访问。贵州省 CSS 是委托调查公司进行的，但是地方督导和访员十分认真负责，数据质量也比较好。

图 3　贵州省 CSS 分队

在贵州省的调研也积累了一些经验。首先是要根据 PSU 和 SSU 位置事先安排提前计划行程。我们晚上到达镇上，准备第二天再去村居，结果查地图时发现此村居在去镇上的途中，于是第二天我们又原路折回去。其次是督导角色的定位。督导的主要职责是陪访和复核保证数据质量，督导在特殊情况下（小分队人手不够，需要赶进度等）可以担任访员帮助访问，但一定要做好自己的本职工作，完成每个村居的陪访和复核任务。其次是礼品要足额足量发放给受访者。我们承诺每位受访者在访问结束后都会获得小礼品，由于一些原因，比如礼品不够或者忘带等情况可能导致礼品未及时发放给受访者，但在第二天访问时一定要及时带给受访者或者让带路人带给受访者。如果已是访问的最后一天可给受访者买同等金额的替代礼品或者直接将现金给受访者。无论采取哪种方式都要保证每个受访者均接收到礼物。最后是带路人的重要作用。特别是在行政面积大、包含几个村落且相互间距离远的 SSU，带路人显得尤为重要。贵州小分队起初采用的是自行寻找村落的小组长当带路人，无论多远的距离都徒步自行寻找，一天中的大部分时间花费在寻找地址的路途中，如果在村委会有交通工具、有带路人带路的情况下，将大大节省时间，可以提高效率。

二 个人体会

此次调研中我积累了丰富的调研经验，微观方面包括联系村居委会、入户接触和访问的技巧、拒访的处理、团队建设和督导在团队中的重要作用等，宏观方面包括城市和农村调研步骤、调研整体流程和前后期安排等方面。下面围绕城市和农村访问步骤与经验具体阐述。

1. 城市访问步骤与经验

首先要联系街道办、社区服务中心，以打好行政基础。特别是在大城市有保安的社区，没有搞好行政基础，可能会被保安当作传销人员或者其他非法人员被禁止进入小区。这种情况下一般只能等待社区居民进出小区时"浑水摸鱼"进入社区，有的社区在自行登记后也可以进入（有门禁的楼房可从地下车库进入）。需要注意的是，行政关系也要具体情况具体分析，有的社区对 CSS 持中立态度，既不找人帮忙也不阻碍工作，此时也可以不再麻烦居委会，只要居委会不阻碍即可。有的社区对 CSS 很不配合，对地方督导和访员很不友好甚至阻碍调查工作，这时候就应尽量绕开居委会，依靠团队自身的力量入户完成访问。

其次要请居委会负责人帮忙联系带路人。带路人一般是熟悉社区也被社区居民熟悉的人或者社区工作人员，这样在社区中可以证明访问的真实性，降低拒访率。

另一种提高接触率的方法是：居委会按照抽样名单和社区名单查找样本户的信息，比如是在家还是常年在外、电话等。因为有的样本户可能常年外出没人在家，访员辛苦找到地址后却是空户（也许还要 3 次上门，这样会浪费很多时间）；有的样本户家里人暂时外出，访员辛苦找到地址后却联系不到人（留预约信可能会被当作传销，接到受访者回电的概率极小）；有的样本户家里有人但可能不久要出门，这样可直接预约其他方便的时间入户，利于访员合理安排时间；有的样本户家里有人，可以通过打电话说明访问情况，降低拒访。这些方式既可以节省时间又可以降低拒访率，从而提高效率。此外，也可请求居委会在感谢信上盖章，或者将团队成员与居委会工作人员在社区服务中心的合照展示给受访者。

城市社区由于范围相对小，因此一般采取的模式是督导在访员入户访问的同时和带路人先找其他受访者进行预约，这样访员结束后就可以立刻去下一个受访者家里访问。这样既可以大大节省团队寻找地址和预约的时间，也可以节省带路人时间，从而提高调查效率。

2. 农村访问步骤与经验

去农村做调查，最重要的是联系村委会。农村村委会一般很配合访问，在联系方面难度不大。

村委会带路人有很重要的作用。农村不像城市社区，一方面，有的农村占地面积达 40 多平方千米，由多个村落构成且村落间距离较大；另一方面，农村建筑物不像社区楼房一样规则，方便寻找，一般要寻找有交通工具的带路人。在行政面积大的村落，最好根据访员数量寻两三个带路人同时带路，可以提高效率。

村委会负责人或者带路人将受访者名单按照村落或者住址方向分组，比如一个村的指派同一个带路人，并按照此村所有样本户的住址规划好先后顺序，合理分配给访员，比如一名访员指派两个样本户受访者。每个访员在接触和访问完成一个受访者时，应在相应的群里发送消息，特别是样本序号，一方面可备督导统计完访情况，另一方面可防止其他访员重复访问样本。

对于行政面积大的村落，村落之间距离太远，一般带路人分批带路即可，不需要地方督导一个个预约。此模式下，访员和地方督导分别在带路人的带领下可以各自完成自己的任务。注意，如果一名访员分配两个以上的样本户，在带路人的带领下可先将两户受访者预约好后再返回第一户。一方面先确定第二户是否可以访问，另一方面可自行记住道路寻找，防止出现第一户访问完带路人正好有事来不及带路去第二户的情况。此外，在自己任务完成后可以联系带路人支援其他访员或者去集合地点。对于行政面积小的村落，一般采取和城市相同的模式，即督导先不着急做问卷，而是在访员入户访问的同时和带路人先找到其他受访者地址进行预约，在访员结束上一户访问后可以立刻去下一户受访者家里访问，这样可以大大节省时间，提高效率。

三 CSS 评估

1. 优点

CSS 作为全国性大型社会调查，从 2005 年至今在各个方面均已发展得相当成熟和完善，CSS 在问卷设计、联系地方机构、督导招募和培训、访员培训、数据质量监控、数据分析、成果发表等方面都有很多值得借鉴的地方。下面结合个人经历选取感受最深的三方面简述。

（1）问卷综合性强，涉及面广。从调查范围来看，问卷涉及个人、家庭、社会；从调查领域来看，问卷包括个人生活与工作信息、家庭收支、个人价值观等方面。CSS 的问卷内容设计是比较成熟的，内容更加丰富，覆盖面更加广泛，综合型也是比较高的。这便是此次 CSS 问卷方面最大的亮点。它使得我们通过同一份问卷在全国范围内的一次调查，便得到有关民众个人、家庭、当地社会情况等方面的信息。不得不提的是，其内容各部分息息相关，逻辑性比较强，调查结果也更加可靠。

（2）培训力度大，保证督导和访员质量。CSS 无论是对巡视督导、培训督导还是地方督导、访员，都进行一系列严格的培训，以保证数据的质量。对于巡视督导和培训督导，从 2017 年 5~7 月的每个周六日都进行培训，并于北京怀柔进行实地试调查。理论和实践相结合使我们督导更深刻地理解培训内容，更灵活地应对现场情况。CSS 对于每个省地方督导和访员的培训也十分重视，大部分省份的老师会带领培训督导一起培训。通过老师讲解问卷重要部分和补充重要信息，保证培训质量。此外培训的时间不少于 3

天，以确保能够详细清楚地讲解每个培训知识点，培训结束后访员分组进行试调查，可以更好地总结自己不清楚的地方，有针对性地加强巩固。

（3）由地方招募地方访员进行访问，可减少因方言、地域排斥等引起的拒访率。一方面，当代社会人与人之间的信任感降低，一个人一般很难对外地人公开个人隐私和家庭方面的信息，当地访员的优势是更容易在心理上拉近与受访者的距离，相对于外地人有更少的拒访率；另一方面，很多地区讲方言，非当地访员不会讲方言，往往需要找人翻译，从而增加访问的难度，延长访问时间。

2. 不足及改进

（1）问卷内容繁多，访问平均时间过长。内容多，既是此次问卷的优点，也是缺点。据个人实地调查的经历保守估计，本套问卷的问题有近 100 个问题，涉及 500 个以上的变量。问题之多，变量之大，使得每次访问的时间都被极大地拉长。我参考了广东 8 个 PSU 的调查过程情况，平均每次访问的时间超过 100 分钟。而按照我们所理解的，访问过程便是攀一座高峰的过程，时间越长、访问越往后面走便越困难。所以这份问卷不仅是对我们访员的一大挑战，对每个受访者也同样是不小的挑战。以我所督导的江门市鹤山组调查情况为例，有好几次访问时间都超过 3 小时，甚至有一次在对一名中年妇女的调查中，我们花了将近 4 小时。

（2）问卷内容对受访者文化程度、理解能力要求比较高。在广东调查期间，就有不少访员向我调侃："我向一个老奶奶／老爷爷解释了老半天的'同性恋''宗教''民主''自由'等概念，非常尴尬！"参与此次调查的访员有这样的感受，并非空穴来风。我陪访的过程中也遇到了不少此类现象：一些文化程度较低的或者上了年纪的受访者对问卷里一些内容的理解不到位甚至是根本无法理解。这就要求我们的访员用自己的话对问题进行解释。这样不仅难度大，而且容易因为访员个人理解或者阐述的偏差，问卷结果大面积、大幅度地偏离受访者的本意。这是我们最不愿意看到的结果！

针对这两点，我提出自己的一些看法。

CSS 每两年进行一次，每次都要耗费大量的人力物力，所以我们每次都希望让调查的内容更加全面。但是，在问卷容量方面，还是应当适量控制，以降低访问的难度，使得受访者更容易接受并协助完成访问。

CSS 是面向全社会的、面向大众的。我们必须充分考虑社会的实际情况，考虑到那部分文化程度低、理解能力差的群体或者上了年纪的老爷爷／老奶奶等，所以问卷内容应适当降低难度，不让大众费解。我理解中的最好问卷，应当是让街边卖菜的阿姨都能一听就懂的。

CSS 之旅对于每一个参与者来说都是人生十分宝贵的经历，我们每个 CSSer 对 CSS 都有家一样的归属感和亲切感。CSS 自身在随着时代的发展和科研的进步不断地完善、提高，由衷地祝福 CSS 的明天更加辉煌！

我的 CSS 之旅

郭　思

2017 年夏天短短一个多月的经历是我生命历程中不可多得的宝贵体验。参加社会调查必然少不了苦和累，却也是件令人终生难忘的事情。我的手机备忘录里现在还有很多七八月份的便签，记录了样本编号、访员、受访者性别、受访者及其家人的年龄，我舍不得删掉它们，这是关于我 2017 年夏天努力的见证。手机里记录的大多是好看的景色和有趣的事物，CSS 总结会上听其他巡视督导的报告，我质疑自己参加的 CSS 和别人参加的是不是同一个 CSS，我没有遇到塌方、泥石流、生病，也没有住按摩房、住老乡家里，可是我的手机备忘录里写着，"做梦梦到了 CAPI 系统修复了某个 Bug，想着早上醒来一定要告诉他们怎么解决""调查系统维护，我早上醒来第一件事是问访员能不能登录账号"。那段时间，我确实连做梦都在做 CSS。虽然没有遇到任何危险和很大的困难，可是我看到了很多生活的艰难，感受到了做田野调查的困难，感动于老师们的悉心教导，也对未来的道路充满信心。

一　调查经历和个人体会

1. 第一站——江苏

7月12日晚上临时接到即刻出发的通知，我第二天早上就坐上了南下的列车。第一次去南方，我心里还是充满期待，知道接下来可能要面临一些未知的意外，也做好了处理一些事情的准备。13日下午到达镇江市句容市时，地方院校的老师已经到村子里，办完入住后我联系江南大学的王沛沛老师，晚上10点钟到酒店见到沛沛老师，商量第二天入户的事情。第二天一早，我独自乘坐公共汽车到 G 镇与江南大学的老师、同学会合。刚进村子，我就被南方的特色建筑和植物吸引，不同于北方的村庄，南方的村庄多是沿河而建，随时都可以看到在河边洗手、洗菜、洗衣服的村民。可是一上午过去了我们一无所获，要么被拒访要么样本地址没有人，加上炎热的天气，我们根本无心去欣赏美景。中午12点，我们终于找到了愿意接受访问的受访者，受访者家正在盖房子，趁中午休息的空当受访者接受了我们的访问。受访者的妻子有精神残疾，在我们访问的过程中她几次拿起了暖瓶和擀面杖，面露凶色，不断地大声咒骂，喝斥她的丈夫让他停止接受访问。虽然过程艰难，受访者态度很好，我们在两个小时后最

图 1　在河中洗菜的受访者

终完成了这份问卷。当天下午我陪访一个来自内蒙古的男生，受访者是一个 60 多岁的妇女，我们在她家的房子门口，两个北方人磕磕绊绊地讲着不太好懂的方言。受访者的儿子脑子有点问题，这个朴实的农村妇女已经将近古稀之年，可是她不知道自己的民族是什么，她毫无防备地拿出身份证给我们看。江苏是经济大省，这个村庄也属于经济状况相对较好的村庄，我不知道，在中国还有多少农村的老人不知道自己的民族是什么。

句容市的 4 个 SSU 中有 2 个是句容市的城中村，第一个 SSU 我们花了 3 天时间做完 17 份问卷，当地农村的拒访率之高使我们做好了在城市被拒访的准备，同时我们改变了策略，增加了两个访员。在城中村的访问，我们先找到居委会的负责人，由负责人带访员入户，即便这样，还是有很多人拒访和没人在家的样本。访员在炎热的天气里敲门、扫楼，等到晚上七八点钟入户，晚上十点多才能返回酒店吃晚饭。接下来是南京，我们预想中最难做的城市，可是没想到有了前期句容市的访问经验，在南京的访问反而非常顺利。由于赶着到山西去做培训，在南京我只跟了一个社区。X 社区是南京的一个老社区，网格化治理方面做得比较成熟，每个网格都配有固定的网格员。我们跟居委会主任联系好，主任分派每个网格的网格员带访员上门入户，在分头行动、上下配合的情况下，一天之内就完成了一个社区。这是我们在南京的第一个社区，也是第一个一天之内就完成访问的社区，所以给了访员们很大的信心。真心感谢居委会主任和网格员们的支持。

由于山西培训在即，22 日我又踏上了北上的列车。在江苏的将近 10 天是我 CSS 之旅的开始，访员们每天顶着烈日奔波到晚上 10 点钟，回酒店以后还要记录当天的样本情况，商量第二天入户的事情，几乎都是在凌晨入睡。我非常感谢江南大学的这群学生和王沛沛老师，我在江苏感到了很多的温暖。CSS 的最终完成，也是所有访员和老师的共同努力。

2. 第二站——山西

7 月 22 日晚上 9 点钟，我和肖耀龙、刘晨晨到达太原，第二天早上开始为期三天的培训。23~25 日，我们仨为山西大学的 20 多个访员做了培训。由于有前期在江苏的经验积累，再加上崔老师的现场助阵，培训相对比较容易，根据在实地访问中的情景我们进行了生动的模拟。与实地访问相比，培训真的是件比较幸福的事情，如果可以的话，真想一个月只做培训，但我深知，真正的成长得益于实地入户的各种体验。

7月26日，我启程到长治，由于山西大学的同学们前期在长治的核图工作没有完成，所以需要完成剩下的核图工作，紧接着入户。长治是我的家乡，加上2016年我参加了北京大学的民政部项目，独自完成了在长治县十几个村庄的访问工作，所以对长治县的访问充满了信心。7月27~29日，我跟着访员们分别到长治县C社区、X村、N村、S村进行核图。我们到长治县X村进行核图那天正好赶上下暴雨，访员们打着伞在暴雨中核图，衣服鞋子全部湿了，但也在竭力保护地图。暴雨为炎热夏季的午后带来了凉爽，我也为访员们对待核图的认真态度而格外感动。

7月30日正式开始问卷调查，第一个村庄是X村。开始时总是最艰难的，第一天上午我们8点多钟到村子里张贴海报，可是到了11点多的时候竟然还没有成功访问一户，中午一个受访者终于在一个访员的软磨硬泡下答应接受访问。受访者是一个60多岁的妇女，她的老公在一旁总是忍不住要干预受访者的回答，两个小时以后完成访问时受访者还挽留我们吃午饭。一上午虽然成果不够丰富，可是我们总算是完成了第一份问卷，还是倍感欣慰。有了上午碰壁的经验，下午的访问就顺利得多，一天下来完成了17份也算是成果颇丰了。第二个村庄是N村，这个村子不同于别的村子，在我们的样本中既有平房户，也有住在小区里的楼房户。楼房区访问的成功率很低，大多数人不在家，在家的人拒访率也很高。在这里发生了两件有趣的事，一件是一个样本抽到了答话人（即给访员开门并应答户内抽样的家庭成员）的妻子，可是他的妻子坚决拒绝我们的访问，最后在我们的再三说服下受访者不但接受了我们的访问，还和我们聊起了家常；另外一件是一个受访者不太相信我们，给她远在北京的儿子打电话，我和她儿子通电话后，在她儿子的说服下她答应了我们的访问，并如实告诉我们一些家庭信息。由于接受访问，受访者的麻将牌局没有人接替，我担起了替她打麻将的工作，最后输了二十几块钱，受访者要把输的钱给我，因为受访者很认真地配合了我们的访问工作，所以我没有收。C社区是我们访问中最难做的社区，这个社区 3 天才做了 17 份问卷。这个县城的社区由多个居民小区构成，由于很多住户属于农村人在县城里买房子的情况，暑假期间很多人都回农村去消暑，再加上白天很多人上班，所以这个社区有很多居民家里没有人。这个县城的社区网格化建设相对落后，居委会和居民关系并不好，有些居民甚至不知道居委会的存在，所以居委会的人上门敲门被拒访的可能性也很大。相对来说，S 村是一个地处偏僻的小山村，民风淳朴，加上有一个山西大学的学生是这个村庄的人，之前曾两次参加过 CSS，所以在 S 村的访问格外顺利。

　　8 月 4 日完成了长治的访问，8 月 5 日奔赴大同，晚上 10 点多钟到了大同市天镇县。大同市的 4 个 SSU 有 3 个农村、1 个社区。X 村令我印象深刻，这个村庄是三省锁钥之地，是山西省最北端的村庄，北邻内蒙，西面河北。一走进这个传统的村庄，像进入一个边疆小镇。这里在古代是一个很重要的贸易码头之地，如今却有落败之势，但仍然保留着一些传统，这是弥足珍贵的。天镇县和长治县虽然都属于山西省，但一个在北，一个在南，所以两地的风情和习俗有很大的差别，在天镇的入户调研自然也不同于长治。天镇县的村庄给人印象深刻的是几乎家家都养驴，这给我们的入户带来很大的挑战，既担心被驴踢，又尽力劝说受访者。有一个受访者是一个 30 岁左右的女性，她刚开始接受我们的访问时很乐意，可是到一半的时候就明显不耐烦，几次要中断访问。还有一个是和我一样大的年轻妈妈，她为了看孩子也几乎要中断我们的访问，一个 30 岁的年轻女人对着几间土房子说她对现在的生活感到很满意……这些女性都使我印象深刻。我深深地为自己还能有机会读书而感到幸福，为自己能有各种学习的平台和感受不同生活的机会而感到幸运，当然，这也不是她们的不幸，每个人都有自己不同的诗意和幸运。有些人整日生活在闭塞的山村里，一些上了年纪的老人甚至没有去过县城，更别说省城了。她们甚至连自己的民族都不知道，遑论同性恋和艾滋病了。

　　写到这里，我又想到了一位捡别人烟头儿抽的老头儿，他被儿女抛弃，一个人孤苦伶仃地生活。感谢 CSS 让我去到了和自己家乡不同的地方，感受更加贫穷或富足的生活，有些我们生来就理所当然的事情和物件，他们没有见过，有时候甚至会感觉和他们生活在不同的世界。他们尚且没有抱怨并全力以赴地生活，而我们又有什么理由不努力生活呢？

二 CSS的优劣评估和总结

1. 优劣评估

（1）城市和农村的差别。我们的调查问卷是一份统一的问卷，无论受访者是在城市还是农村，无论是老人还是年轻人。然而实际中，农村受访者和城市受访者有很大的不同，比方说关于群体的接纳问题，城市受访者大多明白问题的内容，自己对问题也有明确的答案。可是农村受访者不同，他们不明白什么是同性恋、不明白什么是艾滋病，这很可能使得回答者的回答并不是他心中真正想要表达的答案。

（2）受访者自身价值观的影响。受访者有时候不是刻意说谎，而是下意识地追求政治正确。一些人对公共事件的评判受大众传媒的影响极深，有人说评价性的问题就不应该放在问卷里。尤其是在有关政治评价的部分。有部分受访者说，上面的政策是好的，可是落实到下面就很难了。还有些受访者说，这部分答案全部选好和满意，不能说党的不好。我不知道他们为了追求政治正确选的答案对我们的调查有什么意义，可是他们内心的想法究竟是什么就不得而知了。

2. 个人总结

"嗯，这就是真实的社会。它有自身的运转'规则'，永远无法按照理性规划和程序文本走，也因为这些不确定性，我们才有各种体验。社会永远不会被外在的力量锁定。"这是参加完调查之后，我在日记本里写下的。这是我最深的感受。

每一个调查、每一种方法都有它的边界，有它能做的和做不到的。研究者也有自身努力的边界，有他能控制的和不能控制的。而我们能做的，就是在自己能力范围之内，尽可能地追求真实，追求受访者想要表达的本真的东西。

我们在一起的日子

高明月

随着 CSS 项目接近尾声，我和社科院的老师、同学们交接了平板、信件以及辽宁地区 2017 年的抽样地图，整个夏天的经历就像昨天发生的事情一样清晰。最后我带着很多不舍和老师、同学们告别。

这是"庆功宴"上的大合照，有帅气又有活力的李炜老师、精明能干的邹老师、项目大后方支持的胡老师、红艳师姐、培训时"问题多多的"寇寇、一起战斗过的欧阳师弟、莉莉和很多的同学们。我虽然因事没能参加，可看到照片时还是很幸福、很激动，因为 2017 年 CSS，我们在一起，我们在路上，我们在调查，我们是 21 世纪数据收集人，我为我做过的努力骄傲、自豪！

图 1 "庆功宴"大合照

一 我和社科院的"不期而遇"

2017 年有幸参加中国社会科学院承担的"中国社会状况综合调查"项目，多亏有我研究生导师景汇泉教授的帮助。5 月，我和师姐去北京协助景老师的另一个项目，在北京大学做后期质量控制工作。有一天老师问我有没有兴趣在暑假参与一项社会调查，并给了我李炜老师的电话。就这样的机缘巧合，让我在之后的日子里结识了这么多善良的、可爱的"CSS 老师和同学"。

二 为期两个月的 CSS 培训

我是沈阳医学院公共卫生专业研究生，跟随导师的项目在北京大学做项目质控。当我决定参与 2017 年的 CSS 项目后，我的生活轨迹是这样的：周一到周五从首都医科大学到北京大学，周六周日从首都医科大学到房山区的社科院研究生院学习。

自此之后我的周末就变得丰富多彩了。早上 9 点开始培训，我 6 点起床，骑行到地铁九号线直达终点，再换乘房山线到良乡大学城下车，历时两个小时。我真真切切地感受到了大北京的"包罗万象"。

图 2　研究生院

　　顺利找到社科院的第一感觉就是我竟然真的来了，睡眼惺忪的我一下清醒过来。被誉为中国人文社会科学研究生教育的最高学府、亚洲第一智库的社科院，你好！此刻，我再也没有长路漫漫的抱怨和困倦，更多了一些期待，期待新的学习。

　　一个世外桃源般的校园，我们所有人都按时去食堂吃午饭，张宾师兄、亚楠师姐、社科院的小伙伴都在帮助我们外校的同学刷饭卡，告诉我们哪里有好吃的饭菜。其间认识了向聪——有点婴儿肥的可爱女生，带着我吃饭还请我去寝室休息，她是很贴心的伙伴。现在回忆起来，对于成年的我们可能只有校园里的友谊是那么的纯粹，没有任何企图。很庆幸，能在这个年纪认识这样一帮未来的社会工作者。很感恩我的老师，给了我这样一个锻炼的机会，也让我看到了北京高校的学子风采。

　　为期两个月的培训短暂又漫长。短暂的是，只有每周周末的两天参与培训，算算时间并不算长；漫长的是，在培训一个月之后，我返回了沈阳上课，要不要继续参加培训、怎么样参加培训这些问题都迎面而来。喜欢的事就要坚持做完！那我选择继续完成培训，我要参加！

图 3　培训的课堂

就这样我开始了沈阳—北京每周的奔波，每周周五晚上 K53 的直达火车，早上 7：38 到北京站，坐地铁到社科院，周日晚上 10 点赶到北京站第二天早上到沈阳，继续我在沈阳的课程。身体虽疲惫，但大脑被新鲜知识充满，回想这段日子，我的嘴角总会扬起笑意，心里想着我们不在年轻的时候折腾，以后有什么谈笑的资本呢！这是玩笑话！

当时的我，就是喜欢，身心都在路上！

说到培训，我们 12 人的核图小团队也是值得一提的。由张丽萍老师

图 4　培训合影

做的核图培训在后期的项目督查和讲课中也让我受益匪浅。虽然核图是最容易被晒黑的工作，但我真的是喜欢！手拿着一份有着堪称"福尔摩斯密码"的地图，用老师教我们的规则寻找着正确的家户，右手原则、最优路线都是我们解码的小助手！说到项目留给我的"后遗症"，那就右手原则莫属了，现在已经不自觉地右手行走，不管怎样走一个圈后我会回到原点。

三 江苏之江南大学培训

在完成社科院"期末考试"之后，我们都变成时刻准备着的战士，等待着老师的调遣。

在一个周末的晚 10 点，我接到了邹老师的电话，老师幽默地说周二去无锡，今天是周日并且是差不多过去了的周末，说走就走！我立马从床上爬起来收拾行李，周一的晚上依旧乘 K53 去北京，周二早上 9 点钟在北京南站"偶遇"和我一起去无锡的雪琴，其实还有一名同学李莉莉，她没买到车票，坐的下一趟车。就这样晚上 8 个小时加上白天 5 个小时高铁，我们风风火火地南下无锡。

一向大大咧咧的我，连着两天的车程却只想着给自己带个早餐，导致午饭没法解决。以前做短途的高铁没有什么"贫穷"的感觉，这次却真的被钱狠狠地打了脸。

高铁上的饭不是一般的贵，有 65 元一盒的，有 95 元一盒的，我考虑一下的工夫 65 元的就没有了！天啊，我是给自己添了多大的堵，心里又自己埋怨了八百遍，算了饿一会儿就下车，不吃了。回到座位后，看着雪琴已经把泡面泡好，香得很。我看着雪琴的泡面不争气地流口水，吃货饿了！

知道后来为啥和雪琴这么好吗？那是半碗泡面的缘故。

之后我们见到了江大的负责老师，开始调试平板，等待着李炜老师的到来。不得不说，跟着李炜老师来到江大，我收获了很多惊喜。惊喜老师的酒量，惊喜无锡老师和同学们的热情，惊喜老师给我们的讲课内容把关能熬到凌晨两三点，早上还会 6 点准时起床（这个也不能说是惊喜，应该是尊敬，因此我也对外表和蔼的老师肃然起敬，这是作为多年社会工作者的严谨态度，这也是值得我终身学习的）。

这张照片是江南大学研究生魏世创同学给我们三个拍的，来自大江南北的我们仨站在美丽的江大校园。I Love You！美丽的江南城市，还有疯狂咬我的蚊子，我都记住了。

图 5　校园留影

四　回归辽宁

我想我们辽宁应该是访员队伍最强大的一支了吧！

1. 辽宁核图

核图、培训、督导——王泽带着辽宁地区十几个医学院学生开始了核图之旅。哈哈，我们是医学院学生里调查做得最好的小战士！

例 1：盘锦——在建中的大润发

我们一行四个小仙女面对着 2015 年"在建中"的地图，走到渤海路与向阳路交会处检查时发现了崭新的大润发商场，说是商场小伙伴应该会很开心，我们直接画圆角矩形略过就好，但我们却高兴不起来。大润发的构造很特殊，属于商圈围绕着居民区类型，很难画。封闭式小区，底下四层

图 6　培训团队

大润发，上面的是住宅。我们四个人尾随着阿姨叔叔进入小区，开始我们的编号路程，徒步爬了 22 层楼梯，好不容易查完了家户的数量，问题就出现了，这个小区的门，到底有几个，从哪里编号？

我们四个人一人查一遍，每个人的数量都不一样。

这个大润发给我的印象非常深刻，后来去盘锦做巡视督导的时候，我都能直接找到。

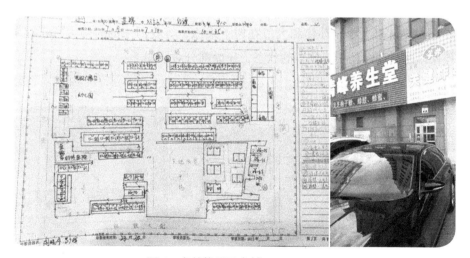

图 7　盘锦核图及商铺

例 2：盘锦——G 村

我们印象深刻的第二个地方是在 G 村核图的两天，经历了五六天的"世间百态，人间冷暖"，此时的 G 村带给我们的是村里热心肠的大爷的暖，一直暖到我们的心底。

周日我们起早坐公交去到了我们小分队最后一站——G 村，因为是周日，村委会里的书记和村长都没上班，我们先来踩个点，抱着试一试的态度，先走走路线。我们在村委会的长廊里查看地图、熟悉路线时，碰到了我们的"贵人"——一位退休的老干部。大爷就一直看我们在忙活，既不打扰也不询问。后来看我们工作基本完成，就试探着问我们要干什么，看看能不能帮上忙。大爷岁数也有 70 多了，会理解我们的工作吗？心存疑虑，给大爷介绍了 CSS 项目的情况和调查意义，真的没想到，大爷特别开心地说"2015 年来了一帮孩子，这次虽然不是同一批人，你们做的事是一样的，需要什么跟大爷说，需要找哪一家大爷帮你们找！"

调查做得多了，能体会到很多校园里没有的感情，见识了家长们常说的人心叵测，也真心感受到好人的暖心。大爷就这样带着我们去了他家，借给我们自行车，还全程带着我们看地图、找住户，不辞辛苦。

我们四个人分了两组，我和孙伟一组，正好大爷陪着我俩，我骑着大爷借给我的自行车，孙伟坐在车后座上，一路南下。其间正好有一户离得较远，我自己去找，孙伟和大爷在树下乘凉，等我回来的时候大爷正在考孙伟，此时已经是"烤糊"的状态，还原部分对话如下：

图 8　工作中的我们和热心肠的大爷

"你知道哪个国家最富有吗？"孙伟，卒！

"你去过日本吗？你知道日本有多少人吗？"再看孙伟，卒！！

后来我们才知道，大爷是盘锦市市内的退休老干部，对当地村民影响很大，付出也很多。早些年是大爷编写了第一部G村村志，培养了一批批优秀干部，现在乡下安度晚年。

盘锦核图在大爷的带领下，我们快速并保量地完成了任务，也为后期访员入户做了很好的联络基础。盘锦G村，大爷是我们的"贵人"，是他教会了我们善。

这是我们奋战到天亮的证据，不是想体现认真工作，我想每个地区的核图小队都会有相同的经历。新的小区新的面貌，带给我们的就是疯狂的编号，画图，工作类似，无须多谈。我想说的是，通过这一夜让我重新认识了我的队友们，仙女就是仙女，有着天使面容和天使的责任。

图9　工作中的小仙女

2. 辽宁宣讲督导与实地调查

辽宁的宣讲督导成员全部阵容：我，欧阳，章鹏。我们三个人培训了五天，培训了两拨人，累！

累就得劳逸结合喽！培训完我带着我湖南的师弟去看二人转，在沈阳的大排档喝酒撸串，真是个减压的好办法，我发现欧阳好能喝，师弟以后

图 10　宣讲中的欧阳章鹏师弟

不要贪杯哦!

7月18日，辽宁地区进入了实地访问阶段。我跟随"葫芦七兄妹"来到沈阳新民市做实地督导。

我们在晚上6点钟抵达新民市，迫不及待要实战的伙伴们简单收拾就开始寻找第一个访户。我们用讲过的地图加上一路"打听"，找到了这位大哥（图11左一男）的家。非常幸运的是，我们敲开了门，用我们真诚的介绍成功赢得了大哥的信任，并让他接受了我们的访问。7月份的瓦房里是闷热、焦躁的，大哥看我们一道题一道题地认真读着，直接把电扇对着我们吹自己在一旁热着。大哥具体叫什么名字我已经记不清了，当翻到这张照片时，做访问时情景历历在目，让人记忆犹新，我想，这就是做大调查的乐趣所在吧!

我们一行四人，由于遇到的是实战的第一个访户，所以访问进行了一个多小时。从刚开始的兴致满满到后来的满脸困意，大家坐了一天车已经疲惫不堪，我们的访员楠楠还一直在坚持着，坚持着。回头一瞥，发现"葫芦"队友邢凯坐着睡着了。当时玩心大发，偷拍，想不到现在还可以用来继续调侃。对于调查中的奇闻趣事，真的只有经历过的人才能了解其中的

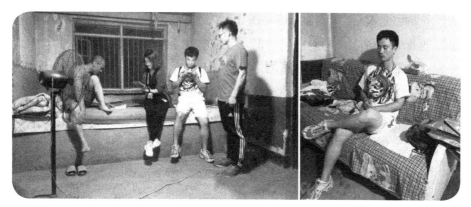

图 11　第一个访户及劳累的访员

乐趣。

这是我讲课后跟随的第一个访问，当时我心里充满了自豪感。我看着大家根据我们讲的要点，一步一步地识图、入户、访问、结束、送礼物等等，整个过程顺利地进行，我很开心。

五　经验与教训

对参加 2017 年 CSS 的我来说，主要有两方面的经验。

一是在核图时，核图员们一定要明确自己的工作内容，需要重新画图的概率不大，主要是在核图时应该注意为我们后期的访问打好基础。作为先行部队，首先，核图要掌握和正确抽取我们之后要访问的目标样本，尽量要求我们核图员核实好地图的准确位置，标记好更新的家户门前特征，帮助下一批访问的同学正确找到访户；其次，尽量掌握家户的基本信息和住户居住情况，这个特别重要。

锦州的访问就吃了这个亏。我们核图的时候，锦州村居委会非常配合，家户信息找得也很全面，致命的问题在于，这个抽中的小区属于学区房，6月末，所有的住户都在此地居住，等我们 7 月来实地访问时发现，大多住户都由于孩子放暑假回老家了，这就给访问造成了很大的困扰。我们有样本量的要求，并且需要有代表性样本，真的算是历经千辛万苦才完成最后的任务。所以说核图员前期的准备工作至关重要。另外，出于对核图的了解，想提些我的小设想，希望对以后的调查有些助益。核图的培训，可以大致分为三个部分：一阶段培训核图知识点；二阶段实地勘察，最好提前准备一张有错误的地图，让大家模拟我们实际工作的流程；三阶段让大家回到教室给地图纠错，并叫同学代表给大家讲讲大体流程。初步想法可能不太成熟。只是在实际调查时，遇到了很多同学一脸懵的表情，想着这样能有所帮助。

二是在访问时，尽量两个人一组。不管在城市还是农村，对于不熟悉的环境和受访户，双方初次见面都有一些抵触和警备。尤其是女生单独访问时，会有心理压力和安全问题。当然男生也会有安全问题的。

作为一名医学生，能有一份这样的经历，绝对是人生的收获。时刻走在路上，感受着城市的繁华和乡村的朴实，体验着一个个陌生人的喜怒哀乐，聆听着家家的故事，记录着当代的数据，我很感恩能得到这一切，也很满足能在这个年纪做了这样有意义的事情。CSS，我们在一起的日子很知足，愿后会有期！

我的 CSS 故事

李莉莉

在我们每个人成长的过程中，都会发生许多事情。在我们的记忆深处，有些事情会随风飘散，有些事情却像大树的根一样深深扎在我们的脑海。

2017 年，最让我刻骨铭心的事情就是我有幸参加中国社会科学院发起的"中国社会状况综合调查"。作为巡视督导奔赴江苏省和广东省，我遇到一大波可爱的人和有趣的事，我想把我们的故事说给你听。

一 江苏调研之旅

在江苏省调研期间，我、汪冬冬老师（地方督导）和访员（江南大学的同学们）组成团队，

图 1　江苏调研小分队

开始了我们的调研之旅。

　　"万事开头难"是我们工作的真实写照。刚开始入户时，访员问答话人一些基本信息后，发现答话人的各项情况都符合受访者的条件，大家都很开心。可是，调研使用平板来抽取符合条件的受访者时，这些很配合访员的答话人往往不是最终的受访者。一上午，我们的平板抽中的 3 个受访者都不配合调研的工作，督导和访员们把各种好话说尽，受访者还是不配合大家。几天下来，大家被一次次地拒访，又一次次地去敲门，始终不愿

汪冬冬老师

同学们很努力了，一上午也就2份问卷，路漫漫其修远兮！

图 2　汪老师的朋友圈

放弃。天气炎热，加上受访者的不配合，最后访员们甚至都怀疑"我们被平板调戏，感觉平板抽到的受访者都特别不配合"。

刚开始的调研工作步履维艰，但大家从未说过放弃。也许是大家的坚持，也许是大家对平板逐渐熟悉，也许是我们开始转运，不得不承认一个事实，大家的调研工作渐入佳境。

天热、水咸、人累！但有好心人！

图3　居委会

一帆风顺的不是生活，那是童话。调研的生活有苦乐，每天的心情都像过山车一样，起伏不定。虽然自己是研究生又是督导，但是，我深知自己对情绪的掌控能力有待提高。还好我们团队有汪冬冬老师，下雨天时，汪老师会把雨伞给访员，自己淋雨时还不忘鼓励大家：这样的雨天很凉快，大家明天继续加油！炎炎夏日入户时，汪老师会抢着多拎东西（比如洗衣液、洗衣粉等送给受访者的物资）。风里雨里，永远不变的是：汪老师的衬衣总是湿的。

访员们哭过、笑过，却没有放弃过！在连云港市赣榆区Q镇，我们遇到了一点困难。虽然社区的居委会很配合调研的工作，但是，大部分居民对调研不太理解，社区居民又十分谨慎，一听到有录音就十分排斥。一天下来也没有完成几份问卷。在Q镇的第一天，一个访员被社区居民拒绝无数次后，完成了1份问卷。说句实话，已经很不错了。但是，在返回宾馆的路上，这个访员哭了。他心情很低落，团队的小伙伴儿也安慰他。但是，他说："自己一天只做了1份，很有挫败感，想一个人静静。"后来，还是汪老师亲自出马耐心开导这个访员。厉害了，我们的汪老师！

在江苏的调研之旅，一路走来，每一步走得都很艰辛，也很踏实。有些时候，我们也会遇到受访者不理解或者不配合我们的调研工作；我们在调研的道路上，有些时候不一定谁的皮箱轮子就"牺牲"了；冒着炎炎烈日，皮肤已晒伤……但是，我们却从未想过放弃！

二 广东调研之旅

在广东调研期间，我们团队的主力军是睿智的田向东老师和抗打击能力强、心理素质好、身体也棒棒的广东金融学院的同学们。虽然我们团队去的地方条件最差，但是，我们最团结、最不怕吃苦。其实，在我们团队出发前，我对广东的访员有一种误解：在经济发展水平还不错的广东生活的孩子一定会比较娇气，能忍受下乡去调研的长途跋涉和可能面临被人无数次的拒绝吗？事实证明这些广东的访员特别能吃苦，也特别有责任感。

图 4　工作中的访员

调研路上，风雨无阻！我们团队出发的时候恰好赶上台风。还好，我们是"逆着台风的方向"前进的。田向东老师开着自己的车送大家去调研的村居，遇到不好走的路也有村民帮我们推车。在偏僻的乡村，离开村子返回宾馆时，天已经很晚，根本找不到车，我们一点儿也不担心，因为田老师会开车送大家回宾馆（其实，就是村民收拾出来的几个房间）。

"特别能吃苦，特别能战斗"用这一句话来形容我们的团队（梅州团队和河源团队）最为贴切。我们团队去的地方条件极为艰苦，经常遇到这样的尴尬：拿钱找不到宾馆可以住，因为这里没有宾馆；拿钱买不到吃的，因为这里没有饭店；要想到达受访者的家庭，想坐车，不好意思，因为道路狭窄，请步行。为了找到符合条件的受访者，步行至受访者家庭，大家脚上磨出水泡是常有的事儿。

有一次，我跟着河源团队去下乡调研，和受访者预约的时间是下午2∶00。因为交通不便，我和 2 个访员（都是女孩子）需要步行 6 公里才能到达受访者家中，一天中最热的时候我们走在调研的路上，连饭都顾不上吃。我说："咱午饭都忘了吃，咱们找个凉快的地方、喝点水，休息一下。"其中，一个访员说："休息 5 分钟咱就走，莉莉姐不要害怕我们中暑，你和田老师没来河源之前，我们小组调研就是走路，都习惯了。"另

 田向东老师

CSS2017，从"0"开始，与我的学生同路，黑夜前行，干粮充饥，但沿途都遇见好人无私援手，鼎力相助，感激之恩，无以言表!还是继续快乐向前吧!

好几个宝宝都是这几天生日，印象应该很深刻的! 👍

图 5　田老师的朋友圈

一个访员说："以前假期在家待着都是空调、西瓜和 Wi-Fi，但是，这个假期特别充实，面对受访者拒绝我，我'软磨硬泡'之后，有的受访者就会'同情'我大热天儿的也不容易，然后，答应接受访问，我觉得参加 CSS 还是很有价值的!"听了这些女孩的话，我真的很心疼她们，谁还不是爸妈的小仙女?

彼此信任和明确的分工往往会收到意想不到的效果。特别感谢田向东老师给我最大的信任和最大程度的权利。田老师说："今年使用平板调研，关于调研上的事情你们可以咨询莉莉师姐，她从北京到广东是来帮我们的，

图 6　访员工作图集

咱们是一个团队。莉莉姐以后强调咱们调研的注意事项，大家一定要认真听。关于交通和住宿以及后勤的任务就交给我。咱们前往的村居路线可以由之前参加绘图的同学带路。李侃同学当组长，带领大家完成问卷的上传和备份等事宜。"在调研的路上，我们把田老师当成我们的"大管家"。我们喊组长"侃哥"，一路上，我们都是以"兄弟姐妹"相称。团队的氛围很好，真想以后工作了也和他们做同事。

　　特别感谢田向东老师培养了这么优秀的学生，这些学生很认真、负责、有担当。一路上，我很省心。其实，刚才始，我把这些访员"虐"得不行，每天从早到晚，只要遇到访员，我就开始给他们反复强调调研的注意事项。直到一个访员说："莉莉姐，你天天这样说话，不累吗？你天天强调的内容我都会背了。"看来我的目的达到了，就是等你们说："莉莉姐，你强

图 7　团队讨论

图 8　团队合影

调的内容，我们都会了，求你不要每天重复啦！"

　　尽最大努力让大家在一起吃饭很重要。田老师会领着大家一起吃早饭，尽量让大家聚在一起吃晚饭。晚饭时，大家可以吐槽一下自己遇到的事儿，大家也会互相"比惨"。这样的氛围特别有利于大家培养团队感情，大家互

大家互相帮助，共同提高。

图 9　团队合影集

相鼓励彼此，回到宾馆安然入睡，累并快乐着！

遇到问题不要着急，说出来大家一起想办法。田老师是我们的大管家，他是一个很细心的男人，脾气超级好（田老师，请收下我的膝盖，作为女生，我的脾气和性格一点儿也不温柔，遇到事情也爱瞎着急。论能力和格局，和田老师相比，我自愧不如）。他遇到事情不急不躁，总是让大家感到：你不是一个人在战斗，你也不用一个人去活成一支队伍，因为你的背后就是一支队伍。不信，你看梅州团队和河源团队的照片，很少是一个人单独行动，我们可是一直奉行：最好男女生搭配，结伴而行。

善于运用资源，做好资源"联结者"。进入村居前，除了利用村委会的力量，田老师也会动用自己的资源（自己教过的学生或者以前的朋友，凡是有利于调研工作开展的资源，他都会进行整合）。田老师以前教过的学生（在我们调研的村居当村主任）帮我们带路，也告诉我们一些当地的情况，这给我们的调研工作带来了极大的便利。

"凡事预则立，不预则废。"梅州团队和河源团队在这一点上做得非常好。大家在照顾好自己身体的情况下，尽最大努力保质保量完成问卷。有些村居他们还会多做1~2份，作为备用。很有大局观念和意识，也很有远见。总的来说，我的CSS故事就是这样了。2017年，在江苏，在广东，感谢相遇，感谢陪伴，一路前行，受益颇多！

图 10　村委会

这个夏天有点不一样

——记我的 CSS 之旅

赵志航

关于 CSS：CSS 的中文全称是"中国社会状况综合调查"，2005 年由中国社会科学院社会学研究所发起的全国性综合调查，每两年开展一次，每次涵盖全国 31 个省（区、市）、1 万多个家庭。问卷涵盖家庭基本情况、收入开支情况，以及社会态度、社会公平等方面。

关于我：我是 2016 年考上社科院社会工作专业的一名研究生，社会工作专业要学习包含社会学、社会调查方法、社会工作以及社会工作理论及方法等多门学科的专业。我研一结束，即 2017 年 6 月刚好赶上 CSS 的第 6 期。于是，我在这个平凡的夏天遇上 CSS，开启了一段不平凡之旅。

一 初遇 CSS

初次听 CSS 是在李炜老师的课上，他的讲解似乎充满魔力，让我不由自主地期待，迫不及待地想加入 CSS。从问卷的结构、培训的方式、抽样的方法、调查的开展到质量的控制，都深深吸引着我，我有一种强烈的欲望想要了解它、探索它。于是，2016 年 11 月，CSS2017 像一颗种子在我心里慢慢地生根发芽……

二 相识 CSS

真正接触 CSS，加入 CSS2017 大家庭是在 2017 年 5 月。早在 2017 年 3 月，中国社会科学院社会学研究所 CSS 项目组便开始招募培训员和督导员。4 月，项目组对提交报名表的同学进行了简单的初筛，然后就是面试，最终录取了 50 名培训员和督导员；5 月，开始在中国社会科学院研究生院进行培训。在这里我见到了 CSS 项目组的所有老师，他们和蔼可亲，对问卷的讲解、调查的流程，以及对可能出现的状况都做了清晰的讲解和预演；我们一次次模拟不同受访者，分析可能出现的被他们拒绝的原因，以及我们应对的措施；我们一遍遍测试 CAPI 系统（这期 CSS 第一次开始引进北大的 Pad 调查系统），对所出现的问题进行记录。CSS 每个问卷问题的设置都有其背后的目的，执行的每一步都有严谨的逻辑，都包含着每位老师的心血。6 月初，从 50 名培训员和督导员中选出了 8 名参与 CSS 前期绘图抽样培训（CSS 多阶段抽样方法进行抽样，倒数第二步采用的地图地址抽样方法）。绘图抽样是体力活，也是前期重要的环节，它与后期调研开展是否顺利密切相关。如果前期的绘图抽样没有被准确地核实，将会影响后期调查的进度，以及访员情绪的稳定度，因此，掌握绘图抽样的流程和技巧也非常重要。我很幸运参与了绘图抽样培训，并经过筛选成为绘图抽样培训员之一，我与其他三个小伙伴在 6 月底开启了我们前期的 CSS 之旅。

三 开启CSS

1. 绘图的感动

6月初到7月初，我分别前往宁夏、青海、吉林、云南、贵州五地进行抽样绘图培训。这五个省份的合作机构院校的热情比较高，也较为重视，他们挑选的绘图员有大二的学生，也有在读研究生，他们都非常认真地记下重要的部分，然后在

图1 宁夏绘图小分队

学校附近挑选一个小区进行实地练习，以保证更好掌握绘图的步骤和技巧。在这里，我感受到了北方民族大学学生的俏皮、青海师范大学学生的纯朴、吉林大学学生的豪爽、云南大学学生的乐观，以及贵州人的热情，他们各有特点，但都愿意怀着热情参与CSS。两天的培训，短暂的相处，让我们彼此略有了解，也有不舍。我深深记得，在青海培训结束后，有两个绘图员问我："姐，你什么时候还来啊？后期的调查你会跟着我们吗？"这两句话让我心里暖暖的，也让我越来越相信我参与CSS是正确的。

2. 湖北的奇遇

7月中旬，全国的绘图抽样培训工作基本完成后，我的身份也相应发生改变，由绘图抽样培训员转为调查督导，开启了CSS调查之旅。作为督导，我到的第一站是湖北，湖北调查点分布在5个城市、6个区县、24个村居。首先在武汉大学完成了3天的访员培训，我与另外两个小伙伴协商每个人负责2个区县、8个村居。出发前，我还是有点隐隐的担忧，害怕自己做不好督导，于是多次与小伙伴探讨应该注意的事项，并再三叮嘱我的访员，告诉他们任何时候都不要与受访者起冲突，要把自己的安全放在第一位。我们启程先来到第一个区县，在这边的调研进行得不是很顺利，很多

家庭白天都没人在。有的家庭在我们说服他们接受访问的过程中，尽管我们用尽了所有的理由，但还是态度极差地拒绝我们；有的家庭则表示理解，很愿意接受我们的访问。

在湖北，既有顺利又有不顺利，顺利的村居基本没有拒访，访员也较有信心；不顺利的村居就比较耗时，也会打击访员的信心。在这里我们遇到一户受访者，第一天访问进行了一半，基础信息、收入支出部分已经访完，但受访者表示着急上班，访问过程中断，并预约了第二天再次在其家中接受访问。第二天我们再来时，受访者态度转变巨大，开始不信任我们，访员说："居委会是知道我们在做这项访问的，我们不是骗子，如果是骗子，我们昨天拿到基本信息后就直接走掉了，不会今天再次上门只问您关于社会现象和社会态度的问题。"受访者依旧不相信我们，表示一定要核实我们的身份，但他又不相信我们的身份证和学生证："我要问清楚才会继续接受访问。"说着，他便打拨了110。听到是110，我慌了，因为我在接受培训的时候只是听说过以往有受访者报警，但没想到自己会遇到，也不知道应该如何应对。还好，我们的地方督导反应及时，静静等待受访者打完电话，也不离开，继续解释："如果我们是骗子，我们不会一直呆到您报警完还不离开，现在的室外温度接近40℃，我们住的地方离这里也不算很近，这么热的天，我们不怕中暑过来，您也没见过这样的傻骗子吧？"说完，地方督导便给居委会主任打电话，希望他可以给我们一定的帮助，最后经过居委会主任和110的解释，受访者选择相信我们，并继续接受我们的访问。但在受访完成后，受访者表示："其实，尽管居委会主任说你们不是骗子，我也接受了访问，但我到现在对你们也有略有怀疑的。"对他的话，我们给予了回应："可以理解，任何一个人来敲我家门访问我，我也会很怀疑，理解您的心情，但我们还是对您给我们的支持表示感谢。"我们再三表示感谢，送上我们准备的礼物后，告别受访者。

我既有无奈与无助，又有对地方督导的钦佩。我无奈的是，受访者很难相信我们，钦佩的是地方督导在关键时刻的果断与冷静。这件事之后，我对处理事情的方式方法技巧等有了新的认识，也对自己遇事不冷静的毛病有了新的思考。CSS 的每一步都让我意识到自己还有需要成长的地方，我想我会在这个夏天成长很多，收获很多。湖北的后期调查都比较顺利，访员间的团结度和配合度都比较高，他们分工明确，调查的效率也大大提高。不久，我负责的两个区县的调查圆满结束，与武汉大学的访员告别后，我独自前往下一个调查点——四川。

图2　湖北小分队夜晚总结会

3. 成都之行

我到达四川调查点的时候，这里的访员已经完成第一个村居，准备前往下一个村居。我看着这里八张陌生的面孔，听着他们一声声地喊我"学姐"，感受着他们身上的活力。他们虽然年龄较小，但很机敏，分工明确，两两一组，入户安全，又可以交替进行问卷访问，防止受访者一直对着一个人而审美疲劳。这边的农村社区民风淳朴，拒访率较低，访问进行得较顺利，但城市社区有些是在城中村或者是村改居，因此调查进行得比较缓慢，居民对访员信任度较低，拒访率也有所增加。我们曾在这里遇到一户，拒绝我们两次，第三次他的邻居把他请到自己家，他才勉强同意接受访问，但仍不愿给我们过多的隐私信息。虽然前往两次都被拒绝，但访员也不愿放弃，最后一次，他终于勉强同意了。他说："身份证啊这类的我是不会告诉你们的。"听到这里，访员和我大松一口气，"您放心，我们不会问您身份证号、银行卡等这类极为隐私的问题，我们只是最基础的信息，还有就是对于社会态度的问题。"经过再三努力，访问终于开始了，但在抽样阶段，抽到的是答话人的妻子，询问其妻子是否可以接受访问，答话人却说："她病了，躺在床上无法接受访问。"这给我和访员重重一击，这个样本就算废弃了，不管之前做了多少努力，都算无效样本，这意味着之前的努力都付诸东流，我想那样的辛酸与无奈只有真正体会过的人才知道。

在四川，我负责的两个区县，每个区县最后一份都特别难做，或者找不到受访者，或者被受访者拒绝，似乎在考验我们的毅力，考验我们能否坚持下来。我们要花费半天的时间去做最后一份问卷，而且都要求助居委会才能完成。看着访员拖着疲惫的身躯，承受着被拒访的压力，走街串巷，在不同的小区寻找我们固定的受访者，我都很心疼他们，而我能做的是陪着他们，给予一定的鼓励。四川是我的第二个调查地点，也相对有一定的经验，所以我会对调查较难进行的社区提供一些建议，也会布置一些任务。无论做什么，我都会尽量支持他们，同时减少对他们不必要的干预。两周的相处，让我也收获了一份友谊，白天我们奔波于社区内，晚上我们在小房间里畅聊，聊专业，聊调查，聊被拒访的心情，聊社会风俗，聊我们的生活，有时也会在完成一个村居后开心地聚集起来，打扑克缓解心中的压力。调查结束后，我依旧和四川的某个访员还有联系，甚至相约以后一起出行。在这里，我们有压力、有苦恼、有汗水、有泪水，但年纪小小的四川访员带给我最多的是感动，无论什么情况他们都在努力坚持，集体商讨想各种各样的方法解决问题，从不说退出与放弃，他们充满了活力和乐观，并出色地完成了访问。

4.魅力的家乡

在四川调查即将完成时，就接到了项目组老师的电话，河南调查要开始了，由于河南的合作院校是第一次做CSS，需要对绘图和调查都比较了解的督导，问我是否愿意过去。于是，我告别四川，坐上前往河南的高铁，心情是激动的。离家半年多，居然还可以回到家乡做督导、做调查，回到这片生我养我的土地去贡献我的力量，喜不自禁。河南的老师们比较重视 CSS，也全程参与了五天的培训，因为第一次做 CSS，所以他们看起来要比其他地方的老师紧张一些，提出了很多不明白的问题。前往各个调查区县前，要分发很多绘图和调查资料，绘图培训间隔时间略久，又和调查培训在一起，分发大批资料，于是我和另外两个小伙伴，分别仔细检查各组材料，并强调每种材料的用途。

　　培训结束后，实地调查开始了。我所在的队先来到第一个村子，这个村子有点特别，正处于拆迁中，一半儿的村改楼房，一半儿还维持原状，居民略微敏感，配合度不高，楼房的入住率也不高，所以做调查比较难。有些住户，无论我们说什么都不相信我们，话还说得比较难听，访员没有经验，加上受访者态度恶劣，他们的心理防线就崩塌了，哭了起来。我只能把访员拉走，安抚着。第一个村子的不顺利严重打击了访员的信心，我也对自己的工作做了一定的反思，他们的老师及时赶过来安抚访员的情绪，开始进行下一个村子的调查。我从这个县转到下一个区，下一个区是城市的老城区，做起来也比农村困难一些，但这个区的访员心理承受度都比较好，每个社区的进度把控也较好。女生敲门，说服受访者，男生来主问问卷，分工明确，三天即完成一个社区。还记得当时找住户，敲门无应答，跑完一遍也没有成功接受访问的，我和访员蹲在路边，心情低落。这时，从我们身边路过一对母子，儿子说："妈妈，我们去哪里啊？""去寄信。""给谁寄信？""给中国社会科学院寄信。"（每完成一户访问，我们都会给受访者留下一份回执信和信封，让受访者投入邮箱寄回社科院）无意中听到的几句简单的对话，让我和访员的情绪立即高涨，受访者被打扰两个小时去做问卷，还会很认真地将回执填好，自己送往邮局，对我们来说是一种信任和重视，让我们在频频遭受拒访的压力中得到短暂的释放，有些感动，也给我们坚持下去的信心。还有一户，是一位独居的中年男子，访员敲开他家门后，他站在门里，默默听着访员说着前来的目的，本以为可以得到同意受访的回复，却没想到他拒绝了我们，访员不愿放弃，依旧在门外站着，试图说服他，他既不恼也没有不耐烦，安静地听着，但一直都不同意接受访问，访员用了半小时，他的态度依旧坚决地拒绝，无奈，访员只好默默离去。

河南作为我暑假 CSS 之旅的最后一站，完成得相对圆满。在回京的列车上，我想着这一个半月的经历，酸甜苦辣五味杂陈：有受访者的拒绝，把我们赶出家门；有受访者的理解，亲切接待；有受访者开始的不理解到访问接受后转为信任……无论什么情况，都要感谢访员的坚持与耐心，是他们的努力付出推动了 CSS 的圆满结局。

图 3　河南督导三人组

四　结语

CSS 在 9 月份基本圆满结束。一路走过来，我看到一路不同的风景，感受不同的人文特色，也对不同的地域生活的人们有不同的看法。他们的生活，他们的困难，他们对社会的看法，都需要有人去了解与记录，这是调查比较吸引我的地方，而 CSS 的严谨周密是让我参与 CSS 的另一个原因。这一个多月的参与，让我收获了成长，收获了友谊，让我懂得尊重受访者，也让我更有耐心和坚持。对于访员来说，整个过程中的酸甜苦辣只有他们知道，敲门时的担心、被拒绝时的委屈、被理解时的感动汇在一起，努力坚持着。我曾问一个访员，在农村吃不好也住不好，在城市被冷眼相拒、被无情赶出门，为什么还是坚持下来了？她说："不同的地方养育的人，都有独特的脾气秉性，去了解和接触他们，看他们用不同的方式方法处理同一件事情，我觉得这就是社会调查最吸引我的地方。"无论怎样，调查都有它独特的地方，能够引起我们的兴趣，让我们全身参与。

　　无论是受访者还是访员，他们都在努力，都默默推动 CSS 的完成。谢谢全国一万多户家庭的信任，谢谢全国一万多个人的配合，谢谢访员和督导不顾舟车劳顿的奔波，更要谢谢一直在这个项目组的老师们，他们的辛勤付出架起整个调查的框架，让调查循序进行。

揭开 CSS 神秘的面纱

陈苑蕉

一 遇见 CSS——探险准备

2017 年 3 月初我报名参加了 CSS 项目，在我将简历发送给 CSS 项目组后不久，就收到了面试的通知。4 月 8 日我参加了面试，这是我人生中第一次比较正式的面试。面试结果于 4 月 21 日公布，我顺利通过了面试，然后我被通知在中国社会科学院良乡校区进行为期 2 个月左右的培训（节假日）。这就给我带来了第一个挑战，因为培训是从早上 9 点钟开始，而我从学校到良乡校区的路上要花费 2 个半小时，为了保证不迟到，我每次都要 5 点钟起床。所以每当节假日，舍友们可以睡懒觉，而我要早起，还吃不到学校的早饭，每天往返奔波 5 小时来参加 CSS 项目的培训。培训是在 5 月 13 日正式开始的，一直持续到 7 月初调查正式开始为止。很骄傲的是，在每次来回 5 小时车程的培训中我从来没有迟到过，也没觉得累，因为这是我第一次接触全国性的调查，第一次接触程序相当正规的调查，也是第一次从社会调查实践中学习到很多知识。我很惊喜，也觉得获益匪浅。培训的内容很丰富多样，从项目的介绍、访员和督导培训、识图培训、入户抽样、问卷内容、调查流程到调查 APP 的使用和接触的技巧，让我倍感充实。

在经过 4 月的面试、5~6 月的培训后，我终于开始了我的 CSS 之旅。

二　感受 CSS——探险开始

7 月初，调查项目正式在各省开展。7 月 5 号，刚结束学校实践周的活动，我就接到了去四川的任务，然后与小组同伴联系。因为正值暑期学生返乡高峰，从北京去成都的票早已售罄，7 月 6 日刷了一早上的票后，我抢到了两张到成都的车票。7 月 6 日下午，在大雨中，我们去社科院接受了李炜老师的"战前培训"，然后准备外出行李，带着 38 个平板打包。7 月 7 日一早出发，7 月 7 日晚上 23 点到达成都。整个行程中，最大的挑战就是要把 38 个平板和一大包充电线安全顺利地从北京带到西南民族大学的小伙伴手里。所幸一切顺利，最终成都站的培训顺利开展。在成都站的培训中，我负责讲解识图部分，并在学生练习系统操作时进行协助，还要陪同学生进行互访和试访谈环节。

成都站的培训顺利结束后，我与小组成员紧接着到达云南昆明，在云南大学开始第二站的培训工作。因为有了四川培训的经验，在云南

图 1　突然下起的大雨

培训时，我明显要比在四川培训时更得心应手一些。但是也有另一个挑战，在四川培训时，我面对的是大三和大四的学生，年级与我相差不大，所以也不会有太多的心理压力；而在云南情况就不一样了，参加培训的是云南大学大四的学生和研究生。对于初出茅庐的我来说，来培训研究生学长学姐，说实话还是比较犯怵的。所幸我对培训的内容进行了多次串讲和熟悉，所以培训的过程也算比较轻松地度过了。在试访谈环节，访员的积极性很高，也让我觉得充满无限的动力来完成接下来的工作任务。

依依不舍地从云南离开后，我与小组成员到达广西南宁，在广西大学参加 2017 年 CSS 广西地区的培训工作。与本次项目合作的是已经多次参与CSS 的老前辈组合。在培训的过程中，我也从前辈那里学到了很多实地调查的经验，对前辈的丰富调查经历相当佩服和崇拜，特别是前辈对于社会调查的热情让我深深折服。在广西大学培训时，我主要负责讲解识图流程、入户抽样环节以及模拟入户环节。可能是讲解的次数多了，对内容比较熟悉，所以我的语速过快，这是我需要合理控制的地方，也是我最需要改进的地方。在互访环节，同学两两一组进行访谈。我负责在旁边观察、记录，发现问题，及时总结和改正。在试访环节，我与 5 名同学一起在翠竹公园附近找到一名市民，开始我们的试访环节。试访环节持续了将近 2 小时，找到的受访者也很耐心。在试访谈过程中发现的很多问题，在之后的总结环节统一提出，最后强调，要严格按照培训的要求完成我们的访谈。在大家的共同努力下，培训顺利结束。

从培训到开始实地调查，从成都到云南，再从云南到广西，我的 CSS奇遇也告一段落。

三 感受 CSS——探险心得

作为 CSS 调查中小小的一员，我很荣幸 2017 年能参与到这个大调查中，让我在很多方面受益匪浅。

首先，问卷的内容让我收获很多。本次的 CSS 问卷内容板块多、涉及方面多、问题有深度，也十分复杂。问卷主要有 A~K 部分，一共 11 个板块，涉及基本信息、工作状况、收入、家庭、社会保障、志愿活动等方面。培训时老师针对每一板块、每一道问题的讲解，让我从问卷设计者的角度重新认识了问卷，了解了每一道题的提问意图，从根本上了解了问卷。这不但为实地调查做好准备，同时让我感受到：直接接触全国大型调查问卷内容的设计思路与过程，让我体会到问卷设计中的细节美；也让我从细小的问题上，感受到了问卷设计的细致和广泛，体会到了生活中的方方面面都能反映不同的社会问题，让我学习到从细节中发现问题，从生活中寻找答案。这种关注细节、从细节入手来了解广泛的社会现状的方法让我眼前一亮，这是我在日常学习中所不能感受到的实践的魅力和精彩。

这里还有一些小的建议：第一，因为问卷内容太多，调查进行到后半段受访者容易失去耐心，所以建议以后的问卷能尽量控制容量；第二，在个人收入、花费的板块，个别问题问得太详细，受访者本人有时也无法做出准确的回答，在一定程度上耗费了时间，同时也消磨了受访者的耐心，导致问卷后半段调查质量的下降，所以建议把问题设计得更容易回答。

其次，入户接触的环节让我收获颇多。如果说调查过程是拿着藏宝图探险的过程，那接触环节就是敲响宝藏大门的敲门砖，是离访谈成功更近的一步。首先，在接触受访者之前有一系列注意事项，比如访员的穿着、人员搭配、敲门时间、敲门间隔等，同样访员也要注意人身安全。从敲门开始，访员有一系列说话技巧，这些技巧可以增加受访者接受调查的可能性。同时，每一次接触受访者都要做好联系状态的记录，准确地记录接触失败的原因，方便下次接触时改正问题，直至接触成功。接触不同的人，有不同的方式和方法；针对受访者不同的问题，有不同的回答内容；针对接触的失败，有不同的挽救措施。所有的方法都是为了接触成功，进一步完成调查问卷。所以这一环节让我体会到在实践中可以采取多样的方式来完成自己的调查，灵活应变、"千方百计"地达到自己调查的目的。

从西南民族大学到云南大学，再到广西大学，参与本次调查的小伙伴们都很积极，这也让我对本次调查充满了信心。在整个培训的过程中，我本人遇到的最大挑战就是不自信。我作为一个即将上大四的本科生，要给同年级或研究生学长学姐讲解相关调查内容，还是会很心虚。所以在培训中我要装作很有气场的样子，给自己壮胆。所幸讲解过程还算顺利，我讲解时语速过快、实例较少的缺点也在每次讲解中逐步改正，虽然不能达到完美，但是进步的过程总是让人充满战斗力。

同时在整个行程中，我的收获也有很多。首先是与我全程"相濡以沫"的小伙伴米拉，"转战"三地后，我们结下了深厚的"革命友情"，浪漫的话儿我们悄悄说。还要感谢在整个项目中给我鼓励的范雷老师和邹宇春老师。在老师们的鼓励和指导下，我不断改正我在讲解过程中语速过快、实例较少的缺点，也不断提升自己的自信心。同时也要感谢同组的胡石伟学姐，每次在讲解前我都会向她咨询很多问题，她非常耐心地解答了我的连环提问，为我能顺利地进行讲解提供了技术方面的指导。

当然，在整个过程中也会遇到不少困难。首先，在各地的培训过程中，尽管每一个访员都很有热情，但还是会遇到个别访员不认真、不配合的情况，这时候就要个别辅导，耐心地重复讲解调查中的重点环节，以加深访员的记忆。

还有一点是比较遗憾的，我只参加了三个地区的培训工作，没有参加接下来的实地调查工作。通过和项目组中小伙伴的交流，可以得知他们在实地调查的环节遇到的问题很多，遇到的挑战也不断。我认为这种接触不同地区普通人、全国各地不同乡镇的机会真的很少，而且 CSS 的良好契机也不多，希望今后有机会能再次参与 CSS。

写在最后，我还特别想唠叨的是，作为 CSSer，大家在相互激励中相互养成了这样一种历久弥坚的信仰：手上这份调查做完、跑完下一户，转角我们就可以遇到山西的刀削面、兰州的牛肉拉面、云南的过桥米线和鲜花饼、重庆的火锅、四川的担担面、陕西的 biang biang 面、杭州的小笼包、武汉的热干面、长沙的臭豆腐、广西的螺蛳粉、南京的鸭血粉丝汤、完美的沙县小吃……

最后送出一片昆明的祥云，祝未来参与 CSS 的小伙伴们调查顺利！

图 2　昆明的祥云

第二部分

辗转反侧

谈地图地址抽样

张　宾

一　我与 CSS[①] 的不解之缘

1. 初次见面，CSS，你好

谈地图地址抽样首先得从 CSS 说起，因为此处所说的地图地址抽样指的就是 CSS 中的地图地址抽样。我最早是从 2013 年暑期接触 CSS 的，当时我正在中国青年政治学院社会工作学院读大一，专业是社会学。某一天的午饭时间，班主任赵亮员老师问我暑期有什么安排，我说暂时还没有，于是班主任就说跟他做调研吧，我当时就同意了。之前上课的时候也听说过 CSS，但这次是

---

① 即 "中国社会状况综合调查"（Chinese Social Survey，CSS）。

真正地要和它有近距离接触了。

当调查活动真正开始的时候才知道这是一项全国性的大型社会调查，范围广、历时长、耗资大……记得当时社会学所的老师和社科院研究生院的师姐们给我们培训的时间有近十天。培训的前半部分就是地图地址抽样，它是我当时接触到的一种新的抽样形式[1]，之前在书本上学过的概率抽样、分层抽样等，通过简单计算就可以完成。地图地址抽样则不同，它需要实地走完社区的每一个建筑物并且把它们按照一定的格式清晰地画在绘图纸上，这只是第一步[2]当中的一部分而已。但这是最复杂和最累的一部分，因为其涉及社区行走、上下楼等出力环节，基本上每个绘图员做完这一部分都是大汗淋漓。有时也会因数不清到底有多少住宅而懊恼。在基本把住宅数清、把图画得差不多了之后还需要重新画得更清晰、更标准一些。这是因为调查是历时性的纵贯调查，一份地图很可能要使用很多年，只有清晰、标准、规范的地图才有可能让下一次做调查的绘图员和访员能够有效识别、利用。图纸绘制完毕之后就是地图地址抽样的第二大部分，即制作清单列表和抽样。住户清单列表是根据绘制好的地图统计出来的某一社区的所有住宅类建筑物的数量及其信息汇总，具体包括某一建筑物的楼层、建筑物编号等具体信息，以便其他人员能够对调查对象进行有效识别。住户清单列表列举完毕之后就是抽样，抽样采用的方式比较简单和传统，就是利用事前制作好的随机数表，根据一定的抽样规则抽出一定数量的调查对象。此处的调查对象指的是一个住宅类建筑物，比如一个平房等。对于按规定抽好的调查对象还需要进一步去核查，比如核查抽中的这些建筑物当中是否有空的住宅，对于空的住宅需要重新抽取新的住宅以填补不足，这个步骤叫作核户和排空。核查完毕之后，地图地址抽样的工作大致就算完成了。这是我最初接触地图地址抽样时的理解和具体所做的一些事情。当然，所做的具体事情几句话肯定是讲不完的。

---

[1] 后来到中国社会科学院研究生院读研听李炜老师讲课才知道地图地址抽样源于 20 世纪 60 年代美国采用地域概率抽样（Area Probability Sampling），近 20 年来，在中国风生水起。

[2] 地图地址抽样简单来讲分可以分为三大部分：绘制地图、制作清单列表并抽样、核查住户信息。

2. 几经辗转，再相遇

因为我第一次参加 CSS 的角色只是一名普通的绘图员和访员，所以对地图地址抽样的理解也仅限于它只是一种抽样方式而已。而自己呢，做完布置的任务也就算是完事了，因而从本质上来讲，自己只是多了解了一种新的抽样形式而已。2014 年年末，班主任赵亮员老师在我们的班群里发了一个关于 CSS 的链接，这次是招募督导的信息。基于我之前参加过这个项目，有些经验，并且又考虑到暑期实践的问题，我报了名。很遗憾，面试没有通过，当时我给自己的解释是可能自己还是年级太低而且在面试中有的回答得不好，如此这样就不了了之了。到了第二年，也就是 2015 年 3 月，社科院研究生院的庄绪荣师姐给我打来电话说是否可以帮忙补绘一些 2013 年丢失的和不清晰的地图，我当时就答应了，也没想到这将是我又一次近距离接近 CSS 的机会。在拿到需要修改的地图时，初看确实很棘手，那叫一个乱啊，真是没法下手。于是我就先通过 Google 地图把这些需要重绘和修改的地图扒下来，然后对照着已有的地图一点点地补绘完了[①]。发过去之后，那边表示了感谢，也再没有回音，我也就没有多想。2015 年 5 月，庄绪荣师姐又联系我去参加培训，我说面试挂了呀，她感到有些诧异并告诉我说问问那边老师是怎么回事。之后她向张丽萍老师反映了这个情况，张老师说我可以参加培训，于是我就开心地去社科院研究生院参加培训了。这对我来说是很有人生转折意义的一段插曲，在此也对张丽萍老师和庄绪荣师

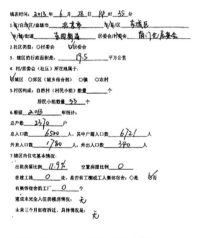

图 1　我和小伙伴的痕迹

---

① 其中有个别建筑物也确实是画不出来。

姐表示真挚的谢意。

对督导的培训毕竟和对绘图员、访员的培训不同，后者重在如何正确地完成调查任务，而前者则重在预防与解决调查中出现的问题。从这个角度来说，首先督导个人必须对地图地址抽样有完全的理解，其次对于各地在实地绘图抽样过程中遇到的问题都要能够及时有效地回复，并指出其在操作过程中存在的问题。这样一项工作较之绘图抽样做问卷的难度更大。因为在 2013 年我做绘图员的时候遇到问题直接问督导，不用深思熟虑，其他工作加加班、熬熬夜就可以完成。但作为督导，需要从原理上弄清每一个问题的来源和解决办法，单凭熬夜是不能解决问题的。

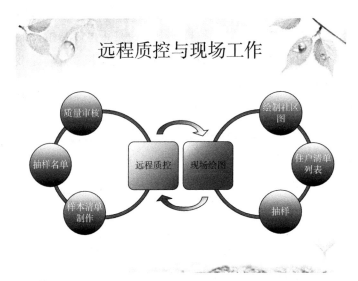

图 2　张丽萍老师对 2015 年 CSS 质控与现场绘图的归纳

2015 年 CSS 开始执行的时候，由于我不善言辞、表达能力欠缺，张丽萍老师就留我在北京值守，做一些各地地图地址抽样的审查工作。基本上 2015 年使用的地图都是在 2013 年绘制的。也就是说，2015 年的绘图工作量并不大，主要是将 2015 年的绘图工作变为核对并修改 2013 年绘制的地图。对我来说，参与的 2015 年绘图抽样的工作主要是和社区联系，明确社区在 2013 年之后有无边界和建筑物的变化，所以就省去了走路和上下楼梯大部分的工作。当然，部分地区存在边界或建筑物很大变化的情况，还是做了地图更新工作的。整体而言，2015 年的地图地址抽样工作进展得还算顺利。其顺利的主要原因有：第一，绝大多数社区的地图都是 2013 年新绘的，所以扫描之后的地图也很清晰；第二，两年之内社区的变化不算很大，所以地图需要修改的地方并不太多。

图 3　地图地址抽样培训人员

3. 时光荏苒，新征程

时光荏苒，一转眼就到了 2017 年，这一年是 CSS 第 6 期，也是 CSS 一个新的 10 年的开始。而在 2016 年我已如愿考进了中国社会科学院研究生院，成为一名研究生。鉴于我之前已经参加过两次 CSS 并且做了许多调查的准备工作，所以就免面试成为 2017 年 CSS 的一名督导，在张丽萍老师的指导下主要负责地图地址抽样的培训和核查工作。这一年，按照工作要求我先后去了安徽、内蒙古等 8 个省（自治区），给各合作机构的绘 / 核图员做地图地址抽样培训。2017 年的地图地址抽样培训既是对我的一次锻炼，也增加了我的阅历，使我对地图地址抽样有了更为深入的理解。这一年的地图地址抽样工作相较于 2015 年有些困难。其原因在于：第一，地图在二次扫描之后出现了模糊、黑影的问题，这给地图的识别带来了很多不便；第二，相较于 2015 年，2017 年实地的变化更大，地图需要修改的地方也就更多；第三是遗留问题，也就是说 2013 年的错误未能在 2015 年改正，增加了 2017 年的工作负担。至此，2017 年的抽样地图业已基本接收完毕，其间存在一些问题还在进一步整理之中。

二 2017 年地图地址抽样培训实录

1. 知识实践对对碰

前文已经谈到我 2017 年的主要工作内容是核图抽样培训，借此机会我得以到许多省份走一遭。根据培训工作安排，我去了广东、内蒙古等 8 个省（自治区）。此次外出培训更加深化了我对地图地址抽样的认知。

第一，地区差异。因为地图地址抽样需要绘制的建筑物类型几乎囊括了人类居住的所有建筑物类型，所以在每一个省份培训的时候都多少会有些"意外"发生。比如在北方培训，对于竹楼这样的建筑物类型几乎可以不提及；而在南方尤其是西南地区谈地下室或地下一层的话则几乎是"鸡对鸭讲"，因为南方尤其是西南地区的小伙伴儿很少亲自去过甚至见过建筑物的地下室或地下一层的。另外，就是方向的问题[1]。在北方培训时，大部分地方都可以直接说位于地图的东西南北，而在南方以及西南地区则不行。原因是在北方大多数地形较为平坦，道路和房屋的修建较为规整，符合一定的朝向规则；南方地区则地形较为复杂，居住较为分散的村居也有很多，因而在南方谈论东西南北并不具有很强的指导意义。

第二，经纬度与位置分享。总体而言，将经纬度的采集与位置分享引入到地图地址抽样工作中的试验是有待改善的。因为在经纬度采集的过程中不同的设备采集的经纬度会有差异，即便是采集的时候做到一致，但是在下一次行走的时候还会有偏差，极小的偏差都将导致寻找抽样地址时出现失误。位置分享是基于微信的位置分享功能而加入的，其初衷在于分享那些实在不便于找到的建筑物的位置，但实际使用中也会出现偏差。另外，使用的访问设备若不能实时在线的话，位置也不能实时更新，所以利用经

---

[1]　此处并无评价之意。

纬度和位置分享的想法就受到限制。现在来看，这两项功能的引入大体上是存在局限性的，最主要的不利影响是它增加了核图人员的工作负担，好在项目组在之后的核图培训中及时去掉了这一部分内容。但在一定程度上经纬度与位置分享也可能是今后核图工作的发展方向，因为目前使用这两项功能失败的主要原因在于位置偏移①，如果在地图上标注明确的名称以及随着今后地理信息技术深入发展，实现精确记录与查找未必是不可能的。

第三，培训中的练习。理论培训结束之后就是实践工作，对于地图地址抽样工作而言，实践的重要性应该是大于理论的。实践不仅能够提高核图抽样人员的能力，更在于实践能够丰富和完善地图地址抽样理论。在实践过程中，经常会出现一些"特殊"情况，从而对我们的理论造成冲击。比如，右手原则，我们说右手原则是出楼梯口从右手边开始数，右手边第一户的编号是1，依次往下数即可，但是对于二十几层安装电梯且有多个楼梯口的楼房该如何使用右手原则，对于那些建成方形或者圆形的楼又该如何使用右手原则？即使能够给出解决方案，那么又如何使它标准化、固定下来？这就需要在培训后加强实践练习。在培训结束后的练习中仍有一些事项有待商榷，比如练习绘图地点的选择。多数合作机构将绘图的练习定在校园内，主要画一些校园内的建筑物，比如学生宿舍、学校的家属区等。这样的选择有利有弊。好处在于同学们进入容易，毕竟就生活在这一区域，对于这些区域也比较熟悉，会省去不少麻烦。但不利的地方在于同学们缺少对陌生环境的体验，在实地工作的时候会遇到诸多困难，还容易造成畏难情绪。

2. 感激敬佩款款来

借此一方纸，书我款款情。一人在外，无论多大年纪总是会有些漂泊之感；身处异乡他地，无论经历多少，难免心生孤寂。在此，感谢各合作机构的老师和同学对我的悉心照顾、接纳与认可。除感激之情外，也敬请各位接受我的敬佩。因为每一次的 CSS 都开始在夏天，各位小伙伴几乎是

---

① 位置偏移的问题在农村表现得更为明显。

头顶骄阳、脚踏焦土，偶尔还会有大雨倾盆浇湿衣裤……我敬佩大家在不舒服的环境下绘制出令人赏心悦目的地图！

我的第一站是安徽，毕竟是第一次做培训，中间也出现了很多磕磕绊绊。但在当地督导蒋师兄的支持下我算顺利地讲完了，讲的过程中同学们还与我积极讨论并提出了很多问题，使我明确了改进的方向。

然后是内蒙古，最难忘石震老师手下的精兵强将。石老师对多轮选拔出来的"精英"严格要求，让大家去最难绘制的小区做实地练习。同学们也是好样的，最早的 6 点多就已经到了练习画图的地方，当我 8 点到的时候很多同学都已经画得差不多了，让我着实惭愧。

一路南下，到了美丽的广西。广西大学是我到那时为止去过的最美的大学，当时我着实赞叹了一番。当然，印象最深的还是广西大学的同学们。杨创师兄有过多年的调查经验，对 CSS 的诸多事情也可谓了如指掌；马兴帆也参加过两次 CSS，但他们依然在台下认真地听我讲，他们谦虚认真的态度令我感动。

到了广东，见到了陈杰老师、田向东老师和他们的队员。首先，两位老师在地图地址抽样方面都有很深的造诣，让我又着实紧张了一段时间，生怕讲错。队员当中只有一位姑娘，其他十几位全是小伙子，但是小伙子们做事十分细致，而且当时正好是雨季，在几个调查点都是迎风冒雨、翻山越岭地进行核图，场面一度十分震撼。

又是一路北上，来到了我的家乡河北，在这里见到了河北农业大学人文学院的老师和同学们，董金秋老师悉心为我准备了住处。培训过程中，到场的各位老师和同学们根据实际情况给我提出一些核图过程中可能会遇到的问题。值得一提的是，同学们吃住都距离培训的地方较远，但他们都能做到按时到场。

休息了一段时间之后，我又出发去重庆，到了重庆大学。这是我第一次遇到走路时需要爬坡的大学，在这里我切身体会到了方向是多么的没用。与学校一样，同学们核图的地方也是如此，不仅地势不平，而且建筑物也很分散。多数小组的核图时间长达三天，但同学们没有叫苦叫累，核图的质量相当高，为之后的访问做了非常好的前期工作。

还是北上，到河南，去了河南财经政法大学，在这里我遇到了培训过的人数最多的团队。徐婕老师和同学们也都很感兴趣并表现出了很强的学习热情。我在去实地核图的过程中深切感受到了同学们与人交往的能力和争先恐后的工作态度。

我 2017 年核图抽样培训的最后一站是山东。当地督导董兆鑫也是参加过两次 CSS 的行家，他当时也负责绘图与核图，透过他画的地图可以看出他是一个很严谨的人。在练习过程中也可以感受到他的严谨，因为他给大家的要求都是最高的。

另外，Last but not the least！兰州大学的冯世平老师和他的学生们，是我遇到的所有地方团队当中最严谨、最认真。他们的地图稍有不清晰，都会一丝不苟地重新绘制。

本人笔拙词穷，只能平铺直叙，谨以此表达对共事时光的怀念与对上述诸位的感激和敬佩之情。

三　地图地址抽样的得失与展望

地图地址抽样作为国内一种比较新的抽样方式，在我国的社会调查中起到了重要的作用。结合我自己的经历、经验，但又限于篇幅，在此对有关地图地址抽样的得失与展望只做一些简要的梳理。若有机会，再做深入探讨。

1. 得

首先，使用地图地址抽样方法的原因之一是应对名单抽样存在的问题。在人口流动频繁的社会背景下，使用名单抽样往往会产生抽中的受访对象已流动到其他地区而无法访问的情况，这将使抽样的效率大打折扣，而若采取追踪受访者的方式则成本会急剧增加。地图地址抽样的方式则避免了抽中的人不在家的问题，同时也解决了人口流动的问题。因为它是抽地址，也就是抽住宅，只要住宅里面有人住且符合调查所要求的条件即可，这样的方式从根本上解决了人口流动给名单抽样带来的难题。

其次，使用地图地址抽样方法在一定程度上为进行长期纵贯调查提供了条件。因为社区及社区结构在短时期内一般不会发生重大变化，如此绘制的抽样地图就可以在抽样框不变的前提下长期使用。

最后，地图地址抽样从另一个维度描述了中国城乡的社会变迁。地图地址抽样包括村居登记表、村居地图和住户清单列表。这三者涵盖了城乡社区的人口和社会景观状态，每两年一次的登记和修改就是对城乡变迁的一次记录。地图地址抽样的这项作用不亚于地理信息系统，它比地理信息系统能更加深入地描绘社会的变迁而不只是地理信息的变化。

2. 失

CSS 是一项长期纵贯调查，这就对所有的调查资料无论是存储还是修改等都提出了很高的要求。抽样地图就是排头兵。

其一，CSS 采用的地图地址抽样方法使用的是手绘纸质地图，使用纸质地图会有很多问题。如不易保存，纸张在长期使用过程中会产生磨损、被撕扯，产生污渍造成信息缺失；体量大，每个村居的地图少则三五张，多则二三十张，一次调查下来收到的地图基本上得上万张，如此体量不方便储存，也给整理带来了很大负担；清晰度下降，最好用的地图是初次绘制的地图，但第二次使用的就是第一次绘制地图的扫描版，扫描就会产生墨迹或轻或重的问题，多少有些难以识别，如果进行第二、第三次扫描，那么清晰度会逐渐变差。

其二，抽样的随机性和科学性需要投入极大的人力、物力、时间予以保障。地图地址抽样从理论上来看确实解决了名单抽样遇到的难题，但是地图地址抽样在使用过程中的诸多问题往往会使其效果打折扣。地图信息缺失，在社区地图绘制过程中丢失了属于所画社区的建筑物，会造成该部分永远无法进入抽样框；建筑物绘制错误，建筑物的层数、每层的住户数统计错误；一址多户，一个住宅地址里面有多个住户的情况尽管可用之后的入户抽样来应对，但是该多户住址的概率其实是降低的。这些问题需要投入足够的人力、物力和时间才能避免。

其三，抽样方式传统、复杂且易出错。地图地址抽样当中有一个步骤是抽取 70~85 户的样本，该抽样步骤使用的是随机数表抽样，即使用规定的随机数表一个一个地圈选符合条件的随机数以此来对应抽中的住户。但使用随机数表不仅工作繁琐，而且还容易出错，极容易造成漏选、错选，使得随机性不能完全保证，最好的解决方式是采用电脑来完成抽样。

3. 展望

展望或出路往往是在问题当中。地图地址抽样存在的问题也给我们不断改进抽样方式和工作方式指明了方向。

第一，实现地图地址抽样工作的电子化。此处的电子化不是说将地图扫描为电子版就行了，而是说包括连地图在内的所有有关地图地址抽样的资料全部电子化。也就是说，所有的地图地址抽样资料都完全能够实现电脑操作。具体设想是这样的，地图使用既有的先进的地图软件绘制并能够对其进行直接编辑，最终目标是能够将所有的住户信息从地图上切出来并且自动生成与之关联的住户清单列表。在列表生成之后只需要按一个按钮就可以实现随机抽样。如此可避免纸质地图损耗和储存问题，同时也可以大量减少绘图 / 核图人员的行走工作，而且地图地址抽样也变得更为精确。之后，需要将抽中的住户与访问系统对接，实现地图地址抽样与调查访问的同步。据我所知，这项工作将在 2019 年 CSS 的地图地址抽样得以实现。

第二，利用地图地址抽样做好社会变迁工作的记录并创新社会变迁的展示方式。前文提到地图地址抽样的一得在于它描述了中国城乡社会的变迁，但是这种描述方式还是比较苍白，在地理信息技术和展示手段日新月异的时代，有必要将地图地址抽样所蕴含的社会变迁用新的形式展示出来。如果能够实现纵向的动态展示，其价值不亚于一部纪录片。

词有尽而思绪无穷，洒洒千言不知所云，谨做此以为记。若有失偏颇，望诸君多予指正，不胜感激！

他日再见

杨标致

一　调查经历

1. 福建篇：从书斋到田野

跟所有还没来到实地的访员一样，我前往福建省福清市进行调研的时候，对于未知的东西是无法想象的。我们一行住在步行街楼上的连锁酒店里，距离调查的 F 居委会步行不到 20 分钟。访员分组拿着介绍信去接触新地址，我和地方督导程璆去跟居委会书记联络，请求她帮忙填社区问卷。由于前期核图人员已来过，她的态度挺温和，一边填写问卷一边打电话给社区干部询问涉及的细节。对于此次来社区调查她也不是特别好奇，当然她也没打算让社区干部带着我们入户。

112

对于我们提到的张贴调查宣传海报的事情，她说一切从简。

访员们大部分是大一、大二行政管理专业的学生，经历了3天的调研培训，有人战战兢兢，有人则为自己设定基本的心里底线——第一天拒访不能超过5户。

在福清市的4个SSU包含一居三村。社区里大部分是独门独栋，安装有门铃；家有闲置楼栋的则出租出去，一层2~4个房间，访员需要在饭点时蹲点碰运气。闽系家族庞大，一家若有兄弟几个，则每人分居同一栋楼房的不同楼层，热热闹闹，当问及家中有多少家庭成员的时候，10位以上则为常态。偶尔碰见外来打工者，软磨硬泡征求对方同意，一份问卷分拆为两个晚上才能完成。曾遇见这样一位来自江西的阿姨，访问在她的反复质疑声中进行，我替访员扛下了一份完整的问卷，当耳蜗重新适应小伙伴关切的问候声的时候，竟觉得心中有些委屈。

农村的调查总体来说比较顺利。但一般情况下，村里找不到住宿，需要落脚镇上，再包车或者坐公车抵达，因此需要注意最晚班车的时间。我们在一都镇P村的时候，由于前期没有确认好，到达的时候才发现没有住宿的地方。幸好村主任把老人干部中心的4个房间借给我们居住，由于久未打扫，有的访员早上起来身上长满了红包。而我们一行因祸得福，在主任处了解到白天村民都上山种枇杷，晚上大伙一般聚在门口聊天。且村里只有一个主干道，路灯点亮，晚上竟也完成了7户问卷，一扫白天住宿风波的阴霾。

在村里还出现方言问题，一方面忙坏了队里唯一一位会讲福清话的姑娘，另一方面则让家人帮忙翻译，才攻下难关。

培训的时候知晓了入户的建议时间，在实践中则需要有所调整。由于在第一个村庄——P村的工作经验，为了符合当地情况我们将农村的调研时间做了调整。O村是另外一个村上没有住宿的村子，我们只能从镇上过去，而且从村里到镇上的公共汽车最后一班是6点。因此，我们采取包车来回的方式，并且将最晚的返回时间延到晚上9点。O村的村民大多会下海捕捞花蛤，所以中午和傍晚是入户的适宜时间。村子老人多，且他们说方言，这对访员的士气有一定的打击。从O村转战树下村的时候，遇到了一个新的挑战，由于村里过去出现村干部不作为行为，村民也曾经遭到诈骗，他们把拿着平板电脑做问卷的行为视为窃取个人信息，我们在问卷刚开始的时候就遭到了质疑。访谈很难进行，只能联系村书记带我们入户，跟书记协商的时候是午后两点，原本他不愿意带我们入户，后来拗不过我们的坚持，在烈日中出门，骑着摩托车带我们去。这个村的小朋友倒是非常可爱，放假在家没事情，由于于村里的房屋座落不规则访员很难准确找到地方，访员佳佳教他们识图之后，一个个孩娃便成为向导。我们怕小朋友中暑，便带着他们去小卖铺，让他们自己挑饮料和矿泉水喝。

图 1 "路神"佳佳和村里的孩子们

2. 山东篇：田野上的行政支持

我的 CSS2017 之旅从福建开启，一路北上至浙江杭州给访员进行培训，再转战山东济南与访员们一起到实地调研。"酒过三巡"的山东果然是一个热情满满的地方，尽管一天安排超过 12 个小时的培训学习，访员们仍然士气高涨。下去调研的时候又遇上雨天，访员的双脚踏遍了烂泥路。由于这边 4 个督导负责 8 个 PSU，所以每个督导需要跟进两个工作小组。第一天，我没有实地跟访的历城小组，由于不熟悉规则，出现了未经过北京值守同意、擅自启动备选样本的情况，这给北京发放样本的值守人员吃了一剂警示剂。济南的特点是行政支持非常给力，访员能吃苦。历城小组早上6：30就要起床，8点开始入户，连续两天吃泡面，访问完，访员还可以一起开心唱歌。我跟访到的历城寨E村和L村的时候，几乎每户都有村居干部带领入户或者提前打招呼，解决我认为最难的建立信任关系的问题。虽说入户都比较顺利，但这边青壮年都出门了，留守妇女文化水平低，一份问卷要做三四个小时，且问卷很难解释，转化成受访者较容易理解的语言，对访员的考验比较大。

济南站的访员们大多数是大三社会工作专业的学生，带队的多数为社会学专业的研究生，对接的老师很热心调查，这些学生大部分已经跟过这两位老师做过大大小小的调查，对调查的日程安排以及调查的流程都比较熟悉。而且更加紧密的伙伴关系，使得他们可以化难为易、相互打气。

"一督导两工作组"的模式则比较考验各组工作机制是否完善，一方面五人小组沟通非常方便，电话、信息甚至纸本记录，都能让工作进行得非常顺利。然而突破空间的协作则需要通过线上群组的方式来进行，比如微信群、QQ群。线上协作的不畅还在于地方小组将项目组的督导置于一个什么样的角色——是合作者还是监督者。不同的角色定位让巡视督导和地方督导处于一个微妙的位置甚至可能产生冲突。地方督导由于看走眼一个住户，误以为是备选样本，而这个住户恰好已经通过居委会联系了，这个时候如何劝服放弃这个样本就变得非常需要语言艺术了，否则督导之间的关系就会变得很紧张。

3.广东篇：不同方言区有着不同的治愈点

有时候有个问题会困扰我：是要作为一个当地人做当地的事，还是更需要一个外来者跳脱当地的关系却又保持敏感？无论如何，重新以一个社会学专业的学生身份回归出生和成长的地方，是我想要看到的。在此之前，我还以为要去湛江站，差点错过了广州的培训和汕头的调查，还好发现及时，多谢邹宇春老师和杨双华同学的相助，终于如愿。

来到汕头，入户的优势莫过于这是我的母语区。在天生对外地人有些许

"排斥"的地方，会不会讲潮汕话是"胶己人"（自己人）的标志。汕头的 4 个 SSU 都是社区，难度有些大，每个社区都帮我们开了盖有居委会红章的证明书，配合度还算可以。城中村的部分则比较让人为难，道路窄小，建筑拥挤，晚上几乎不敢在这些地方行走，人生地不熟。这里的人尤其是老人，对普通话的掌握比较有限，对于这种与普通话完全不是同一个语系的区域，外地人根本就没办法听懂，更不用说意会这中间某些微妙之处了。广州站的优势在于，访员按照方言分区，所以大部分访员可以应付当地的调查。

在潮汕调查让人治愈的点大抵在于美食和午休。今天调查受挫不要紧，早餐来一大份肠粉，就像注入一股奇异能量一样；中午再叫一碗牛肉炒粿条落肚，夜宵再补一补，一天还不是这样过去？哪有什么过不去的坎？而且，对比早起晚归的济南经历，拥有午休体验的汕头调查简直美滋滋。

广东有三大方言，除了潮汕话，粤语也是我认为非常美妙的一种语言。粤语的调侃模式让人觉得幽默中有些许睿智，滑稽的同时又不至于有些粗鲁，最重要的是，粤语非常好听！来到黄飞鸿的故土，体验佛山小组访员呈现的秉性。虽说佛山南海区负责的工作包括两居两村，实地到达的两村已经有非常明显的村改居的迹象，没有看到农田，大部分人住进楼房，工厂林立，楼房里嵌入了多数房间，成为外来打工者的家。这种格局使得我们在白天常常见不到人，需要盯着下班的时间，或者尾随住户进入，或者假装想要租借这一栋的楼房，排查地图抽样的房间是否有人居住、是否有人在家。而夜黑的时候，偶尔村里还有土狗巡逻，我们成了村里的"不速之客"，只好早日收工，总结经验，静待明日吉时。

来自佛山的访员总让人觉得有一股暗暗的奋斗精神。他们也会吐槽，也会抱怨，但他们同时也在寻思着如何绕过这道关卡，如何克服这个难关，既灵活又务实。

二 个人体会

1. 人与人之间信任的温度

参与实地调研的时候，完整进行一个项目县的调研需要 10~15 天。调查流程是不变的，但面对不同地方的居民，跟不同的伙伴一起共事，是让我最期待的。CSS 的问卷有三十几页，要用 1~3 个小时才能完成一份，顺利完成一份问卷的路上充满了一个个关卡。但最难的部分，在我看来，是接触。

想象假如你在家，有人带着身份证、学生证、访员证，（有些时候）在没有居（村）委的带领下来到你的门口，要了解你的家庭成员信息、你的就业及家庭的收入和开销、你对社会问题的一些看法，你会充满善意地把人迎到家里面来吗？或许不会。

在诈骗信息漫天飞、假证制作成本低的社会环境里，陌生人之间的温度大概等于 0。特别是去一些曾经被诈骗过的村庄里，让人忍不住感慨，被那些假装做调查的人败坏了多少社会风气。同时，对那些诚意支持我们做完问卷的人，尽管我们已经在各个环节做好了保密工作，但又不知道会不会在他（她）的某次不好的经历里面，让他（她）产生我们给他带来了生活困扰的忧虑，然后逐渐不再信任陌生人。

所以，对于没有太多社会实践经历的大学生访员来说，硬着头皮去敲开一家家门，获取对方的信任，大概是要学习的第一门调查学问。茜茜开始入户调查的时候，提前跟好朋友说"要是今天早上连续被 5 户拒访，就要打电话过去哭"。在没有居委会干部带领的情况下，她顺利拿下了第一份问卷，然而隔天下午，连续 9 户被拒（笑）。

我或许不了解诚意支持我们做完问卷的人有哪些特质，我又要怎样温存这份温度，才能向他们学习到这一份社会信任。济南商河县的那位奶奶，在老伴去世不久，仍然坚强，忧伤的眉目当中，转身化作一捧温柔的善意。佛山南海区的那位离异妈妈，在轮休日早晨，起床还未吃早餐，悉心讲述90 后儿子对舞狮事业的热爱和成就。广东汕头市那位可爱大姐，我们不小心敲错她家的门，她说需不需要重新换套正装，期待为国家贡献一份数据。

这些温度有如福州 P 村的阳光，一朝没有防晒就被晒伤；又如杭州大中午在外，不喝藿香正气水就要晕倒。那个七八月，给我的皮肤、在我的心里，久久地记上一笔。今日我已记不起她们的名字，她们的模样也渐渐模糊。但就像现在的我，在某个瞬间，她们仍然如暖流般涌入我的心间，让

图2 福建小分队

我重温一回别样的生活哲学。

2. 乡愁的温度

CSS2017让我最期待的部分莫过于我可以回到曾经读书、曾经生长的地方。我从5月开始满心期待，直到8月19日才踏上回归的路。曾在广州找到自己的志趣，因渴望系统学习来到北京，现在重新以一个社会学专业的学生身份回归充满乡愁的地方，挺好的。

一方水土养一方人，在不同的地域环境生长的人，讲着不一样的地方语言，焕发不同的人格秉性。到广州的时候，来接我们的同学中有一个就是潮汕人。见面一句"胶己人"，夜宵就吃厚弥粥。熟悉的生活节奏和生活尺度，搭建起同样的人际默契。

在台风上岸之前回到汕头准备调查。对于这一片既封闭又开放的热土，从来没有想象过在这里入户调查的模样。老田老师说潮汕人对同样说着潮汕人的访员有极大的信任。原本在心里对潮汕居民配合程度打着问号的我，被老师这一句评价暂时打了定心剂。万万没想到，在进入第一个社区住户的时候，热情配合的叔叔背后的妻子和岳母，操着所谓揭阳口音的潮汕话试图把我们赶出去。终究这是一个让我又爱又恨的地方哪。

你或许不相信，粤语还是我的另一种乡愁（忍住不笑）。大学班上有朋友因为喜欢粤语，从山西南下读书。曾经有浸泡在深圳南山区实习4个月的普通话氛围，在深圳图书馆听到流浪歌手唱粤语歌的时候，心中莫名感动。所以在和佛山小组一起调查的屈指可数的日子里，尽管我不能随心所欲讲粤语，也常常在本地小伙伴的互动中，嗅到不同的地方秉性，有些喜爱，也让人默默心笑。

3. 南北没有温差，只有倾诉

这一年在北方，我体验了四季分明，明净的秋天，充满雾霾的冬天。吃不厌的早餐灌饼，买不到的早餐馒头。时不时跟室友反映咦！这个地方的某种表达很有趣。我不是一个天性细腻聪颖的人，在这些零零碎碎的日子里拼凑一幅北方生活场景。这个阶段不是到处旅行的阶段，却能够以不同的身份、不同的方式，行走在不同的地方，比如2017年在山东济南。

对于食物有着某种固执偏好的我，终于在商河吃下了第一个馒头。感慨济南人民牙口真好，一个馒头真心分量实诚！也因为跟着去某户调查时过意不去，硬着头皮跟着一个阿姨到里屋做包子，企图赢得她的支持，案板擀面杖，不一样的日常片段。我还买了很好吃的桃子。吃了份量大、价格实惠的围餐，吃过最薄的凉皮。

这一年同样去另外一个南方地区，在厦门换乘，大排档悠闲吃海鲜。第一次来到福州市，在熟悉的湿润的空气里，感受到2017年夏季福州的极大热情。大概是沿海人民的开放性，福建团队是我暑假参与过的四个团队里面，包容性最高的一支队伍，也不枉我付出最多的心血（毕竟第一站）。当然在其他团队里，我也是很用心的（不准质疑我对你们的真心）。所以跟不同地方的相处之道，也是督导工作里面最让人难以描述的部分，这些经历在我的CSS2017之旅中，一路从南向北，没有好与坏，也没有热切或冷漠，向我"倾诉"着不同地方的性格，也是一件可以去经历的事情。

4. 你要的温度，未完待续

你相信行走的人哪，终有一天在异地开始明白一个地方对你的意义。夜晚几人行走在杭州街头上，白璐姐姐一句："跟你们走在一起，好像自己还没离开北京一样。"是啊，一群从"良乡"出发的人，分配在不同的项目点，第一次开始搭伙培训或巡视，与不同的地方督导经营不同的社会关系，和不同的访员建立不同的伙伴情谊。终究是，在未来的一年半里，北京再见。

三 对 CSS 的优劣评估和总结

一个项目调查的优势莫过于有一套完整成熟的流程设计。在 CSS 中，除了需要项目组在问卷设计与培训、现场工作督导的专业经验以外，其他重要的工作内容还包括调查数据的北京值守、负责地方访员培训和现场质量跟进把控的督导以及地方合作机构。

1. 督导培训

督导的培训分为核图部分和问卷部分，每个部分都有不一样的技能需求，两项工作衔接进行。由于本人参与的是问卷部分的督导，在参与过程中体会到各个培训环节的完善，项目组老师愿意付出足够的心力和耐心去陪伴督导学习、掌握、"传授"。所以在为期比较长久的培训之后，到实地培训之前在北京怀柔进行了一次实地调查，在这个过程当中，我们也会在身边寻找相关的访谈对象，对问卷的设计进行充分理解的同时，也把我们收集到的访谈对象的一些反应反馈给项目组老师。因此，在培训过程中，问卷还会进一步进行小尺度的修改，从这个层面来看，督导也参与到问卷的设计当中，提高参与感和认同感。从现场培训的成长历程来看，我从福建站只负责一个部分的讲课内容开始，而后在浙江、山东、广东承担的培训工作越来越多。在广东培训的时候，我已然可以承担主要的部分，并且可以根据访员的提问匹配到实地的一些经验。这对于我来说，确实已经完成了一个学到教的转化过程。

2. 地方合作机构

实地调查的完成得力于各个地方的老师与同学的配合。有的老师是学院的辅导员或者教授某些课程，这些老师大抵跟学生们保持良好的关系。有的老师则来自研究机构，没有自己亲自带出来的学生，则需要重新建立一套机制，来保证学生有足够的信心和耐心应付如此繁重的调查任务。如与浙江省社会科学院的合作当中，由于该院没有教学单位，招募的访员来自浙江工业大学，通过面试筛选人选，签订工作协议，在调查过程当中保证访员有足够好的住宿条件，提供比较高的补贴待遇，在炙热的杭州天气中，还是留住了大部分访员。遇到的老师大多与学生处于良性的关系当中，由于行政经费由地方自由支配，也曾听说过有的地方老师为访员创造了相对艰苦的后勤支持条件。我们处理的则是与地方督导的关系，若是地方督导也是来自外校，对于访员来说也是一个陌生的身份，通常队伍呈现出比较包容的状态。对于访员之间比较熟悉的团队，常常会加设一个没有巡视督导的内部群，即时交流一些"内部"信息，相对而言，他们之间的关系会有一点点隔阂。当然与地方督导的合作当中，关键还在于担任这个角色的人所持有的理念以及做事的品质，正直的朋友愿意与你一同探讨如何高质量完成访问，有些小心思的地方督导则会寻思如何在设计当中钻 Bug，让本组的调查更加顺利。比如在抽样环节当中，抽到"答话人 = 受访者"的操作，答话人有时候也怕麻烦，既然你接触到了我，那你访问我就可以了，无须再打扰到我的家人。

不同的地方与项目组有着或深或浅的关系，一方面项目组确实需要地方来承接访问的重量工作，另一方面只有收集到合格的数据，才能焕发大调查的基本价值。因此如何建立对地方评估的机制，在维持"互利共赢"的关系当中，去发挥各自的价值，是项目组未来需要考虑的问题。

3. 调查中的操作与困惑

（1）念读与口语表达。北京值守发现访员没有按照念读的要求进行入户访问，导致问题的解读中可能存在比较大的偏差问题，因此在培训后期很大一部分在于对访员进行问卷念读的规范。尽管我明白念读规范在大调查当中对于传达问卷意思的重要性，但问卷的指导语偏学术，在日常生活的场景当中，难免有些"秀才遇到兵"的窘态。特别对于文化程度低的人来说，如果没有转化为相应的表达，对方可能就无法理解正确的问卷想要表达的意思。降低这部分的误差操作，对访员的理解与灵活处理的能力要求也就比较高。但项目组与地方合作的机构似乎是处于一个宽松的合作氛围当中，地方战场是地方机构的舞台，项目组也不便过问太多，更重要的是，事情多人手少。

（2）如何评估大调查的误差。在实地调查的过程中，可以发现在很多环节当中，会产生很多人为误差，或者由于懂得技术操作的面向，而采取一些避开技术层面的方便操作，比如与答话人约定好的只抽到他本人，这些问题如何在质控环节予以纠正非常重要。

最严重层面的误差可能来自对于抽样环节的手脚操作，这可能会影响到受访人群的分布。此外，在我看来，比较难评估的部分是，那些通过后台数据质控的问卷，可能来自不配合的被访者随意的答案，也可能来自文化程度低无法准确理解到问卷内容的人群中。这些数据虽然合格，但他所代表的意见是否就是他真实想要表达的意思？而处于这种范围的人群会有多少？对总体结论有哪些致命的影响吗？

访员的访问质量也是或高或低，在念读与解释的过程当中，如何去评估访员的工作质量，以及他们所能传递出来的问卷的意思。当然，这里谈的不是不信任的问题，而是在实际操作当中，所能存在的各个环节的误差，是如何加总影响整体数据的。我们在调查的过程中体会到不同地方的特色，而我们又如何保证这些收集来的数据的真实性，方便学者、研究者、任何一位需要数据的人去进行更具有说服力的分析的？

以上种种思考，供有识之士批评和讨论。最后，感谢每一位因为CSS与我相遇的人！

我们都是 CSSers

贾　聪

　　2017 年我参与了中国社会状况综合调查（CSS）的项目，56 天，走过 5 省 11 市 18 个村居，行走 562 千米。从火热夏到秋意浓，一路走一路调查，如鱼饮水，冷暖自知。很多人，许多事，我要讲的是 CSSer 的故事。

　　一般讲故事，把故事说清楚，需要 6 个要素：时间、地点、人物、起因、经过、结果。这不免有些俗套，但没有办法，还得这样讲起。我们这一次跟着一张证，从它来讲，以它的视角来讲，或许会有别样的故事……

　　我是一张证，你可以叫我阿证。我不大不小，四四方方，成人手掌可以丈量我的尺寸，纯白外衣让你看清我的内心，蓝色秋千彰显我的青春活力。红黑白三色互融，映出我的端庄与美丽；正

图1　阿证自拍像

面赫然印着"2017年中国社会状况综合调查（CSS2017）督导员证"，表明了我的身份；后背是中国地图——大公鸡，点点圈圈标明了我一年的行走轨迹。中国社会科学院社会学研究所是我的娘家，姓名之后的JC是我的主人，6月到11月是我的寿命，我的家族都不长寿，我算是老寿星了。每一个出厂的我都会被盖上一个鲜红的印章，据说这样我才可以仗剑走天涯。

我也不知道我是怎么被造出来的。据我的主人说，一个小小的我平安落地，也经过了几次"孕育"、怀胎一月，反复沟通，尺寸、厚薄、价格，搞的我好似"难产"出来的一样。跟我是双胞胎的是阿访，我说我是它的顶头上司，它很不服气，哎！一奶同胞，算了吧，不跟它争那个名分！我的五服有阿帽（督导帽）、阿包（督导包）、阿板（督导垫板）、阿图（抽样地图）、阿派（平板电脑）……各自职能不同，关系倒也不错。

2017年6月13日，我来到主人身边，从他写下JC的那一刻起，我明白就这样我属于这个糙汉子了。跟着他，在北京、下湖南、赴广西、回河南、入贵州，有过笑、吃过苦、感动过、无奈过、坚持过，我的一生虽然短暂，却异常明亮。

七八月的天异常炎热，热情得过了头。北方出生的我在南方时刻感受另类的湿热，每天大大的太阳高高挂起，圆圆滚滚，从早上七八点开始，晚上六时降落，阳大爷始终以热情坚守岗位，丝毫不愿偷懒，本督幻想自己要是成为那一支后羿之箭，定要那老头负伤许久，好为我们送来一季凉爽。天干物燥，小心群山。2017 年，主人遇到的总是山，我们调查的村居常常是山连山，这山望着那山高，那山望着这山远。山村一是大，二是交通不便，三是树荫较少，四是住户分散，当然这说的是困难。这些日子，说长不长，说短不短，鬼知道经历了啥。只能感受糙汉子的心由兴奋到紧张、由紧张到平静、由平静到无奈、由

图 2　主人载我前行

无奈到坚持、由坚持到充满希望。我时常感受主人的汗渍在我的身上摩擦摩擦，他的嗓子也时常沙哑，我也在这紧张、有序的调查中默默观察。

由于无人带领，只能凭着主人的一双臭脚载我前行，虽挂在胸口，但汗渍早已将我的身体浸透，糙汉子真的汗太多。每到一家，主人总会先将我示人，虽然红印在心头，可是我的身份总是被质疑，兄弟姐妹们齐上阵，还是换来不尽的猜忌。基本会有以下几种拒访类型。

第一种是无动于衷型。按图寻户，大娘坐在门口做家务，主人打好招呼，摆好证件，说明来意，大娘一句话"我不认识你们"，再讲一遍身份，大娘二句话"我不做，跟我没关系"，再说一遍意义，大娘三句话"我不做，你们快走吧，去别人家吧"，讲一遍抽样的过程，大娘沉默了，不搭理我们了。主人在那里软磨硬泡，一句一个阿姨，唠家常，帮忙做家务，阿姨急了，从家里拿出手机，放了一个一家人被挖肾的视频，非说我主人是骗子、挖肾的，主人笑脸应对，大娘坚守阵地，不为所动，一个小时过去了，主人无奈，只能先放弃。

第二种是暴力拒绝型。我一路走过千山和万水，我一心欢喜找到访户，刚想展露自己，访户就恶狠狠地说，"快走，再不走，狗咬你我们可拉不住"，无奈，"与天斗与人斗"其乐无穷，与狗斗还不撤退。这种类型一般有报警抓人的，骂我祖宗的，横眉冷对的，扔我阿包（访员调查包）的，推搡锁门的……我本人世一尘草，何来如此大的仇恨，无奈只能吟唱一首"我

本将心向明月，奈何明月照沟渠"。

第三种是理由推脱型。来到居民家中，礼貌问好，详细解释，居民问东问西，刨根问底，我们也是知无不言，言无不尽。大哥大姐，大叔大娘热情地叫着。这时候，你会发现，咦，他其实还能接受你的访问，你异常开心，连忙拿出阿派，摩拳擦掌，跃跃欲试。居民问道多长时间，答："一个小时左右"。居民曰："哎呀，这么长时间，我没时间呀，我以为两三分钟，不行我得出去了""我得下地了""我得接孩子了""我得去坐车了""我得去看病了"，总有千万种理由应对。等你无奈告别此户，你会发现他就坐在家里，不远不近，不曾离开。

第四种是中途退场型。迎进来，说明解释，受访者将信将疑。三两个问题开始，受访者有点好奇，四五个问题接着，受访者嫌弃提问的方式，七八个问题持续，受访者开始显得着急，九十个问题直接开拒。这时，任凭你说破了天，说穿了地，大叔阿姨向你挥一挥手，拜拜了您咧。

第五种是誓不开门型。敲敲门，无人应答，再敲敲，咦，怎么还没有声音。可是里边有人说话呀，再敲一下吧，哎，还是不开门。另类情形，咦，可是里边有人说话呀，再敲敲。晃晃悠悠，里边阿姨会问你找谁。解释一通后，再无应答为一种，隔着防盗门盘问后关门为第二种，露出门缝看你一眼不等说完关门为第三种，露出门缝看你一眼不等你说完说一句"不需要"关门为第四种。至此种门户，奈何你有婀娜多姿的身材、甜美可人的相貌，都只能吃闭门羹。

针对以上五种拒访我总结以下口诀：证带好、熟人找、嘴要甜、人要笑，两眼珠子要看好，该热情就热情，该装孬时就要孬，我是学生我骄傲。大叔阿姨挂嘴边，大哥大嫂常热闹，我不容我不易，你家入选是荣耀，村居委会已招呼，您可核实与查找。有孩子，别吝啬，掏出零食分享一个，眼要勤手要快，看到大娘扶一把。访问中，抬抬头，眼神传递瞅一瞅，说一句辛苦、不好意思、太感谢你们了。夸小孩，眼睛亮，白又白，一看就是状元郎，对阿姨喊姐姐，哎呀你的岁数真不像，看大爷，真硬朗，身体倍儿棒吃嘛嘛香。女在前，男在后女敲门，男入户，不灰心，不丧气，腿要勤，胆要大，勇敢接受质疑与辱骂。笑着面对，笑着离开，留下祝福，来日再战。爬过山蹚过河，拒我又如何，东边不亮西边亮，我自天涯任翱翔。

　　依我观察，在访员进入现场调查后，是否能够顺利敲开居民户的门，是否能够顺利征得居民的同意接受我们的访问，是否能够顺利收回完整的问卷数据，这是一个需要双方互动的过程。两个陌生人，一问一答，涉及方方面面，这在任何人看来都需要一些信任建立才可以进行，更好的说法是一定的关系建立才可以。这其中有两个因素很重要，两个都是人的因素，一个是受访者，一个是访员。调查接触的成功与否，访员的因素至关重要，首先需要访员锻炼自己眼观六路、耳听八方，机智应对的综合素质。看答话人的年龄性格，判断自己说话称呼、用语。根据答话人的疑问点，来逐渐消除答话人的疑惑。进屋观察家中的摆设，通过家人来打开话题，等等。在访问的过程中，要观察答话人的语言、语速、语气，是否要暂停一下交流，是否需要鼓励一下受访者，我想这在问卷时间较长的情况下是至关重要的。

　　据我这一两个月跟着主人观察，农村社区的行政联系较易建立，村干部工作热情较高；住址接触较易成功，村民拒访率较低；耗时较短，一般3名访员2天即可完成访问的优势。但农村交通不便，食宿安排不易；住址较分散，寻找住址耗时较长，看门狗较多；村民对问卷的理解能力较低，受访者答题时间较长，访员需解释较多名词；网络较差，上传数据、录音不易；受访者不符合条件的较多，年老者较多等。城市社区交通方便，食宿易安排；住址较集中，寻找住址耗时较短；居民对问卷的理解能力较高，受访者答题时间较短；网络较好，上传数据、录音较易。但劣势是行政联系较难建立，居委会干部一般不会带领入户；住址接触较难成功，居民拒访率较高；耗时较长，一般3名访员3~4天方可完成访问。

　　所以算下来一般一个PSU会有3个农村社区、1个城市社区，顺利的话10天即可完成一个区县的访问。时间上的安排最好是周一至周五建议做农村社区，周六、周日建议做城市社区。在农村社区，考虑村民的生活习惯，最好在早上8点左右入户访问，到晚上7点左右结束（预约不受限制），中午的时间可以继续访问。在城市社区，考虑居民的生活习惯，最好在上午9点之后再敲门入户，13点至14点一般不入户，晚上可以访问到10点左右结束。针对城市与农村社区的安排上，个人觉得先做农村社区，再做城市社区。理由如下：访员首次调查经验不足，介绍项目、解答问卷的能力较弱，访问、提问技巧需要锻炼，在农村社区，村民拒访率较低，在农村社区首先进行访问，可以让访员进一步熟悉系统操作、培养接触入户的技巧、熟悉问卷的内容、掌握提问的技巧，建立调查的信心。如果一开始就在城市社区调查，由于成功接触受访者较难，且拒访率较高，在调查中也会因为访员不能熟练介绍调查项目、提问技巧不足而拒访。调查刚开始即导致访员信心受挫，严重影响访问进程。我跟着主人，莫名觉得督导光环直冲云霄。

前面说的是拒访，仿佛都是满屏的负能量，后边我们一起聊聊这一路的小美好。这些感动是我通过偷看主人一张张的照片，与主人一同经历一个个故事形成的。在这些感动里，我通过一个一个的场景来还原叙述。

感动一："一棵橘子树"。想象一下，一条通山的小路没有硬化，仅容一辆车通过，幸好最近没有下雨，幸好我们遇到热情的村主任。开着车，晃晃悠悠，不知道绕过了多少弯，2个小时终于找到受访者的家。在这里手机没有信号，有的只是不到5户的人家，由于2015年资料的缺失，我们只能采用2013年资料来找寻抽到的受访者的住址信息，很简单，备注栏里写着"门前有一棵橘子树"。地图、受访者姓名、橘子树一一对应，不差分毫。就是这一棵橘子树，让我和主人禁不住对前人所做的工作敬佩至极。那时的条件一定不如我们现在的条件优越，但能详细到这种地步，可以看出那一届CSSer的付出与倾注。听同行的地方督导说，2013年来这里的是一个年轻的女老师，做完整个市的问卷后，女老师嚎啕大哭。我想这哭包含自己的辛苦与努力，包含自己的委屈与解脱，更包含成功后自己的成长，正是这一届又一届的CSSer的坚持与付出，才有这一次又一次的好调查。这棵橘子树讲述着传递。

感动二："七个梨子"。在一个壮族村庄里，访员正在访问，看一切正常进行，督导就和询问的农户搭话。这时他看到隔壁人家，一座平房，房前坐着一个阿婆，阿婆拄着拐杖，在门口小憩，阿婆的右手边，一个4岁左右的小男孩，一个6岁左右的小女孩坐在旁边的木头上，两个人玩弄着手中的小玩具，很明显是留守老人带着两个留守儿童。督导要趁这一家三人不注意，给他们照一张照片。但两个小孩很机敏地发现了督导的意图，没等按下拍摄键，两个小孩子就害羞地跑向屋里，又忍不住好奇心，来到督导面前要看他照的照片。督导给他们看，没有照好，两个小孩很害羞，却也很开心。访问还在继续，我也和督导坐在石凳上休息，两个小孩拿着竹竿在自家的梨树上打梨，他们很吃力，督导想去帮忙，但想着算了，去了怕这家大人认为他不怀好意。坐了一会儿，突然小女孩拿来刚打下的两个梨子，送给督导，他急忙推脱，小女孩放下梨子撒腿就跑。看着手中的梨子，我的心中也感动异常。督导便吃了起来，老实说这种梨皮厚肉少，并不好吃，但吃起来却让人格外开心。等待访问结束，告别受访者，我和主人准备离开，去往下一家。走着走着，听到后边传来急促的脚步，身材瘦弱的小姑娘拿着一个塑料袋，塑料袋里装着 5 个梨子，我们急忙推脱，不要不要，小姑娘将梨子放在我们面前，说了一句"路上吃，解渴"，便又飞奔回家。一共 7 个梨子，我们和这一家没有访问的关系，只是我们看了看他们，他们看了看我们；只是我们的一个微笑，奶奶的一句进屋，来喝茶呀。7 个梨子，讲述着调查中的欣喜。

感动三："一碗面"。吃面食长大的督导，到了南方不得不入乡随俗，跟着吃米饭，刚开始还能够接受，慢慢地开始不适，一个月没有吃面，常常让督导的胃对面条有着独特的思念。临近晚上 8 点访问结束，山路难走，大爷担心我们的安全，就让我们在他们家留宿。炒上几个小菜，拿出自酿的果酒，三两杯下肚，畅聊无阻。大爷不时给我们添酒夹菜，饭间，大爷问道可还适应，老实的主人就说了其他都好，就是饮食，讲了南北差异，诉说了一路的委屈，本以为就是一个消遣性质的酒后闲聊，没想到却迎来了对方的注意。早上督导一觉醒来，大爷叫吃早餐，看着桌上的面条，督导吃惊问道怎么来的。大爷乐呵呵讲道："我昨晚听你说很久没吃面了，家里也没有面条了，我就下山给你买了个挂面，怕你吃不惯，还给你买了一瓶老干妈，你凑合一下吧，大爷也不会做面，只能将就着吃一下了。"我看到，这个糙汉子顿时泪奔，其实很简单的一碗面，但有一种久违的家的感觉。一碗面，讲述着调查中的一份感动。

感动四："追到瓜地"。7 月的天异常热，人也常常烦躁。我们的访员——

一个小女生，历经千难万险终于征得一户受访者的同意，开始访问，这一问就问了一个半小时，受访者越来越急躁，访员还在坚持问着。突然，阿姨不回答了，要去干农活，小女孩使出浑身解数，请求受访者再坚持一下。阿姨显然已经失去耐心，拿起镰刀，说了一句："你快走吧，真费事儿，以后都别来了，我忙着呢。"就离开家门下地去了。可怜我们的访员问了这么久，一口水还没喝，眼看即将成功的访问就这样中断，心中有千般委屈，万般遗憾，此刻都化为泪水。督导一时也不知所错，只能说，"没事，算了，咱们去下一家。"小姑娘想了想，擦干眼泪，说："我不信，我非要把这一份做完，我去追她。"于是就有了那一张照片，瓜地里，一个阿姨在除草，访员拿着阿派跟在后边访问，烈日下，两个人都大汗淋淋。追到瓜地，讲述的是我们调查的坚持。

这一路走来，还有很多很多的故事。我们常常在怀念痛苦的时候也在感恩中前行，是那些拒访户锻炼我们的处理问题的能力，让我们有了更好的成长。我们更感恩那些接受我们访问的人。老实说CSS的问卷的确耗时太长，一些问题又常常使受访者不知所措，能够坚持2个小时左右，跟一个陌生人一问一答，这对一个人的体力和耐力都是一份考验。感恩受访者，是他们愿意花费宝贵时间来为我们提供数据信息，这每一份数据都是一个家庭；感恩村居干部，是他们在繁忙的工作中抽出时间、耗费精力带领我们走街串户，这每一次行走都是一份责任；感恩每一个访员，是他们不断地坚持努力，认真采集每一条信息，这每一条信息都是一份付出。感恩路上指路的大爷，感恩让我们搭车的大娘，感恩小弟弟送来的一个西瓜，感恩村头小卖部老板提供的热水，感恩那个夜晚10点从市里来接我们的出租车司机……感恩整个夏天的所有。这一路，有很多人，很多事，从陌

图3　瓜地访问

生到交谈，更多人知道了 CSS。听到我们的讲述，大家都会说一句，你们真不容易，你们做得真好！这是对我们的一份认同，也是对我们的一份激励。我想我们的受访者、访员都可以说是 CSSer，甚至在我看来，那些给我们提供帮助的人，也都是我们的一员，每一个地区的成功都离不开这些 CSSers 的努力，每一份问卷都倾注了 CSSers 的良苦用心，正是一届又一届人的努力，才慢慢浇灌这一棵 CSS 大树不断成长、长成。

2017 年，你也许在白天、在夜晚，于家中、于田间，在丘陵、在平原，看到这样一群人：他们背着双肩包，戴着遮阳帽，戴着我阿证，他们正青春，他们在做一项民生调查。一问一答，不要惊讶，这是 CSSer 的日常，更是我们浇灌的调查之花。你问我们图啥，图的是"为好中国，做好调查！"。

一碗开水下面，一根香肠为伴，配上一包辣条，这就是我们日常生活用餐。夕阳西下，熟人已经回家，在最热的夏天，走进千家万户。

因为刚好遇见你，风吹花落泪如雨，留下 CSS 的足迹才最美丽。这是我的故事，我是阿证，我是 2017 届 CSSer，我做的事情很简单，但是却意义非凡。十里春风不如你，完美夏天，我们在一起，待 2019 年重生，我还要和你在街头、乡村走一走。

当我们谈论 CSS 时，我们在谈论什么

白舒惠

研究生阶段的小目标之一：参加一项全国综合性的社会状况大调查　GET √

当初设立这一目标的我一定不会想到为了达成目标的我到底经历了什么，从北京房山到怀柔的第一次调查，到第一批奔赴福建前线，再到一步步的南归，从江西走到山东，当我一步一步走近 CSS 项目，我对项目的一切想象都完全重构。我开始了解，当谈论 CSS 时，我们在谈论什么。我的每一步、每一次经历都在重新发现社会，重新发现自己。

CSS 是中国社会状况综合调查（Chinese Social Survey）的简称，是中国社会科学院社会学研究所于 2005 年发起的一项全国范围内

的大型连续性抽样调查项目，目的是通过对全国公众的劳动就业、家庭及社会生活、社会态度等方面的长期纵贯调查，来获取转型时期中国社会变迁的数据资料，从而为社会科学研究和政府决策提供翔实而科学的基础信息。不同于上述来自百度百科的简介，我对 CSS 的认知完全来自宾哥。宾哥在 CSS 项目中参加过三次，他对 CSS 描述在我看来就是权威："直面社会！广阔的田野！欢乐的氛围！社会学子要参加！"条条都中我心！本着提升学科素养、增加田野经验和调研基础的目的，本就经不起诱惑的我兴冲冲地报名参加了 CSS 督导选拔，面对即将到来的挑战，我跃跃欲试，摩拳擦掌，隐隐兴奋起来。

一 当我们谈论 CSS 时，户外运动从来都不是阻拦我的理由

在督导选拔的那一天，我设想了千百个可能被问到的问题及答案，甚至在内部传来的小道消息后默默地把北京地铁图描绘了几遍。万万没想到，面试我的学长给我抛来的第一个难题是"你喜欢户外运动吗？"，为了成功入选，我还大言不惭地说："我特别喜欢户外运动。"脑海里闪现的却是我一周前爬山时候的狼狈样子和之后一周的腿脚不利索。但是在他怀疑目光的注视下我顽强又心虚地补了一句"虽然看起来不太像"，心里也暗下了为参加 CSS 豁出去的决心，竟有了些壮士扼腕的决绝。几个月后的我才真正意识到，问这个问题的目的不是对我身体素质的怀疑，而是为了提醒我：强健耐劳的身体既是参加 CSS 的工具之一，也是 CSS 能带给我的结果之一。

当我最头疼的户外运动都不能成为阻挡我参加 CSS 的理由的时候，我就以为我已经做好了迎接接下来挑战的准备。当然，我被在怀柔开展的第一次调查打击得险些溃败的样子印证了我的天真，我开始质疑自己当初的决定。在还来不及惊喜于第一次入户的顺利，访谈进行到 40 分钟时候我就连人带书包被关在了门外的时候；在深夜在独居男性受访者家战战兢兢地完成一份问卷的时候；在为了不被开门的老大爷推到门外把头伸进去当作"障碍"的时候……怀柔的调查虽说也在预期内顺利完成，但留给我的不是任务完成的喜悦与成就感，而是更多思考。CSS 并不像想象中那样轻松，在

各地调研中会遇到的问题只会比这更复杂更棘手，我该如何处理如何解决，我是否能够胜任……

不同于我们在宣传和网络中看到的 CSS 项目数据和依其所出的优秀的专著与期刊，撕开一直不了解的面纱，第一次与 CSS 赤诚相对，我开始感觉到作为一个督导的工作和所要担负的责任有多重。

图 1　肤色变化

二　当我们谈论 CSS 时，优秀的地方督导是撑起一个团队的核心

福建是整个 CSS 项目开始的第一站，嘴上说着"试水""为其他组试验培训成果""提供经验"的我们，也深知"打响第一炮"的重要性。不过我们的队伍有李炜老师加持，即使有些忐忑但底气也足。福建团队特有的活力、开放和包容使我们四个外来的督导有了快速融入集体的感觉，当地负责督导黄浩的准备和安排让培训有条不紊地进行下去。三天辛苦却愉快的培训后我们 4 人和当地督导各领一队奔赴四地。我和厦门大学的黄浩带着 9 个大一、大二的学弟学妹们去了三明尤溪开展调查。但我在前一晚接到了电话要赶去江西进行培训，这也意味着在刚刚开展尤溪县调查的时候我就要离开了，手里还有很多工作没有完全交付黄浩。此刻我也紧张起来，不知道尤溪的队伍能否坚持下来，能否按照项目组的要求完成问卷。于是我每晚拉着访员们画地图、分配任务、开总结会，每晚必会折腾到 11 点多。我知道大家都很辛苦，但还是不能够完全放下心来，因为我知道调研持续的时间越长，访员的情绪越容易感到来自受访者、来自项目组等方面的压力，督导能否帮助访员缓解这些负面的情绪非常重要。所幸的是，在黄浩的主持下，尤溪队伍在预计时间内完成了任务，他成为队伍中被访员们所依赖、所信任的"老大"。我每天在微信群里关注着他们的动态和每天的任务进度，能够感受到他在团队中的力量和感染他人的能量。

三 当我们谈论 CSS 时，团队的力量永远不该被低估

　　江西，是我情感最复杂的一个地区。江西的团队是我在这个夏天里遇到的团队里最让我吃惊的团队，也没有想到最后成为了最让我惊喜的团队。在培训过程中，我和一起来培训的督导发生了分歧，这个队伍能不能下去开展调研成为我在整个 CSS 项目中遇到的第一难题。如果我的决定是否定的话，项目组前期的所有准备都白费了，再组建一个新的队伍还需要时间，这对于每天都争分夺秒的CSS项目组来说显然是不可能的。"硬着头皮上吧"，我只能这样想。在我们分成三队分赴各地后又继续进行问卷培训，其间我甚至一度怀疑我们这三天教的东西都到哪里去了。开始的前几天是最难的，陪访的过程中恨不能上去替访员提问，进度缓慢得让我一次又一次地质疑自己当初对这个队伍的判断。但是现在回想起来，可能是 CSS 项目快速的节奏让我整个人都急躁起来，我没有控制好自己的情绪，不能冷静地分析整个团队的特点，导致对江西队伍的耐心不能保持得很好。事实上，那群孩子们在晚上累到脸色苍白的时候仍然给自己加劲儿想要努力地把当天的任务完成，正值农忙时候也等到受访者深夜 11 点回家再去访问，从来不说辛苦、不喊放弃。团队之间相互鼓励相互学习的状态是我在别的团队里看不到的。因此，当总结会上，老师展示出访问质量最高的地方访员名单中，江西几位访员的名字排名靠前时，这对我来说既是意外也是必然。在开始

图 2　和村干部研究路线的江西团队

几天的不熟练到后来的渐入佳境，这其中少不了他们的努力和汗水，在进度缓慢时一起调整方法，真心实意地愿意为这个团队付出和改变，当每个人的力量都汇聚在一起的时候，所有的困难都会被克服，所有的质疑也会被成果打消。

四 当我们谈论 CSS 时，成熟团队的背后是丰富的调研经验

山东的两个队伍都有着丰富的调研经验，在团队配合、老师指导、调研技巧方面都相对成熟。同时，来到山东的我也因经过福建和江西队伍的锤炼，对于在调研中出现的问题也能够及时找出解决办法。即使遇到调研不顺利的情况，我也能够明白这是调研过程中的正常现象，不再手足无措、茫然无绪了。同时，作为一个北方人，在南方待了将近一个月终于回到了习惯的、舒适的北方，感觉一切都变得舒适起来。我找到了至今令我念念不忘的夹饼和卷饼，让我发现山东除了大葱还有这般美味！在南方的饮食和调研任务的不顺手让我几乎节食，但是在山东立马解放了我吃货的本性。今天入户很顺利，一个夹饼奖励我，今天早点吃什么，一个夹饼解决我；今天入户没成功，一个夹饼抚慰我；今天调研结束了，一个夹饼加豆浆！当然，支持我工作游刃有余的更多动力都来源于山东团队成熟的调研经验，让整个任务能够按预期计划顺利完成。

图 3　分组模拟访谈的济南大学团队

五　当我们谈论 CSS 时，传达的不仅仅是知识和技巧

参加 CSS 过程中，我总在思考我们在培训中传达的知识仅仅是为了完成这份问卷吗？社会学专业所吸收的知识仅仅是为了完成学业吗？培训中传递的知识，是工具性知识，用专业的话语来解释的话就是试图为一个既定的目标发展手段、解决问题或解开谜题的知识。所以，工具性知识把社会的目标、学科的目标视为既定的目标寻求手段。而作为一个社会学专业的学生，我希望在学习过程中，无论在哪个阶段，进行哪种类型的学习，我们都能思考我们要做的，是要弄清楚特定问题、谜题的解决方案，还是弄清楚我们这个社会的方向、我们应该坚持什么价值观。社会学的学习和实践或许是一场关于社会的目标、目的、价值的讨论、辩论、对话。

CSS 让我明确地认识到，社会学有谜一般的美丽，却也总是让人感受到无力，因为我们都明明白白地认识到：个体的确被不受我们控制的社会因素所限制、控制——这当然会让人感到无力，如果我们认为世界是由不受我们控制的力量塑造的，那么这当然也就意味着，在改变世界这件事情上，我们能做的真的非常有限。所以，对社会学者来说，这点是非常重要的：我们不仅要看到那些塑造我们日常生活的因素，也要看到改变这些因素的可能。

CSS 给了我发现这些控制、塑造我们生活的因素的机会，给了我认清这种可不控力量的机会，那么接下来的我，就要努力去发现改变这些因素的可能。别的专业的同学开玩笑说：你们学社会学的必须"社会"啊。我们知道，我们的"社会"是认识这"社会"每一处、了解这"社会"何以"社会"的方式，也是发现这个社会万千可能性的"社会"。

歌词里的味道，我开始品出来了。

"当我们谈论 CSS 时，意想不到的难题和出乎意料的挑战成为了它最迷人的地方；一直都在的温暖和关怀是它最难忘的地方；收获能够思考一生的问题是它最有趣的地方！"

图 4　我们在路上

永不恶言相向，永不暗自考量，永不放任乖张，永不停止成长。

——陈粒《脱缰》

CSS 轶事

刘诗谣

听闻中国社会状况综合调查（CSS）已久，只是一直没有机会参与其中。2016年9月，很幸运地来到中国社会科学院研究生院攻读博士学位，与CSS也就更近了一步。2017年4月开始，经过报名、培训、考核等一系列程序，我顺利成为巡视督导中的一员，相继被分派到广西来宾和四川内江地区，感到既兴奋又紧张。

一 脸皮厚有"肉"吃

2017年7月18日，我到达南宁，开始前期的培训工作。培训结束后，与小组成员到广西来宾武宣县，正式开始了调研工作。与预想的大相径庭："大家辛苦一些，热情一些，争取每天一

图 1　入户的访员

人可以完成 3 份，这样，4 个人 2 天就可以完成一个社区。"出发前，我这样对组员说。然而，"理想很丰满，现实很骨感"。武宣县城内，每家每户都是大门紧闭。当我们满怀信心地去敲一个样本的门时，受到的是"门缝中搭话"的"礼遇"。记得

接触第一个样本时，给我们开门的是一位 40 岁左右的女人，她很警惕，只开了一个小小的门缝，我们告知来意后，女人以没有时间为由，干脆地拒绝了我们。更有甚者，房子里明明有人在，但怎么敲都不开门。这样，一天下来，我们只做成了 1 份问卷，被拒次数达到 20 次。有些第一次参加社会调研的大一学生，面对接二连三的被拒，开始掉起了"金豆豆"。面对这样的情形，作为督导的我也很想哭，但我知道这也只能是"想想"了，我必须带着组员们重拾信心，重振旗鼓。之后我们调整"战略"，重新组合搭配。脸皮再厚一点，用微笑和坚持去感化那些拒绝我们的人，就算被拒绝了也没有关系，没什么大不了的。我们互相鼓劲儿后，又精神抖擞地投入到另一波"被拒"的过程中……这一次，面对拒绝，我们不再觉得不好意思、丢面子，而是像"狗皮膏药"一样，笑嘻嘻地黏着受访者，不停地说服他们，跟他们拉家常、装可怜、演起苦情戏……因为我们知道，面对拒绝，脸皮必须要厚，脸皮厚，才有"肉"吃。

二　变身英语小老师

在武宣县城的一位受访者让我印象深刻。开门的是一位 30 多岁的男士，态度很友好，我们很顺利地开始了家庭抽样。结果很不凑巧地抽到了他的妻子。这位男士跟我们说，他的妻子出去上班了，要晚上 9 点左右才能回来，你们晚上再来吧。说是这么说，但我们的心里别提多郁闷了。因为之前遇到

过很多次了，应答者态度很友好、很热情，但是抽样抽到的其他家庭成员，却不愿意接受我们的访问。要知道，能这么顺利地给我们开门，让我们开始抽样的受访者实在是太"弥足珍贵"了呀！所以对于晚上能否顺利地访问到他的妻子，我们心里实在没底。更何况，他的妻子晚上9点才下班，再收拾收拾，吃个晚饭，大概就得10点了吧。考虑到访问的时间会很久，我们也如实告知这位男士，我们的访问时间大概会是一个半到两个小时时间，担心太晚了，会影响他们的休息，并询问明天白天是否方便接受我们的访问。无奈，他的妻子白天都要上班，所以只有晚上有时间。但幸运的是，男士非常体恤我们的辛苦，反而安慰我们说没关系的，晚上尽管来就是了，不会影响他们休息，他的妻子也会非常乐意接受我们的访问。这样，我们才稍稍放心，道谢后就离开了。

但我们实在是生怕出现什么变数，晚上8：30就过去了，到了之后，门开着，屋里多了一个小女孩，而男士正在打扫卫生，屋子里还飘出了番茄炒蛋的香味。见我们来了，男士很高兴，很热情地邀请我们进去坐，并向我们致歉说："实在是不好意思，妻子还没下班，你们还要再等等。"这反倒让我们受宠若惊了，我们一个劲儿地说"没关系，没关系，给您添麻烦了"。转而，我们跟男士聊起天来："这是您的女儿吗？""是，是我女儿，刚放学回来。"小女孩也不害羞，主动跟我们打起招呼来。等待男士妻子回来的空隙，我们跟小女孩一起玩起了电脑。想着玩点什么有意思的呢？先顺口问了一句："小美女，在学校里你最喜欢的科目是什么呀？""英语。"我灵机一动，教她英文单词吧，既可以让小女孩多认识几个英文单词，也会让小女孩爸爸觉得我们"很有正事儿"，一举两得。接着，在百度里搜索了水果英文教学，既有图片又有单词，并且还是日常生活中接触到的水果，因此，小女孩兴趣十足，并且学得很快。到了9：30，小女孩的妈妈回来了，10：00我们终于开始了访问。而我本想专心与访员一起开始访问，但小女孩拉着我，要继续学单词。考虑到可以让她的妈妈专心回答我们的问题，我继续了我的英文单词教学，直到访问顺利结束。临走前，小女孩依依不舍，他的爸爸妈妈也再三说欢迎我们有时间再过来。我也答应道：离开武宣前，有时间的话我会再回来看他们。

过了两天时间，我们去乡下做访问的时候，访员的手机突然响起，接起来后，访员把电话递给我："督导，找你的。"我一愣，接过来是前两天我教小女孩英文单词的那一家受访者。电话是她妈妈打过来的："您好，不好意思，想问一下，前两天您教我女儿什么了？"额，我心里想，这是出什么问题了，我不就教给她几个英文单词吗？"英文单词啊。"我内心稍有忐忑的回答。"哦，是这样的，您走了以后，我女儿一直缠着我让我教她单词，我也教了，但是她总说我教的不对，还一直把我拉到电脑面前，我也不明白她是什么意思。您要是有时间能再过来一趟吗？"哦，原来是这么回事啊，吓得我一身冷汗，还以为我教出什么问题来了。顿时心里轻松了，并生出一丝成就感：我的教学很成功嘛！我告诉她，我们现在在乡下，一时回不去，并答应她，等我们回到县里，我一定找时间去他们家看看他们。遗憾的是，因为后期的任务，我不得不马不停蹄地赶往四川，因此没能实现自己的承诺，至今仍然觉得愧对我们极其友好热情的一家子！

三 带孩子、收玉米、扫院子

为了提高应答率，访员们可谓是"无所不能"了，各个都变成了多面小能手。在村里，我们接触到了一位 37 岁独自带着孩子的妇女。起初，感觉这位大姐还蛮好说话的，可当我们说明来意，并告知她我们的调查要持续两个小时左右的时候，大姐断然地拒绝了我们，并向我们抱怨道："总是调查来调查去的，不知道有什么用。你们的调查能帮我们解决精准扶贫问题吗？我们去年被评为精准扶贫户了，刚享受一年的待遇，今年就稀里糊涂地脱贫了，被取消了贫困户的待遇。可你看看我们家，看看我们的生活条件，我们哪里是脱贫了？这个问题你能帮我们解决吗？要是能解决我就接受你们的访问。"这位大姐丢给我们一个十足的难题。我们一个小小的访员怎么可能帮她获得"精准扶贫户"的名额呢？该怎么回答这个大姐的提问呢？如果说我们解决不了，那么访问就要被拒绝了。如果说我们能解决，那就是欺骗，两种都是不可行的。该怎么办？在我们一筹莫展之际，从里屋出来一个小男孩，拿着一个英语阅读机，跑过来说：妈妈，妈妈，这个是什么？猴子怎么读？大姐也不懂，只能帮着小孩在机器上查找阅读按钮，但是找了半天也没找到。我们灵机一动，机会来了。"小朋友，让姐姐看看，"逮到机会，我教起了小男孩英文单词，访员则趁机继续说服大姐："姐姐，我们知道您生活不容易，但我们也都是学生，没啥大的能耐。我们也是趁着暑假期间出来做实践的，实践任务完不成，我们回去是会被老师批评的。您看看，这大热天的，我们从大老远跑过来也是不容易，您就当帮我们个忙吧！""不是我不帮你，我是真没时间，你看马上要下雨，我院子里还晒着玉米呢。""没事没事，我们帮您，咱们一起收。"说一不二，访员到院子里拿起扫帚开始收玉米。大姐紧忙阻止："不用、不用你们。"三下五除二，在我们的帮助下，大姐成功在雨神光顾前收好了玉米。当然，我们距离访问的成功也就更近了一步。在我们帮助带孩子、收玉米、扫院子的"轮番轰炸"下，大姐最终接受了我们的访问，正所谓功夫不负有心人啊！

四 金岗搭车记

J村的调研尚未结束，突然收到老师的消息，四川内江地区的调研已经开始，急需巡视督导，希望我马上赶到内江去。说实话，从第一次被拒绝开始，我就每时每刻都在盼望着调研结束的那一天，但真到要离开组员的时候，却有万般不舍。虽然，与来宾的四个组员只相处了一个星期的时间，但我与他们之间已经产生了深厚的感情：和他们一起被拒绝、被怀疑、被"赶出去"；一起在村头的石凳上啃面包、"偷摘"村民家里的龙眼吃、一起奔波在炎炎烈日下；互相吐槽、互相鼓励……一幕一幕浮现在眼前。但没有办法，"组织"需要，所以我必须尽快动身，赶回县城，赶往内江。从J村返回县城需要搭车到河马，再从河马乘坐公交车。给之前预约好的三轮车师傅打电话却没有打通。恰巧遇到一个骑电动车的19岁小弟弟要去河马帮他妈妈买菜，他很爽快地答应捎我过去。我们到了河马之后发现并没有车，小弟弟说需要到东乡去乘车。河马距离东乡还有一段距离，重点是他不顺路了，并且眼看就要下雨，所以我让他在河马把我放下，我自己想办法再搭车到东乡。然而他并没有要停车的意思，说要送我到东乡，我再三说可以自己想办法，但他并没有理会我，坚持要送我过去。到了东乡之后，我执意要给他一些"买菜钱"，但一眨眼的工夫他已经消失了，只留下四个字"不用不用"。看着他渐行渐远的背影，我眼泪瞬间夺眶而出！谢谢你，你的出现似乎让我忘记了这些天遇到的所有冷漠、怀疑和拒绝。

图2 金岗景色

五 奇妙的方言

在内江双桥乡的调研过程中，我接触的一位受访者是一位50多岁的老大爷，在询问老大爷姓名的过程中，出现了让人觉得既无奈又逗趣的聊天记录，让我至今印象深刻，如今回想起来仍会笑出声来。聊天内容大概是这样的：

我："大爷，请问您的名字是？"

大爷："li gui jia"

我：哦，李归家。

大爷："不四（是）不四（是），是gui家的gui啊"

我：咦，是鬼还是龟？

迷惑中……

大爷："就四（是）gui家的gui啊，gui家的gui啊"

我：依旧迷惑中……

大爷急了，抢过笔自己写了：李国家……

六　ci（吃）zou（粥）里的温暖与热情

在武宣县城的问卷调查任务没白天没黑夜地进行了两天，距离所要求的数量仍然还差4份。为了不耽误后面的进度，我们商量后决定派一人继续留守县城，完成这4份问卷，其余人到农村，开始农村地区的问卷调查。这样，第三天，我们一行四人来到了J村。与县城人民对我们的怀疑、冷漠、拒绝形成鲜明的对比，村民们对我们的热情好客，让我们突感不适。在路上遇到村民，偶聊两句后，他们都会热情地招呼我们："去ci（吃）zou（粥）啊。"从小在东北长大的我，对一些方言实在是一窍不通，我没明白他们说的是什么。后来，我们的组员告诉我，他们是在邀请我们去他们的家里喝粥呢。这是这里的人表示欢迎的独特待客之道。只是这一时间让我反应不过来：县城里的人连门都不开的，更别提接受我们的访问了；而村民们不仅热情地接受我们的访问，还会邀请我们去家里吃饭喝粥，着实是让我受宠若惊了。不禁想起了一句话：城市套路深，我要回农村！

图3　粥

来吧，你不会后悔

王双识

一　调查经历

2017 年 CSS 由培训和调研两部分构成。从 2017 年 5~8 月，本人参与调研培训和工作，获得了一份珍贵的调研经历。

在我参与过的调研项目中，CSS 是调查规模最大、调查流程最为严谨的社会调查项目。这一点我从先期培训中便有所体会。2017 年 5~6 月，我接受了 CSS 的相关培训。培训分为三个阶段：第一阶段是调查理论培训，如学习调查流程和识图、抽样方法，熟悉调查问卷，训练入户接触的沟通技巧等；第二个阶段是调查软件的使用，本次 CSS 采用的是电子问卷模式，这就要求我们学习掌握使用电子问卷软件的新技能；第三阶段是实战，即进入社区，进行识图和入户练习。

在结束调查培训后，我正式开始了督导工作。我负责督导的地点是辽宁省盘锦市，一个以水稻和河蟹闻名的美丽小城。

7月15日下午，在组长高明月的引介下，我首次见到了我的战友们。我们盘锦组共11人，组长张晓旭曾经有过参加CSS的经验，风评"非常靠谱"。

图1　盘锦小分队

当晚，我们便动身前往盘锦，晚上9点，在盘锦火车站附近破旧的小面馆里，属于我们组的动员大会落下帷幕，我们干了各自的宏宝莱汽水，开始了属于我们的战斗。分发物品、核对问卷，做最后的要点强调。我们组需要调查三个城市社区加一个村，这是很有挑战性的。一般来说，城市社区要比乡村更难入户，城市社区占比大，则难度增加，组员容易士气低落。另一个意想不到的困难是，在去往盘锦的火车上，我和对面一个盘锦当地人闲聊，得知盘锦正在开展城市评优活动，其间大量的地方调查已经让一些盘锦市民心生反感。虽然我和晓旭并没有因此消极，但考虑到除我们以外，其他组员都是第一次参加调研，没有入户经验，一旦士气低落，之后的调查将会举步维艰。

我和晓旭研究对策，决定使用一种"1+1+2"策略。第一步，先两人一组，做一个相对容易的城市社区；第二步，转战村庄，快速做完；然后第三步，一人一组，回头做完剩下两个城市社区。之所以如此安排，是因为刚开始的时候大家精力充沛，可以先挑一个难度适中的社区找找感觉。这时组员可能会进入"深刻体会到种种困难，心生疑虑"的阶段，此时插入一个最容易的，给大家打气。这两个社区做完，组员基本上就是"熟练工"了，任务也完成了一半，这样同时开始剩下的两个社区，哪怕带着"盼天明"的心情，大家也能把干劲儿坚持到最后。三个城市社区中，A 社区是离我们步行 10 分钟的老旧社区，没有门禁；B 社区是位于商业中心的分区散乱的高层社区；C社区是坐拥河岸公园，物业管理严格高端社区。我们考虑再三，决定先从 A社区入手，因为老社区没有门禁、楼层较矮，而且居委会和居民互熟悉的可能性比较大，于是我们敲定作战计划，分配调查小组，等待着第二天的到来。

然而现实给了我们一个教训。7 月 16 日是星期六，按理说应该是居民集中在家的日子，可是我们在 A 社区几乎没有敲开几户人家，第二天仍是如此。居委会爱莫能助，因为他们的资料过于陈旧，户主或者停机，或者已经不在本地居住。当不在本地居住的户主达到一定比例时，我产生了一种不祥的预感。于是晚上 8 点，我和一位组员跑去 A 社区查看亮灯率，结果欲哭无泪——那漆黑老楼群中零星的灯光表明，A 社区几乎是一座"空城"了。

看着辽宁省其他组迅猛的进度，我们组的组员开始有些沮丧。张晓旭和我觉得 A 社区不能这么耗下去了。A 社区属于特殊情况，应该和上级联系，直接放开全部样本做空户大筛查，不然会做到天荒地老。在联系的同时，暂停 A 社区的工作，我们需要去田园回血。

跑村庄的两天是梦幻般幸福的两天。我们组的组员在"敲门就能开，开门就能进，进门就能直接做调查"的超高成功率下满血复活。

复活后的队友们似乎是在经历了两种极端的境遇后，完成了一种心理历练。虽然在后面的两个社区中遇上了种种其实很严峻的困难——比如 30 层的高楼拿不到电梯权限，全部只能靠人力爬楼，警惕的居民因为我们拿不出公安局证明信认定我们是骗子，四处宣传不要给我们开门，高端社区拒访率奇高，礼貌地拒绝一切访员……但是我们似乎看开了，开启了一种面对困难、内心无限平静的贤者模式。我至今还记得一位组员在被态度恶劣地拒访后和我说的话："我开始觉得我运气不好，后来觉得我可能不行，但是后来去了农村，我知道了，其实我是可以的。反正现在没有人我也不着急了，再差也差不过 A 社区。被拒访也不生气了，现在每个不拒访的人我都觉得他特别特别好，我特别感谢他。那些张口就骂的人，就让他们骂下去吧，反正咱们干的事是好事。至于成功多少份，我也不必比别人做得都多。姐，我以后再也不拒绝发传单的人给我塞传单了。"

图 2　使用到"报废"的社区地址地图

随着 A 社区样本的全部开放，在多位老师或亲临现场或远程协助的给力支援下，7 月 29 日，我们盘锦组圆满完成了任务，下馆子，吃散伙饭，喝一杯，回家。

二　调查体会

1. 平等的讨论气氛

触动从培训期间就开始了。第一次触动我的是培训班里平等的讨论气氛。整个培训过程当中，我们都不只是一个被教育和被培训的对象，而是被当作独立思考的参与者。这一点在问卷熟识阶段和软件学习阶段十分明显。在这两个阶段，培训老师一直很关心学生对问卷设计是否合理和问卷中是否有漏洞的看法，并积极鼓励学生发表对问卷设计的不同意见。这种意见不只是为了减少错误，更是为了使问卷更加完美。

与此对应的是，学生也积极发表自己的看法，并没有表现出那种事不关己的态度。参与调查的全体成员是一个团队，用一种开放的态度共同讨论，以使整个项目做得更好。

2. 看到成长

在整个调查过程中，我要感谢我们盘锦组的全体组员。虽然我的身份是督导，理论上讲，监督的工作性质可能使我们之间心存芥蒂、相互防备，但我的组员却用真诚接纳了我。在整个工作中，我觉得最珍贵的部分，就是和他们一起成长。

我们最要强的组员在最开始的时候，曾经因为问卷做到一半被拒访，连续找了受访者7次，每次都被骂得回来大哭，然后自己又偷偷跑回去"再试试"。然而到了后来，她成为我们组里识人最准的一位组员，她说"再试试就能成"的，最后都成了；她说"我觉得这家够呛"的，事实证明确实都没成。

我们最倒霉的组员创造了"连爬3座30层高楼，无一户有人应门"的纪录。虽然直到最后，她的运气仍旧很差，并获得了"空户排查员"称号，但是她却从最开始的焦虑自责中走了出来，相信自己能为团队做出巨大贡献。

我们最内向的组员有着全组最高的被拒访率，中间段基本上是别人陪他敲门，敲开了把他放进去，还要先跟人家说胆子较小，请多担待的客气话。但我眼见着他从敲开门后只会说"你好，我是做调查的"之后就沉默地望着对方，到能说好几句话，到能够反复去争取，到最后能够自己独立入户，我甚至觉得他整个人都变得开朗了。更让我感动的是组员对他的支持。因为调查"按件计费"的特点，没有成功的访问就没有薪酬，所以全组同学轮番帮他入户，以保证他的"收入"不会太少。

在后台系统能够正常登录后，我们发现了最"偷奸耍滑"的组员做了好几份只30多分钟的问卷，包揽了本组的全部不合格问卷。他成了我们的重点"关照"对象，不只是我个人的重点陪访和回访对象，连其他组员都养成了他一入户就开始看表计时的习惯。最后，他为了向我们证明他是靠谱的，要求独自一人去"承包"一小片区域的调查任务，最终他完成得很出色。

组员中有识图的，有不识图的；有活泼开朗的，有沉默寡言的；有天然亲和力强的，有看脸就不像"好人"的；有心思细密的，有丢三落四的……但他们都是优秀的，因为他们在不断地成长，变得强大，并带动着我一同向前。

3. 队伍不好带

队伍不好带啊！虽然带队伍本来也不应该是我的工作。盘锦的调查历年都比较难做，调查发展到后半程，为了提高效率，A、B、C三个社区事实上在同时跑。因为每天开放的样本量有限，敲门又有时间间隔的硬性要求，一旦无人应门或受访者不在，就会造成人力浪费。同时多开社区，虽然会有些奔波之苦，但是可以效率最大化。三个社区意味着需要三个组长进行现场调度，结果我和另一个组员光荣地承担了组长的活儿。在做组长之前，我从来都不知道自己居然能识图，也许压力能够激发人的潜力，成就自己做一些从前做不了的事情。当你直面组员的时候，只关心工作的过程和结果是否合乎规范是不够的，每个组员的性格和心情，长处和短处，什么样的户主应该派什么样的组员，组员出错时是要鼓励还是批评……与人相处是最美好的，也是最累心的。这和年轻时那种满是干劲儿的劳累截然不同。因此，我无数次地在心里感谢过张晓旭。我也想象过，如果和我搭伙的组长是个不负责任的人，我该怎么办？我要如何在几天内组织好这些互相熟识却完全不认识我的组员，我觉得我可能搞不定。不过，好在有张晓旭，她用她累成狗的身躯拯救了我，她是全组中最了不起的人。

4. 勇气与奉献

在工作初期，我的队员里可能有一半人是抱着"赚一点零花钱"的目的加入这次调查的。但是我相信两到三天之后，就没有人把赚钱当工作动力了。

因为他们会在受气中晒黑，而收入不够买防晒霜，我又不许他们在对方骂人的时候怼回去。但是他们都坚持了下来，虽然会发牢骚，但是从不抱怨。支撑他们的大概是两个理由：一个是"是我自己要来的，我就要做到底，证明我能行"的勇气，另一个是"我干得不好我全组都要背锅，我们得互相支持"的奉献精神。

勇气和奉献不是年轻人独有的品质，但是却在年轻人身上表达得尤为清晰耀眼。感谢他们的呼喊，提醒我不忘初心，提醒我真诚待人。调查归来后，我联系了一长串久未联系的名字，为那些珍藏的友谊保鲜。但愿我的一生能不失勇往直前的勇气，能做出对他人有意义的奉献。

三　调查总结

1. 受访者的礼物

调查结束后，访员会送受访者一个小礼物表示感谢。在实践过程中，我发现赠送实物会产生一些弊端。第一，这些礼物可能并不是受访者需要的。在盘锦地区，我们收到的小礼物是一种印有商业标识的可折叠的便携式双肩包。个人觉得这种礼品有些鸡肋，因为儿童不会使用这种质地的书包上学，而成年人也不会用双肩包去买菜。上面的商业标识也有问题，可能会使受访者产生疑惑。第二，这些小礼物可能会造成资金浪费。为了保证礼物充足，多准备一些以应对特别情况是一项基本要求。可是事实上这些准备出来的"富余量"真正被使用的概率非常小，到组后都浪费掉了。第三，加重访员负担。由于访问社区距离住所较远，访员为了保证礼物充足，必须携带礼物调查。每人三份礼物，虽然不重，但是相当累赘。一些负责任的访员为了受访者能够拿到喜欢的颜色（书包分粉色和蓝色），还自愿携带双份，而随身携带 6 个轻便式书包奔波一天也是非常辛苦的。

因此我认为，与实物相比，使用统一设计和发放的"装有现金的纪念信封"或"夹带现金的纪念卡"可能更符合现实情况。轻便而又有纪念意义，而且无论多少至少是人民币，如果设计美观，还会增加受访者的信任和好感。

如果担心现金会带来不必要的麻烦，或者预算有限，由项目组从北京统一发放礼品也是一个选项。虽然邮寄礼品会产生一定费用，但是感觉上可能会比各地分别采购正式得多。

2."运气"问题与相关补偿

在"成功完成问卷"这个问题上，访员实力是成功的元素之一，运气也是一个重要问题。像排查出空户，抽样后发现受访者不在，预约的时间自己却没有时间，只能由同伴代替等，这都可能导致访员无法"成功地完成问卷"。但是，在计件付费的指导思想下，这些劳动都不产生收益，这其实是不公平的。特别是"已经成功入户，却最终没能亲自完成问卷"这种情况，其实入户才是一次访问中最艰难的部分，用最终完成问卷的数量决定报酬显然是不合理的。

如果能够将工作拆分开来付费，比如（还是随便打个比方）排空户 2 元、入户 10 元、抽样 5 元、完成问卷 15 元，就能比较公平地展现访员的贡献。这种分配方式还有一个好处，就是可以发挥访员的长处。比如某些访员十分擅长入户，但是做问卷没有耐心，而另一些做问卷很认真，但是不善于入户。如果报酬可以分部分计算，就可以组队访问，提高效率，从而人尽其才，物尽其用。

这么做的另一个好处是可以防止访员产生过分功利的心态，减少负面情绪。毕竟，一个运气极差、"专门"发现空户的访员也是有意义的，因为他为其他队员节省了时间。哪怕是一些象征性的奖励，也能极大地缓解坏运气带来的负面情绪。

3.问卷长度问题

此次的问卷过于冗长。几乎没有几个受访者能够心平气和地做完全部问卷，访员自己也会感到身心俱疲。虽然一次性做更多的问题有助于节约成本，但是我很怀疑问卷后面几个部分的回答质量。到了问卷后面，为了

153

尽快结束访问，不耐烦的受访者会不假思索地快速回答问题，并不能如前期认真负责。

访员在入户时也经常被问及需要的访问时间，访员实话实说，基本上就会被拒绝；如果不说实话，到了问卷后期，就要面对愤怒的受访者，甚至直接被赶出去。所以，我认为精简问卷还是很有必要的。

4. 入户难问题

入户会变得越来越困难。

第一，封闭小区的管理和门禁制度只会越来越严格。随着开放式的旧小区被慢慢替代，"进入社区需要刷卡，进入单元楼需要刷卡，进电梯需要刷卡，且电梯只抵达业主家那一层"的新社区会成为主流社区。像往常那样跟随入社区，然后直接上楼的可能性会变小，因为现在的新社区都是高层为主，每次都爬几十层的高楼不现实。就算上楼时可以请业主帮忙刷几层，下楼时还是没有电梯权限。我们组在做这种高层社区时最痛苦，基本上还要留人守着电梯，一旦无人应门或拒绝开门，就要通过电话让守电梯的同学叫电梯，把上面的人送下来。

第二，管理权力从居委会转移至物业。门禁卡的权限在物业手中，而物业只对业主负责，只要有极少数的业主不欢迎我们而进行投诉，我们就可能永远无法进入该小区。这种事情在本次调查中险些发生，我们事实上已经收到了物业的最后通牒，万幸的是我们按时完成了计划，如果当时出现差错，没能在当天完成最后一份问卷，C社区就又要出大麻烦了。物业和居委会的分权管理还导致我们经常得不到有效帮助，因为同两个部门打交道，总是要更麻烦些。想通过居委会的帮助提升入户成功率，以后会越来越难。

第三，经济收入的提升、生活节奏的加快以及隐私意识的增强，会导致受访者对调查产生抵触情绪。其实，大量接受访问的受访者并不是因为比拒访者更容易相信他人，而是因为他们对访问有更多的好奇心。但是忙碌和压力是这种好奇心的天敌，你是不能指望一个每天劳碌的人花两个小时回答一个陌生人关于自己隐私的问题的。

因此，我认为现在这种基本上靠着访员手拿一张社科院的证明去敲门并不是长久之计。毕竟绝大多数的受访者分不清科学院和社科院，也搞不清我们的调查和人口普查是不是一回事。而且，居委会和物业的话语权在变弱，似乎更多的受访者只承认公安部门的证明。所以在今后调查中，最好能够得到公安部门的备案证明，一方面可以打消受访者的顾虑；另一方面也能对访员的安全起到一定的保障作用。

另外，先期宣传和电话预约也是很有效的方法，如果能够在访问前电话预约受访者，给受访者调查我们真实性的时间，成功率应该会高很多。但是，我不太建议访员全部到位后再联系居委会这种做法，因为比较浪费人力，而且仓促之中往往无法得到准确的信息。如果能够将访问预约设置成一个前期流程，先做宣传，再全部抽样电话预约，最后出动访员，按照约定时间上门，成功率应该会高一些。

总之，在这次调查中，我拥有了一段珍贵而美丽的经历。不只是知识的增长和见闻的拓展，在与同学和组员的相处中，我贡献了真诚和热情，也收获了信任和感动。虽然相聚的时间有些短暂，但是结交了一些可以相伴一生的朋友。希望我的经验能够对 CSS 工作有益，为今后调查工作的顺利开展积累一些素材和想法。

参加 CSS，我收获满满、惊喜不断。对于那些对大调查感兴趣的人，我会说："来吧，你不会后悔！"

且行且思且感悟

高天宇

2017年5~8月，我颇为幸运地参与了中国社会状况综合调查（CSS），该项目是中国社会科学院社会学研究所于2005年发起的一项全国范围内大型连续性抽样调查项目，目的是通过对全国公众的劳动就业、家庭及社会生活、社会态度等方面的长期纵观调查，来获取转型时期中国社会变迁的数据资料。

作为巡视督导，我负责督导的是福建省莆田市的4个村居，其中T村、X村位于市中心，相比农村地区而言，拒访率高些。此外，Y村离市中心较近，正在拆迁，施工的区域比较多，原住户也有部分搬迁，我们所访问的许多住户有一些为临时安置的住户或租户。对于Y村的居民，"房

子"是较为敏感的话题。N村为农村社区，村里人热情，村干部也非常配合，这个村子年轻人外出打工居多，老龄化较为严重。

一 调查过程

1. 重要的"第一天"

现在想来，其实在刚开始的时候，我和地方督导无意间就犯了个"不可挽回"的错误。我们的小访员是大一、大二的学生，刚结束完培训，热情高涨，打算到莆田"大干一场"。当时我们一致认为不能打击小访员们的信心，计划的是先到相对好访的农村社区，于是就选定了较近的Y村。

后来的事实证明，Y村作为一个正在拆迁的、位于城乡接合部的社区，是我们所访的4个社区中难度最大的一个。一方面，由于拆迁，该村的建筑物变动较大，原住户搬迁较多，以致我们遇到的空户较多；另一方面，它其实不属于农村社区，租户较多，大多数租客都在附近鞋厂上班，白天几乎是"空城"。后来我们还了解到，拆迁导致居委会和村民、村里两大姓的居民之间由于房子分配问题，矛盾较大，直接后果就是这个村的拒访率很高，调查进展颇为不顺。我们4个调查点的第一个样本从Y村开始，整体访完的最后一个样本也在这里结束。

这对于第一天信心高涨的访员来说，其实是一件很受打击的事。第一天访员们都在"找人"，一天下来10个访员只完访3个样本。第一天的不顺对于刚刚步入大学不久的访员们的情绪影响较大，团队氛围变得较为压抑。如果没有强有力的督导进行言语鼓励、行为鼓励（如陪访），访员很难从沮丧的状态中摆脱出来。因此，如果访员第一天没有建立起信心，并且又没有同时给予相关支持的话，在整个访问周期中，他将处于一个压抑、畏缩的状态，遇到拒访、找不到地址等困难时，选择放弃的概率就比较高。现在想来，倘若我们当时第一个村子选相对好访的农村社区N村，或者选变化较小的城市社区的话，我们后面的进展可能会更为顺利一些。

图1 访问中的访员

小贴士1

　　对于CSS，核图小伙伴的工作艰苦且无比重要。听核图督导说有些地方的小伙伴做得很棒，细致地把每户户主的姓都标注了呢！简直太给力了。其实只要做好基本工作，将更改的建筑物、较为明显的空户标明，就会给后期访问的小伙伴很大的帮助。核图督导管的省份较多、每天需核对的图也很多，任务量很大，因此更需要地方督导对此环节的重视以及大力督促，这对提升核图质量和促使后期实地调查高效有序地进行都能起到至关重要的作用。

小贴士2

　　访员队伍中要是有之前核图的小伙伴，或者能在访问前和核图员及时沟通，就能极大地促进实地调查的顺利进行。我的经验是，如果之前核图的小伙伴也参与实地访问，那调查简直开挂，因为他们熟悉每个社区的情况，参照核图小伙伴的意见安排访问行程，会少走许多弯路，访问会顺畅许多，就算访员中没有核图员，沟通一下也是不错的。我们所在的地方是个例，一直没有联系到核图员，开始的第一周，小访员们都开玩笑说他们是"核图 + 访问"。总之,我觉得对于 CSS 来说,如果访问团队有核图小伙伴帮助的话,后面的访问就会事半功倍。

2."暴走"莆田小分队

我们通过第一天走访发现,Y 村白天在家的居民较少,从第二天起,我们开启了 Y 村、N 村同时进行的模式,白天我们在 N 村访问,晚上辗转到 Y 村访问。第 2~5 天,N 村调查全部结束,这是我们完访的第一个村子。第 4 天开启了第 3 个村子 T 村的访问,第 5 天开启了最后一个村子 X 村的访问。访问进行到第 7 天时,N 村完访,其他 3 个村居也已走访完一遍,这时第一批访员回家,完成近一半样本,支援小分队一行几人到达莆田。

N 村为农村社区,相对来说,N 村为 4 个村居里最为热情好客的村居,N 村由之前的 3 个村子合并而成,面积较大,我们去的第一天,村里的干部还找了几个村民用摩托车载着我们在村里认了遍路。只要进入 N 村,如果家里有年轻人或中年人的话,一般都能访上。但这个村子年轻人大都出去打工了,在村里的多为上了年岁的老人,年龄不符合要求的、由于方言无法交流的占了样本的一部分,还有无人居住、改建、装修的房屋占了一部分,我们最后启用全部样本。

这一周我们是"暴走"莆田小分队,第一天在 Y 村"暴走"踩点,第 2~5 天,完访 N 村,最后 3 天走访后两个村居。在 N 村时,天气炎热,上一户与下一户的距离都很远,10 个访员分为 3 组,我每天陪访一组,访问最村居的那组访员中午就坐在村里一个破凉亭里,吃口面包喝口水,再继续找下户。近一周,大家的工作其实踩点查空户花了许久时间,访问第 7 天的时候,第一批的 10 个访员要离开了,其实临近最后 2~3 天,大家还是尽心尽力把后面的两个社区走访了一遍。T 村的居委会比较配合,领我们入了一些家户,T 村、X 村为城市社区,拒访的情况较多,访员们把能访的样本都尽力扫了。

现在想想,当时我们没有住户姓名、没有电话,只有地址,其实只能靠访员走访才能了解情况。比如有一个小区物业说 28 层以上还未出售,当时我们有 28 层以上的样本,这是需要实地走访才能了解。如小贴士 1,核

图 2　访问途中

图小伙伴的工作是极其重要的，也感激那段时间的"暴走"小分队，在酷暑的天气里艰苦地暴走，为后面的调查做了更为充分的准备。

3. 记忆中的那首《好运来》

《好运来》一直是我们的队歌。N 村距我们住的地方较远，每天晚上大家搭面包车回去的时候，车里总会有《好运来》这首歌无限循环播放，用来激励"民心"。后期支援小分队来了之后，也延续着每天必播队歌的传统。在调查的岁月里，回忆起来最暖心的就是"你的陪伴"。

在 T 村，有位访户我们访问三次，前两次都是我陪访员 S 去的，最后一次是在晚上，H 同学陪我去访问的。这位访户是一位年龄较大的叔叔，住在市里，家里条件很不错，在市里买了两套房子。其实第一次去的时候他就表示拒绝，是他儿子让我们进去的，家庭成员问卷是由较为热情的儿子完成的，抽样的时候又抽到了那位叔叔。说了好久，叔叔才勉强同意接受我们访问，还没有访到几题，大概半小时左右，叔叔就嚷嚷着要买菜做饭，就连凶带推地把我们赶到了门口，后来我们怎么打电话他都不接。然后我和访员 S 想再试一下，就一大早去楼下"堵"那位叔叔，约了两次才见到。他爱打乒乓球，也趁假期教几个小朋友打乒乓球，第二次见他的时候是在训练的地方，他答一会儿题，就去跟小朋友说两句，过了会儿再唠两句，进展很慢，然后他又说有事，访问又不了了之了。两次过后，访员 S 回家了，我觉得这份问卷进行一半放弃真的很可惜，通过之前的访问知道那位叔叔晚上 8 点多下课，晚上近 9 点的时候，我们买了个瓜，H 同学又陪我去找那位叔叔，最终完成了访问。对于较难攻克的访户，对于访员来说，督导或者小伙伴的陪伴、鼓励是克服困难的动力。

之后近一周的调查，我们都是晚上去"扫"Y 村，一行五六个人左右，一人一户，先访完的小伙伴就在村口的小台阶上等，陆陆续续坐一排，大家都访完后一起回住处。Y 村晚上没灯，黑漆漆的，拆迁拆得路也不好走，弯弯绕绕，我们都开玩笑说 Y 村是"鬼城"，阴森森的。有一回晚上我访问的那户受访者文化程度不高，需要多一些解释，到后期我有些着急，想尽快进行，就没有及时看手机，10 点多访问完的时候才回了小伙伴消息，到村口时有位同学说："以后还是要及时看手机，我们很担心你。"现在想起心里都是暖的。找地址的时候，在 X 村、T 村，我们都是晚上进行"扫楼"，找能访的住户，团队里都是几人结伴进行，相互关照，温暖的团队氛围给我们每个人以鼓励、支持。

其实调查过程中难免会遇到一些困难，我想 CSS 最令人感动的就是不论是劳累、委屈，还是欢乐、喜悦……都有人陪在身边。最后我们临行 K 歌的时候，一行人唱了几遍"土土的"《好运来》。记忆中的那首歌，是对当时调查的激励，也是对调查时结下的那份真挚感情的回味与怀念。

小贴士 3

团队建设很必要，氛围好的团队会推动调查更为顺利进行。每个团队都有自己独特的风格，好的团队会让每个成员融入进去，汲取力量。团队中的访员，其实不必多，有 3 个访问能力较强的访员，再加一两个需要带的访员就很不错了。其次，对于团队而言，一位有正能量、有能力让团队具有凝聚力的地方督导是很重要的，可以推动调查顺利进行；反之，就有可能事倍功半，也会有些团队的小摩擦。我与之前地方督导产生分歧的点是他比较喜欢跟访员抱怨、吐槽，但我觉得督导跟访员抱怨会更影响访员情绪。后面支援的督导来后，我们商量完所遇到的困难以及解决对策，做好前期的联系工作，再让小访员入户进行访问，整体感觉访员都很信他，觉得他靠谱。其实当时我们访问不顺的时候，有几天都是晚上很晚去"扫楼"，但都没有觉得辛苦，大家就一直很有信心。

4. 督导那些事儿

在此次调查中，作为巡视督导，自己做的有许多不足，对所做的工作有以下几点反思。

（1）联系顺畅与工作细致。在地方的时候，和我接触的第一个督导比较喜欢分工合作，他负责组织执行，我负责问卷方面疑问的解决。访员在访问过程中会遇到各种各样的问题，前期会有关于平板操作的一些问题，访问过程中最为主要的是紧急情况的处理，后期包括系统更新、数据上传等要对访员进行一些提醒与督促。保持联系畅通，在访员遇到问题时能够及时采取对策解决，是我要做的最基本的工作。

在实地联系顺畅是最为主要的，还有需要做到的就是头脑清晰，工作细致。首先，要明白什么情况应该采取什么对策，注意对细小问题的解决；其次，对于后期工作，不论是访员还是地方督导，也一定要细致，不能马虎，要质控到位。很抱歉的一点是，我一直关注访员，没太关注地方督导，在数据打包发送方面出了问题。我当时会定期询问地方督导有没有做这件事情，得到的回答都是没有问题，打包了所有数据，就没有细看及追问。到最后整理资料才发现地方督导所打包的大多是录音数据，这件事确实是我没有负责到位，也给后台负责数据的老师带来一些困扰。

（2）协调能力与组织能力。协调能力更多地指打交道的能力，每个人打交道的方式都不同，只要最后能打通局面就好。当时调查是在 X 社区与 T 社区同时开展，地方督导负责 X 社区，我负责 T 社区。我属于不会说话的类型，第一次去社区的时候带了纸巾、水果，然后去帮居委会填填表格，后来就一个人孜孜不倦地去了几次，麻烦居委会打打电话什么的。当时在评文明城市，他们事情也比较多，有一回去好像开党会，我还凑了凑人数。

几次下来居委会阿姨就觉得这个孩子不错，得到信任后很多事情都顺畅许多。居委会的 L 阿姨用电动车载了我两次，把每户住在哪个位置都指到，我都记下来约好时间，然后带小访员过去。现在想起都很感激 L 阿姨，对我们调查的顺利开展提供了很大的帮助。

组织能力更多地指对于整个团队的组织能力。其实当地方督导对于团队的凝聚做得不到位时，巡视督导就需要紧密跟上，给予相应的协助、配合与支持。在这个方面我做得不好，对于第一批访员，我们团队整个氛围都比较压抑。而我由于经验不足，尚不知道怎样才能把大家的情绪、积极性调动起来。当时我努力做的是尽可能多的陪访，陪他们找地址、陪他们访问，安慰他们，给他们提供言语的鼓励，但对整个团队氛围的改变没有起到实质性的作用。但换了后一个地方督导后，他的组织能力比较到位，激发了团队的活力和信心，尽管有两天左右我们是几乎没有样本做的，但访员的情绪一直很好。我觉得第二个督导真的是把小访员凝聚得很不错，大家就算遇到困难，也是抱着积极的心态，团队的氛围特别好。

二　关于 CSS 项目的评估

对 2017 年年末的 CSS 总结大会，我特别震撼。CSS 取得的成就，老师、同学们为之付出的努力，让我特别感动，CSS 做得好的地方太多。一批优秀的老师、同学不断地付出，让这个项目数据真实有效，且饱含人文关怀，跟别的巡视督导同学相比，自己确实做得有太多的不足，但也深深为自己身为 CSS 的一员感到温暖且自豪。

以下所提到的内容，是我根据自己的调研经历所产生的一些所思所想，具有所在地域的特殊性，所以主观性较强，仅供参考。

1. 关于地图的一些思考

CSS 所采用的是地图地址抽样，我在经历后期某社区不得已采用名册抽样后，特别认同地图地址抽样，也更为清楚为什么 CSS 项目会选取地图地址抽样。因为采用名册抽样带来的一个问题就是对居委会的依赖程度太高，住户住哪儿、怎样联系其实都要依赖居委会，居委会配合还好，不配合的话就非常被动；第二个问题就如李老师在培训中所说的，名册抽样会将当地的租户都排除出去，而这些人也是我们所需要访问的一部分对象。

此次调查我体会到了有效的地图地址对于我们访问的重要性。细想来，CSS 抽样督导人手少且任务重，下实地很不现实；对于审核，如果绘图时没有对变化大的村居足够重视，我们的核图督导就不太容易核查出隐藏的问题。

因此，把好核图关很大一部分首先要依靠地方督导的认真、负责，做好相的质控，保质保量地完成核图工作；其次，核图督导也需尽量做好质控。在信息发展较快的时代，期待 2019 年的核图能够实现电子化。

2. 访员及地方督导

访员和地方督导一般都是地方选派的，每个地方的情况都不一样。听其他巡视督导提及，有些地方的小伙伴非常厉害。事实上，一个团队有一个厉害的地方督导加上 3 个左右访问能力较强的访员就基本能完成实地调查了。访员和督导不在多，访员的访问能力、抗压能力，地方督导的组织能力、处理事情的应变能力其实都会对调查的进行有一定的影响。如果地方能够在一定标准下严格筛选人员，调查进程就会更为顺畅些。

3. 平板访问

很幸运赶上了 CSS 第一年启用平板访问，访问系统对于后期的数据整理有很大的帮助，而且也提高了户内抽样的精确性，对数据的质量控制与管理也有很大的作用，较纸质问卷来说，质控反馈也及时许多。并且，对于实地访问来说，平板访问很方便，所用的平板蓄电能力也很强，我所在的地方平板整体使用情况较好，出现问题如系统卡掉的是极个别现象。

数据访问需要访员每天上传数据、督导打包数据发送。项目组后台质控人员（2017 年是北大社会调查中心的老师执行）的反馈也较为及时，在访员还没有离开调查点时就接到了一些反馈，每个社区我都会多做 1~2 份问卷。但此次调查的 CAPI 系统仍有一些需要改进的地方，相信有了此次经验，2019 年的 CAPI 系统能有更好的表现。

三　小结

整个调查下来，我也反思了许多。我比较中规中矩，在实地调查中，应变能力、组织能力的不足都表现了出来，在第一批访员撤离的时候，曾想过放弃，李炜老师的鼓励给了我很大动力。后来我迎来了支援小分队的伙伴，大家相互扶持，度过了一段难忘的时光。现在想起幸好自己坚持到了最后，否则自己会深感遗憾的。

图 3　福建调研团队合影

这次调查和之前参与的调查不同，比如 2016 年我跟导师出去的时候，导师已经把好多准备工作都做得差不多了，自己去访谈就行。参与 CSS，第一次体会到了督导的感觉，自己承担的更多的是组织者、支持者的角色，也强迫自己思考事情要更为全面。这次调查使我发现了自己的许多弱点，在今后的学习与生活中，我会努力完善自己。我第一次访问进行得较为艰难，自信心有点受挫，再加上后期有些毕业事项要处理，便没有再出去，有些羞愧和遗憾。总结会的时候，我发现有好多同学都特别辛苦，但都坚持下来了，我特别佩服，自己也要更加努力才是。

最后特别感谢 CSS 给我这次参与的机会，以及在此过程中老师、同学们的信任、帮助与支持。更难得的是，通过这次调查，我认识了许多优秀、可爱的 CSSers，结下了深厚的"革命友谊"，在他们身上，我也学到了许多可贵的品质。这次经历之后，我得到许多收获和感悟，未来的路还很长，我还需继续努力。且行且思且感悟，这次调研是，今后也是，慢慢来，人生路上，多听多看多思，我想自己会有些许乐趣和收获的。

与 CSS 的三次相遇

周红艳

一　首遇 CSS

　　我与 CSS 首次相遇是在 2013 年 7 月——我大二下半学期结束后的暑假期间，作为 CSS 辽宁的访员，我参加了为期 4 天的问卷培训，之后参加了沈阳、铁岭的问卷调查。岁月如梭，当时调查培训的场景还历历在目，也是从那时开始，注定了我接下来与 CSS 的第二次、第三次相遇。

　　第一次了解到 CSS，是在 2012 年第一学年的社会调查方法课堂上，陶老师讲到抽样方法时，以 CSS 为例，给我们讲解了多阶段复杂抽样方法、地图地址抽样等。那时候我对 CSS 调查了解甚少，只觉得自己暑假也想真正参与一次全国性专业社科大调查。快放暑假时，我得知 CSS 招募访员，就踊跃报名参加了。炎炎夏日，我们在闷热的社工实验室培训，新装修的实验室还弥漫着新家具的味道，实验室内是来自社科院两位督导，其中一位是全静学姐，她后来成了我考研报考社科院的引路人；另一位是张丽萍老师，她作为东北大区的负责人，给我们的培训做了详细介绍。那时候就觉得丽萍老师非常亲切，不仅有东北人直爽的一面，更能感受到她直爽下温文尔雅的性格。我正式入学后，作为社科院学生第一次见到丽萍老师时，倍感亲切。一切缘分都源于我参加了 2013 年的 CSS。

一切都是最好的安排，我相信这句话是对的。人生的路上有很多路口，需要你自己听从内心的召唤，自己做出选择，而每一步的选择，也将注定你以后道路的前进方向。2013 年参加 CSS 对我来说是一次重要的选择。因为参加了 CSS，我锻炼了自己的性格，学习了田野调查用语的重要性。还记得当时在辽宁"大城市"铁岭调查时，我与我的小伙伴一起去敲门，听到屋内是以为老奶奶，我说："老奶奶，我们是中国社会状况综合调查的访员，我们……"话音刚落，老奶奶连门都没开就回去了。后来，我的小伙伴用当地口音跟老奶奶解释，称呼变为"老奶"后，老奶奶真的开门了，并接受了我们的访问。称呼的一字之差，"老奶"就能让你的获得信任满分。总结到这一点真是感到特别的激动，感觉自己就像掌握了调查秘诀一样。还记得访问结束后，我自己在手机备忘录里面写道："访问用语尽量学当地称呼，不然会让当地居民不信任。"

二 再遇 CSS

2013 年的 CSS 让我对 CSS 以及中国社会科学院研究生院社会学系有了一定的了解，同时也结识了热心善良的全静师姐。她在我大三考研备考阶段给了我不少鼓舞与指导，真诚的鼓励对我影响很大，让我坚定了考上中国社会科学院研究生院社会学类的信心。在 10 月末考研网上报名时，我才看到中国社会科学院研究生院的招生专业方向，当我看到有"社会调查方法"这个方向时，我十分确定地选了这个方向。当时还不知道选了方向就意味着选了导师，后来才知道我以笔试第一名成绩考上了 CSS 总执行人李炜导师的硕士研究生。现在回忆起自己得知考上研究生的心情还能激起心底喜悦的浪花。

　　2015 年 3 月某天，我从沈阳来北京参加研究生入学复试。复试前在社会学所广言厅准备时，第一次见到了我的导师——李炜老师。当时李老师身穿一身西服，头发有些花白，面带笑容，推开门就声音洪亮地说："谁是周红艳？我是李炜。"我赶忙上前向李老师问好。没想到我与 CSS 第二次相遇会如此之快，研究生入学后的国庆节假期后，我又一次参加了问卷培训，随后便加入北京东城 N 社区的访问中。这一次还是作为访员，我感受到了首都人民文明的拒绝访问艺术。访问期间，李炜老师亲自上阵，陪伴我们入户访问，记得那次遇到的是一户很不情愿接受我们访问的户主。李老师极力解释与劝说还是没有成功说服其接受访问。我还留存了当时李老师敲门解说时的照片。

　　与 CSS 第二次相遇，让我对 CSS 流程有了更清楚的了解，更深切地感受到了是李老师及其 CSS 项目组所有为之奋斗的老师、同学们辛勤的付出才换来宝贵的第一手调查数据。

图 1　李老师陪同入户访问

三　三遇 CSS

　　2017 年中国社会状况综合调查（CSS2017）于 5 月 13 日启动督导培训，至 6 月底督导培训结束后，开展 CSS 全国首个调查点——北京市怀柔区的调查。2017 年是 CSS 首次采用电脑辅助访问系统（CAPI 系统）做调查，升级了问卷访问工具（平板）预示着可能会遇到与以往纸版问卷调查不同的问题。尽管在督导培训过程中对系统进行多次改进、升级，对问卷系统逻辑多次演练检验，怀柔的正式调查还是让我们对系统再次提出高标准的改进要求。怀柔调查结束后，项目组会集各位督导在调查过程中遇到的问题及建议，对系统再次改进升级，继而陆续开始全国各地的调查。

我于7月6日至9月2日相继参与了天津、浙江、广东的调查培训及调查巡视工作。近两个月的外出调研实践，锻炼了我独立的处事能力及人际交往能力，让我体会到了社科数据收集的不易，领略了不同地区的风土人情，更真切的观察、体验社会的人生百态……

天津是我CSS的第一站。7月6日，北京瓢泼大雨，我背上两个双肩包，左手一把雨伞，右手提10台平板便踏上了CSS2017的征程。我傍晚到达天津理工大学附近安顿下来，为第二天的培训做准备。经过两天紧张又不落重点的问卷培训后，第三天一早便出发去调查点开展实地问卷调查。天津J县是我们的调查点，J县辖区内的盘山在天津地区比较有名，也是天津周边地区的人旅游之处，因此，J县靠盘山景区的农村有很多农家乐，村民以经营农家乐为生。而我们的调查点的村不在景区附近，相对来说经济主要靠农业支撑，农村村落比较保守、闭塞，调查员一进村便会有村民上前询问是来做什么的。这种比较原始、保守、闭塞的熟人社会的村落民风还是很淳朴的，没有被外界干扰，仍保留着传统的乡土中国特征。因此，在J县民风淳朴的村落里，访员没有受到任何心理上的"创伤"，拒访率几乎为零，调查按照预期步步推进。J县的调查困难主要在于平板系统的问题，第一天两台平板出现系统卡住无法运行的现象，访员对问卷系统及问卷访问流程不熟悉，也是造成系统使用出问题的一大原因。因此，每天晚上都要召集访员开会交流，探讨问卷访问过程中遇到的问题及解决方案。J县在众多访员及带队老师的齐心协力下，顺利完成调查目标。我有了在天津J县问卷培训及督导巡视的经验和教训后，进入浙江、广东的调查则相对顺手很多。

2017年7月16日，CSS浙江调查培训督导一行4人（周红艳、白璐、杨标志、原钰尧）在"李总督"（李炜老师）的带领下来到浙江工业大学屏峰校区。当晚，我们领略了有"浙江公园大学"美称的浙工大山水校园美景，并提前熟悉了培训教室所在位置。

图2 "浙江公园大学"

7月17日，CSS浙江培训正式开始。早上9点，李总督、培训督导以及同学们准时到达培训教室博易3C，刚参加完CSS核图抽样培训的16位访员当天继续参加调查培训。访员们都把早餐带到教室来吃，真是太辛苦啦！

但说到辛苦，那没有谁能比得上我们CSS的老师们。调查中，李总督及项目组四位老师（张丽萍老师、范雷老师、邹宇春老师、崔岩老师）除了要定稿问卷内容这一重中之重的工作外，还要联系各地合作机构／高校，协商调查时间、具体执行方式等，并且2017年也是CSS开展的第二个十年，同时首次采用电脑辅助访问系统（CAPI）的方式，新的访问方式可能预示着在调查执行中会出现未可预知的同以往纸质问卷调查不同的问题。为了尽可能地避免问题的出现，项目组老师可以说是不舍昼夜！调查系统从研发到顺利运行，每一个Bug的检验、每一次系统的升级，都体现了项目组老师们及广大督导的辛苦付出。同时，随着各地调查的陆续开展，项目组也收集到各地对CAPI系统使用的反馈，不断升级系统，系统后台值守老师

图 3 "李总督"的课堂

们更是全天候地关注各地的问题，做到第一时间汇报问题，第一时间解决问题，保证了调查的顺利进行。

不过，最辛苦的还属李总督。每次培训他都不厌其烦地多次扮演受访者，每次都能把访员们带入真实的访问情境，真是令人佩服。调查情境模拟调动了访员们的积极主动性，进入访员角色后，同学们快速领悟到现场调查的要点。

7月18日，CSS浙江调查培训顺利结束。浙江省社科院王平老师与李总督、培训督导及浙工大16位访员合影留念。

图 4 情境模拟

图 5　浙江培训团队

7月19日，项目组4位培训督导组织16位访员分成4组试访宿管阿姨/叔叔。每队访员都超级认真，宿管工作人员也很配合，大家遇到问题及时翻阅调查手册解决问题。试访结束后，小组内开展总结讨论会，总结试访中遇到的问题以及如何在正式调查中解决并避免此类问题。

图 6　试访宿管叔叔、阿姨

7月19日下午，项目组4位培训督导前往浙江省社科院，为5位地方督导（高雪玉老师、叶菊英老师、王平老师、徐伟兵老师、陈怀锦老师）讲解调查事宜。地方督导任务重大，工作辛苦，不仅要联络村/居，更是访员们的强心剂：有督导老师在，相信任何困难都会迎刃而解！

7月20日，陈老师带领宁波队首先出发。之后高老师带杭州队、王老师带温岭队、徐老师带天台队也陆续出发开始调查。

7月21日，是杭州队调查的第一天。在高老师的带领下，杭州队采取了"农村包围城市，先攻克行政联络难题再主动出击开展调查"的路线。21日，杭州的4位访员在巡视督导带领下到L村开始核图抽样，第一天上午我们杭州队山西小组长作为一名合格的北方人真切地感受到南方村落建筑的错落无秩、朝向不一的"文化震惊"。本来要去离村委会很近的蒲阳江边核实几个已拆的建筑物，愣是天真地选择了以为是最佳路线的省道，5人就沿着省道走了一上午，终于抵达蒲阳江边后才发现其实不需要走这么远……下午，访员们吸取教训，老老实实地麻烦村里老会计带路，核实已拆的建筑物位置。老会计不辞辛苦，冒着烈日陪我们访员一起核图，我们很感动！

图7　抵达蒲阳江边

图8　会计陪同访员核图

7月22日、23日，浙江队访员一鼓作气去B社区、T社区核图抽样。

图9　核图抽样的路上

图 10　B 社区叶主任协助访员核图

图 11　T 社区书记拿出危房改造图纸，让访员们参照核图

　　抽样完成后访员们首先在 T 社区开始调查，之后是 L 村、B 社区调查。调查过程很辛苦，但是访员们不怕苦不怕累，只要有受访者愿意接受访问，谁都可以迎面而上！高老师虽然已到快退休年纪，但是看上去依然像 20 多岁的小姑娘一样开朗幽默又"活蹦乱跳"，每天 2 万步的运动量，加上爬几十层楼的高度真是给了访员们坚持下去的动力！

　　高老师用一口流利的杭州方言与萧山方言 PK："哎呀，大姐，我们是在做一个中国社会综合状况调查，我是浙江省社科院的，这几个小朋友都是 19 岁、20 岁大一、大二的学生……您看这么热的天，都是 40℃、41℃的，小朋友们为了国家在干事，也不容易啊！您帮助我们回答一些问题就是对我们最大的爱……"

CSS 萧山小分队采取农村包围城市的路线，最后攻克入户最难社区：B 社区，图 12 为访员拿到社区资料，核对住户地址。

图 12　访员核对住户地址

图 13　转车路上

8 月 3 日，督导在萧山调查结束后转车到天台县。天台县带队督导徐伟兵老师深夜总结当日样本情况，真是认真到令人感动，访员们亲切地称他为"老徐"，可见"老徐"跟访员们已经建立了不是师徒胜似师徒的关系。

图 14　徐老师深夜总结样本情况

8月5日晚8点多，浙江天台县的访员还在受访者家中的楼顶雨棚下访问，头顶暴雨击打石灰瓦噼里啪啦的嘈杂声没有影响访问的正常进行。访员为了让受访者在黑暗中看清示卡，还要拿起手机为受访者照明，受访者阿姨最后的一声"你们也辛苦啦"，瞬间把我们一切的疲惫都驱散了。

图 15　雨中访问

可爱的访员们和可爱的受访者们，CSS 有你们在，一定会乘风破浪，顺利圆满！感谢每一位为 CSS 付出的可爱的人儿。

四 感受与建议

在此，我想以我的亲身调查及督导经验，为 CSS 首次采用 CAPI 系统访问出现的问题提几点建议。

1. 关于核图培训及问卷培训

（1）核图员、调查员分配及时间衔接。CSS 开始前首先要对地方访员进行核图培训，然后核图员去实地核图、参加问卷培训及试调查。有的地方把核图培训及问卷培训都完成后再让核图员下去核图继而开始问卷调查；有的地方是核图、问卷培训进行好多天后才开始实地调查。各种执行安排都是依据地方合作单位及项目组时间、人员安排而定。作为巡视督导我的体会是核图培训—核图员核图—问卷培训—实地调查的执行顺序，加上核图员与调查员相同或至少每个调查团队都有当地的核图员这种模式最高效，出错率更低。

核图培训—核图员核图—问卷培训—实地调查的执行顺序的优点：一是趁热打铁，核图培训、问卷培训后当即进行实地实践，避免时间太久忘记核查及问卷要点内容；二是核图后开始问卷培训的期间，可以等待抽样地址的发放，避免督导及访员窝工；三是核图员与访员是同一批人会大大降低找地址的困难，使得问卷访问高效进行，同时，核图员在第一次进入调查点核图时，就可以跟居民建立比较熟悉的关系，为第二次问卷调查打下"半熟人"的关系基础。这种模式在广东湛江的实地调查中得以体现。

（2）问卷培训流程。CSS 问卷内容要点很多且有些题涉及的内容对学生访员而言比较陌生，因此在培训前让访员做好预习工作极其重要。建议至少在问卷培训的前一天发放纸版调查问卷给访员，让其在培训前以家中任意一位长辈的身份自行填答问卷，标记问卷中不理解及有问题之处，等培训时，遇到重点讲解的地方，询问访员自己填答的情况，讲解应该如何正确理解及填写问卷。这样，访员经过自填问卷、标记有问题之处、培训解答、修正问卷答案，可以有切身的体会，更容易领会和理解问卷要点内容。

2. 地方访员分配方式及居住的分 / 离

地方调查执行时访员有不同的分配方式，大多是该省份负责的几个区市县（PSU）同时开始调查，全体访员被分成几个小队，分别去不同的 PSU。而 PSU 下面的 4 个村居（SSU）则有不同的访员分配方式，有的是该 PSU 小队的所有访员对其负责的 4 个 SSU "各个击破"；有的是把负责某个 PSU 的访员再次分成 4 个小队，分别负责 4 个 SSU；还有的是混合分配方式，先大队一起攻克一个较难的 SSU，然后分队分别攻克剩余的 SSU。其实，不管如何分配，都是基于时间、效率经费的考量，如何分配需要具体问题具体分析，没有对错之分。但据我的经验，在访员人数不多（一个 PSU，不超过 10 位访员）时，最好不要刚开始就分成 4 队分别负责 4 个 SSU。因为访员人数较少，在村居离得较远的情况下，2~3 名访员单独负责一个 SSU 而没有集体的支持，会有很大的心理压力。访员如果得不到心灵支持，就会失去调查的自信与勇气，以至于效率极低。

湛江 P 区的调查就是个很好的例子：P 区有 8 位访员，每 2 位负责一个村居的核图及问卷调查，共 4 个村居。其中，6 位访员负责的三个村居相对来说比较近，所以调查期间住在同一家宾馆，并且这 6 位访员协同合作，决定 6 人先一起去攻克一个较大、较难的社区，之后再 3 人一组负责另外两个村居。而另外 2 名访员是学姐，跟刚刚提到的 6 位访员不是很熟悉而没有住在一起，这两位学姐为了安全考虑，总是一起去找地址访问，形影不离，进度自然慢一些。更重要的是，2 个人的团队没有集体的支撑，没有向其他村居的访员吐槽倾诉的机会，使得他们遇到不配合的受访者后很受挫。而住在一起的 6 位访员每天都在微信群里同其他访员分享自己的所见所闻所感，晚上回来后还一起吃饭，也互相 "比惨"，真是越吐槽越健康，大家听到别人的 "惨" 比自己 "惨" 后似乎得到了心理安慰，也会互相安慰、鼓励对方，所以每天都是打满鸡血的一天！

总的来说，CSS 是一项任重而道远的事业。我与它的相遇，或许只是它的历史长河中的一片小水花。但即便是这样的水花，也一样能折射出太阳的五彩色泽，也一样让我尝到了世间的酸甜苦辣，成为我人生路上的宝贵财富，伴我勇往直前！

盛夏光年

刘晨晨

走到现在，再回头看看，那个时候的委屈和难过在成长路上已不再被放大，经历过的虽不会再时刻记起，但所有都已甘愿。

一 江苏调查

2017 年 7 月 12 日清晨 5 点，我和另外三个小伙伴一起踏上了我们 CSS 的第一个省份之旅——江苏。因为前期培训已结束，我们只负责巡视部分，所以我们只是同趟列车上的异路人。5 个小时的路程，我们内心更多的是忐忑，由于没有经验，不知道将会面临怎样的境遇，一切未知都让我们忐忑。我们不停地翻看手里的材料，相互帮助梳理不理解的知识点，沉浸其中时有些忘记了控制音量，前座的叔叔们总是站起来想知道我们到底在看些什么。记得坐在我前座的叔叔有次扭过头来对我们说："你们好认真啊，一路上都在不停地学习。"我们有些心虚地相视一笑。紧张忐忑中列车到达了终点，互相拥抱告别的时候都格外用力，想把自己身上的勇气都传递到对方身上，然后真诚地说声："加油！"

我在江苏巡视的点是昆山，昆山虽然是一座小县城，但是因为它的地区生产总值非常高，所以在没有达到之前，我对这里有一种发展完善的大城市的幻想。从高铁站去往酒店与地方团队会合的时候，坐在公交车上看着旁边的街景，我把对昆山的种种幻想在心里画了个大大的叉。顶着39℃的高温，拖着沉重的行李终于到达了酒店，和地方老师、访员见过面后，我和一位访员拼房住在一起，大家都很友好。那一刻我觉得之后的江苏调研之路会很顺利，毕竟访员和老师都很友好，轻易地就接受了我这个"不速之客"的加入。

我们在昆山的调研持续了8天，这8天里，几乎每一天我都觉得自己最初的想法很幼稚。我们最开始做的是城市社区，早上大家收拾好，斗志昂扬地希望能一天完成一个社区。我跟着一位女访员，因为我们两个人的方向感都不太好，在辖区里转着有些迷路，幸好碰到了一位老大爷，大爷看到我们学生出来做暑假实践，觉得很不容易，自己闲着也是闲着，正好对这一带也很熟悉，就带着我俩去抽到的住户家敲门，把我们送到之后，自己默默地离开了。我觉得有些不好意思，毕竟天气太热，老大爷陪着我们出了不少汗，而自己那会儿急着陪访，也没能给大爷买瓶水，只能不停地道谢，带着愧疚的心情开始陪访工作。陪访的这一户情况有些特殊，叔叔和阿姨带着孙子在这里居住，因为子女工作忙无暇顾及，所以在这里租住了房子。在问到阿姨的工作单位时，阿姨态度非常坚决，说不能告诉我们，如果我们一定要问的话，不好意思，只能请我们出去。访员有些不知所措地看着我，可是我也是第一次做这种大型的调查，尽管培训的时候做了不少演练，但碰到实际情况的时候还是有些慌。但是访员已经慌了，我只能佯装镇定，给访员以支持，辅助访员提问，并打消阿姨的顾虑。我和访员都费劲心力地向阿姨解释并保证不会泄露任何信息，但阿姨仍然不愿松口，只是跟我们说她和叔叔的工作都是不能透露的。一旁照顾孙子的叔叔有些不耐烦了，跟我们说了是在×××工作的，只是这一点信息，却遭到了阿姨的责骂。我突然想到带我们过来的老大爷说他退休之前是研究××的，再联想阿姨的工作地点，以及阿姨坚决不愿说出工作单位的原因，似乎明白了什么，于是让访员选择了"拒绝回答"的选项。小心谨慎地访问完整份问卷后已经是下午1点了。出来之后我和访员猜测说，这一家的阿姨和叔叔可能在退休前从事的也是像老大爷一样的工作，所以才不愿意透露吧，但我心里却在为他们默默点赞。

第一天的调研让大家一早的斗志消磨大半了，不少人吃了闭门羹，晚上总结开会的时候，大家有很多不解和失落，因为还要统计各自的完成样本量以及上传和备份数据，大家都困倦不已，仍然要打起精神来完成当天的收尾工作。余下的7天调研中，城市社区仍然面临着很多困难，地方督导作为大家坚强的后盾，给大家买水买、冰棍，看到哪位同学今天工作不顺利，还会用很幽默的方式给访员鼓劲。两个城市社区完成后，接下来的两个农村社区都是按照一天一个村居的速度完结。在访问最后一个农村社区时，我还记得那个村落的书记特别尽心尽力地带着我们跑户，我们听不懂的方言，他帮我们翻译，中午附近没有地方吃饭，他就叫开小卖部的居民过来时带了三桶泡面，给我和访员一人一桶，不收我们的钱，我们要扔垃圾，他也不让。结束的时候，访员都说这里的工作人员特别认真负责。

倒数第二个社区也让我印象非常深刻，我们找到居委会，请其协助。居委会的网格管理员特别热心，带我们这一组的网格管理员介绍自己是"江苏好人"，是江苏红十字会的成员，一户一户地带着我们跑。别看他已经60多岁了，但是爬起楼梯来，我们几个年轻人都赶不上他，他说自己经常跟着红十字会去青海给当地的小朋友捐书、捐衣服，所以体能很好，之后还带着我们去他家里看他的奖状。遇到不配合的住户，他总会耐心帮我们解释，大多数住户看在他的面子上最终接受了访问。

二 山西调查

后期山西开始培训调查了，我无法在江苏停留更长时间，无锡的调查我没有继续跟下去，与一同前往江苏的两位小伙伴又踏上了山西的CSS之旅。经过9个小时的高铁，我们于晚上9点抵达山西，一下高铁，扑面而来的是与江苏截然不同的凉爽。在酒店安顿收拾好之后，第二天一早我便开始了培训工作，崔岩老师一大早从武汉赶到山西，更是给我们的培训增添了一针特效强心剂。培训结束后各组分散至各地进行调研，我与地方梁老师共同完成吕梁的调研工作。吕梁一共有8个社（村）区需要调研，共计17天。吕梁和昆山给我的感觉是截然不同的。吕梁的城市社区，抽到的很多都是机关单位的小区，这些地方的人防备心都很重，而且不愿意花时间做调研，更不在意我们的小礼品。我在陪两个访员去公路局的小区时，守门大爷很凶地把我们赶出去了，给他看任何文件都无济于事。梁老师寻求街道工作人员的帮助，街道工作人员与看门大爷沟通后，他仍然不放行，说除非我们有领导的批示，才能进去访问，否则绝无可能。当时我和访员都有些绝望，因为这里抽到的住户挺多的，如果放弃这里，就必须保证其他地方的每一户都成功。别无他法，我们只能一遍一遍地敲开这些紧闭的门，一次又一次地被拒绝，然后一次又一次地说好话，在第三天，这个社区终于攻克了下来，成功完成了17户有效样本。

吕梁的农村社区与昆山有很大的区别，因为山西农村有很多窑洞，所以一扇大门里住了很多户，在这么多户里，有很多是男性外出打工，留下妇女在家看孩子。所以在吕梁的农村入户中，我们的访问对象基本为女性。而且吕梁的农村住户有些是半开放式，也就是说墙并不是用水泥砌的很高，而是用竹子编织成的栅栏围着的，你无法轻易进入，但又能直观地看到庭院里的样子。在陪访过程中，我和访员遇到了这样的情况，透过栅栏呼唤一户女主人，而女主人只是站在里屋门口望了一眼便进去了，之后任凭我们怎么叫唤，她再也没有出来，反而听见女主人喝住自己的孩子不要说话。在陪访中，还遇到了一位很健谈的阿姨，她人很好，甚至愿意晚上让我们在此居住，但是不论是我们还是邻居劝说，她都不愿意帮我们完成这份问卷，她觉得自己没有什么学识，答不了这份问卷。我们软磨硬泡了半个小时也无济于事，最终只得放弃。

三 总结

1.责任

完成山西调查后，我的 CSS 之旅就到此结束了。我觉得这一个月的调研对我自身的成长有很大帮助。我以前不敢一个人去一个陌生的城市，甚至在临行前还担心跟地方团队走丢怎么办，但是通过这次调研，我觉得一个人在一个陌生的城市是不需要太过担心的，只要注意自己的安全即可。

在江苏第一次作为巡视督导的我，觉得自己是不太合格的。因为在整个过程中，我也有很多不确定的时候，有的时候也很慌，一旦我跟着陪访，能明显感觉到被我陪访的访员整个人处于神经紧绷的状态，而且处理在与访员的关系方面，巡视过的两个省我都没有做得很好，并不是说一定要跟访员成为特别好的朋友，而是我没有很好地让每个访员都放下对我的戒备。在昆山，有一天晚上 9 点多我们仍然在跑样本，我发现跟我一起合住的一位访员一个人在男性家中访问，我有点担心，同时也需要完成问卷复核，随后到了她所在的受访者家中，访员向受访者介绍我的时候，说："这是我们督导，北京来的，她是过来监督我们看有没有作弊的。"调查开始的一两天出现这样的情况我觉得虽然有些不适应，但能够理解，可到了调查的中后期，我依然能够听见访员这样介绍我。我就会开始反思自己，到底是什么地方让他们对我有这种强烈的距离感。其实我自己也是知道昆山的访员和地方督导自建了一个没有我的群聊，所以很多样本完成情况我总是比他们知道得晚。虽然访员在我面前小心翼翼，但是我能够感觉得到，而且最后我也印证了我的猜想。

到山西之后，我做了很多改变，包括在和访员开每天总结会时的内容、陪访每位访员的时间、跟地方老师的沟通方式等，但是仍然消除不了访员对我的防备心。就像在山西我们搭出租车往第二个调查点赶的时候，坐在副驾驶的访员没有注意到我坐在后排，就在跟他身后的访员说："今天督导跟着你们，你们要认真做问卷，我们可以自由一点。"当场我并没有立即反驳，而是在他说了两遍之后我才调侃地回了一句："难道我不在你们就不认真做问卷了吗？"吓得那位坐在副驾的访员连连道歉。其实我内心很担心访员真的会出现违规操作的情况，于是斟酌语气和措辞给地方督导老师发微信，希望地方督导老师能够强调认真完成问卷的重要性。地方老师很配合，也非常相信这群访员。事实证明，这种信任是有根据的，整个吕梁的访问做完之后，我每天都能感觉到访员的认真与负责，我担忧的情况并没有出现。

2. 成长

除了感谢访员和地方老师对我工作的支持与配合，在整个调研中，最重要的莫过于奔波于祖国各省 CSSer 的支持了。在江苏的时候，遇到了一些不顺意的事情，我在思考、犹豫是不是需要向大区老师汇报，我感觉自己很委屈的时候，都会去找同在江苏奋战的小伙伴们聊一聊。我们并不是每天都有很充足的能量去面对这些事情，群聊的时候我们更多的是互相吐苦水，向对方倾诉自己这几天的遭遇，就是对彼此最大的支持与安慰。记得我在吕梁有一个难得休息的下午，我和大家聊天，我们在群里开启了定位，看到我们为了这项调查事业，奔忙在祖国的大地上，有点想哭的冲动。虽然我们并不在一起，但是我们的心始终紧紧在一起。

小伙伴在四川调研的时候，我们通过网络得知四川地震的消息，大家在群里呼叫那位小伙伴，并没有回音。我们一个电话接着一个电话地打过去，担心他出了什么事情，在打了十几个电话之后，他终于接了，有些无辜地说正在陪访，没有听见。虽然那会儿大家都在骂他，但是其实大家从心底里都是互相关心、紧紧相依的，觉得心里特别暖。

我是南方人，所以在江苏调研的时候，地域上对我的冲击相对来说是比较小的，但是在山西却是受到了很大的震撼。以前只是通过电视了解到山西是一个煤矿大省，因为煤矿，山西的空气污染很严重。但是没有亲临现场，感触永远是有限的。真正踏上山西这片土地之后，因为CSS 的一个调研点在矿区，有幸亲眼见证了矿区人们的生活环境。如果要用一个字来概括，我想没有哪个字比"黑"字更直观了。道路是黑的，路上的积水是黑的，水沟是黑的，道路两旁住户的门窗上都是一层厚厚的煤灰，玉米地里的玉米也是黑的，向日葵是黑的，流浪狗的身上也是

图 1 "黑色"的山西

黑色的。在这条路上走上一遍，鞋子、衣服和脸上都黑了。那一刻深刻感受到了矿区居民生活环境的恶劣以及煤矿给整个生活环境带来污染程度的严重性。

CSS 是幸运的，它的背后是一群默默耕耘于调研事业十年仍不知疲倦的学者们，因为热爱，所以坚持，所以才有了 CSS 现在的成就。参与 CSS 的我们更是幸运的，能够有机会参与这样大规模的、规范性的大型全国综合调查，对于我们自身，无论是在学识抑或是经历都是一种可贵的锻炼机会。无论今后各自的发展如何，CSS 的经历终会在我们的人生长河中闪耀。

3. 建议

CSS 的问卷涵盖 9 大板块，是一项非常全面的调查，通过问卷数据的分析，也结合前几年的调研数据，首先可以发现这几年人民群众对于社会问题看法的变化以及生活水平的变化等。其次，CSS 的问卷复核系统是比较完善的，不仅有巡视督导的陪访，还有问卷填答的数据分析情况以及电话复核等，这些步骤都在很大程度上保障了问卷的质量，提升了问卷数据的可信度。而且 CSS 有一套非常完善的培训体系，从绘图、抽样原理、了解问卷设计到模拟演练等，都可以保障每一位巡视督导在下到各省巡视前有充分的理论知识准备，这可以帮助巡视督导提前熟悉和预演在实地中会出现的状况，以防出现手足无措的状况，有助于沉着应对。

在整个调研过程中，除了拒访是一大阻碍以外，问卷时长也是一大阻碍。经常在问到一个小时的时候，受访者的耐心已经全部耗尽了，剩下的一个小时里，受访者一边敷衍地回答问题一边询问什么时候结束问卷。有的受访者到访问后期甚至直接从访员手里抢过平板自填，而且在问卷问题的设计上，认真的受访者会找到一些有矛盾的问题设计。比如"在一个公正的社会，即使是不合理的法律，人们也应当遵守"，在我的陪访过程中，有好几个受访者对这道题提出了质疑。另外，在实际操作上，培训的时候坚持拒访三次以上才能终止样本，但其实在实地调研过程中，有很多受访者的态度是非常坚决的，如果碰到这种特别坚决的状况，建议可以直接终止样本，否则不仅成功概率非常小，而且对于访员的精神状态也是一种打击。

4. 小结

综上所述，CSS 是一项伟大的事业。虽然调查事业在我国的接受度在下降，但是并不代表它的意义在变弱，从这些调查数据中能够反映出来的问题是质性研究方法所达不到的客观与直接，对于我国的民生和人民的价值观等方面都有多维度的呈现视角，对于国家政策制度提供了翔实的数据支撑，使国家政策的制定更贴近百姓的需求。

在 CSS 的调查中，我们可能很多人都会因为委屈而哭泣，因为攻克难关而由衷开心，想在难过的时候打电话给大区老师控诉一番，但最终也只是在小群体里发泄一下，第二天继续鼓足劲去调查。在这段旅程中，每个人收获的不仅是自己对调研方法的掌握，更多的是一场内心的修炼，让你从软弱、依赖变成可以独当一面的小超人，在到各省以前，面对老师说的一些情况，我们可能内心都会有胆怯，并且觉得自己不可能克服这样的情况，但是真的到现场以后，你更在意的不会是自己的感受，而是整个团队，那个时候你会觉得自己身上有一种责任，你必须坚强、乐观，才能给访员力量，而不是一直抱怨，你需要给访员正向的激励，才能带领团队齐心完成所有问卷。它同时也锻炼了你的处事能力，让你从一个马马虎虎的人变成凡事都要反复确认三遍，让你在跟不同的人打交道的时候知道该说什么样的话，更加斟酌自己的话语，意思表达到位但又很和气，让你有了更多自我反省的机会，学会收敛自己的个性，保持与大家一致的步调。同时，比自我提升更珍贵的，你会收获真挚的友谊，你或许会和访员因为这场"战役"而结缘，你也会因为身边与你一同努力的朋友们之间真诚的相互支持而感动，关系更加紧密。

你要让我准确地说出 CSS 的魅力在哪里，我可能没有办法回答你，我想，所有的感受都是亲身经历之后才知其味。非常感谢自己有幸能够参加 2017 年的 CSS，有幸见证了 CSS 的第十年，十年一步是征程，下一个十年期待 CSS 有更好的发展。也希望有更多的人愿意参与到这项伟大的调查事业中来，为中国的调查事业贡献自己的力量，跟着 CSS 一起，去看看那些你可能一辈子都不会去的地方，那里的人们是怎样生活的，去看看现在我们国家真实的发展情况，去看看在这些赤裸的现实面前，自己内心感触的真实。

CSS2017，感谢有你。

没有什么能够阻挡我们对 CSS 的信仰

高晋

2017年 7 月 17 日晚 10 点，我来到了 CSS 的第二站——广西。一到南宁，湿润的泥土气息就扑面而来，习习的凉风似乎奠定了未来日子的基调。

7 月 18 日之后的 3 天，我们开始了广西大学的培训课程，闷热的天气丝毫没有影响学生们听课的心情，课堂气氛活泼又井然有序。

一 城市社区：艰难的入户

7 月 21 日清晨，我和队员来到了美丽的北海市合浦县，开始了入户问卷调查。恰逢周六，我们将 F 社区选为第一个 SSU，这是一个老旧社区，人口成分较复杂，本地居民和外来流动人口共同生活。

原以为周末居民在家可以方便入户，可访员们的热情没多久便被接踵而来的怀疑和拒访打击到了。"您好，阿姨，我是……"话还没说完一句，防盗门就啪地关了，从门缝里与我们交谈的，

图 1 访员入户被拒

或者直接拒绝、推辞的……看到这一幕幕，我真的很难受。居民的怀疑是我们遇到的首要难题，遇到拒访会很受挫。那我们应该反思什么呢？

受访者对调查项目的有用性持怀疑态度，受访者会问，这个调查对解决现实社会问题有什么作用，尤其是与我们切身利益有何关联。他们更多地是持实用主义态度。访员往往从宏观的角度来解释社会科学研究如何影响国家大政方针政策的制定，以及最终如何影响到个人。然而拒访的居民持利己主义，会觉得这些太遥远，看不到与自身利益的直接关系，自然不会接受调查。

纵然千般拒绝，我们都坚持不懈，一遍遍地上门，表明我们的来意。小伙伴们为了多争取一户而磨破嘴皮，最后叔叔阿姨真诚地和我们聊天，我真的非常感动。我想，这就是人与人之间的信任吧。

二 农村社区：熟人社会的接纳

随后，我们来到了 T 村，这是一个传统的农村村落。中国乡土社区的单位是村落，地方性的限制使得这里成为生于斯、食于斯的社会。这里的每个孩子都是在人家眼中看着长大的，在孩子眼里周围的人也是从小就看惯的，这是一个"熟悉"的、没有陌生人的社会。热情的村民、淳朴的民风使得入户访问较为顺利。

北海的夏天很热，是那种湿润的水汽加巨大的热浪的热，对于生长在北方的我来说，真的是第一次感受。出门不到半小时，衣服就会湿透，脸

上一直都是湿乎乎的。访员们的衣服湿了被风干，不久又湿透，T恤上的盐渍清晰可见，大家调侃为"我为自己带盐"。晒黑更是无法避免，几天下来就成了小黑妹、小黑弟。这些困难丝毫没有阻碍大家入户的热情和决心，为了找到目标户，小伙伴们翻山越岭也毫无怨言。

在这里，我们看到了和书本完全不一样的世界。第一次在农村待这么久，我看到了烈日下还在插秧的妇女，看到了打工一天夜幕降临才回家的男人，看到了坐在村头望着远方的阿婆，看到了赤脚走路但眼神清澈的孩子们。这种震撼是时时存在的，敲击着我的内心。我渐渐明白在这次巡视中，我收获的不仅是任务的完成，更多的是内心的触动。在这里，我和队员一起走过数不清的山路，一起在太阳下挥汗，一起在月亮高悬时走街串巷。每天都是在互相考问卷内容的顺序，或者是在"请你用1到10分打个分，你对……能打几分？"的调侃中结束一天的工作。

相比其他巡视督导的伙伴，我在CSS的时间并不长。但回首调查期间发生的种种，我忽然发现，无论怎样的路阻且长，CSS已然成为我们的一种精神、一种信仰，没有什么能够阻挡我们对它的追求。

三　尾声：社区理论视角下城市社区高拒访率的原因分析

1. 社区相关理论

社区是进行一定的社会活动，具有某种互动关系和共同文化维系力的人类群体及其活动区域。按社会生产力发展水平的高低，社区可划分为三种类型：传统社区、发展中社区和现代社区或发达社区。滕尼斯所说的"社区"指的是一种基于血缘关系或自然情感的社会有机体，颇接近平常所说的乡村传统社会。滕尼斯在提出社区这一概念时，并不着重强调地域特征，而是强调具有共同归属感的社会团体。

我国目前对社区的界定往往强调其地理空间，但是这种法定基层社区和滕尼斯所强调的具有心理归属感的"共同体"还有很大差距。社会结构转型不可避免地造成社会流动加快、社会分化加剧、经济体制转轨，进而势不可当地引发人际关系松散，传统联系减弱，这些从各个方面促进市场经济下陌生人世界的形成。现代城市社区成为一个非常典型的"陌生人"社区。

2. 从城市性理论看城区的拒访率

滕尼斯从与传统的乡村生活的比较考察城市生活的特点，把社会生活的组织形式分为以乡村为特征的礼俗社会和以城市为特征的法理社会。礼俗社会强烈的内聚性，亲属关系、邻里关系和友谊关系由共同的语言和传统所维系，人与人之间亲密度高，道德约束感强，社会整合程度高，具有共同的价值和规范。法理社会的亲属关系、邻里关系和友谊关系日渐衰微，人们对社区几乎没有认同感，更关心自己的私利。

齐美尔从城市居民社会心理性角度将"大城市型特性"描述为个人主义、非人性、理性和非情感化，指出城市居民具有复杂和老于世故的人格，工于心计，整个城市社会变得较具理性，重视效率，导致城市人对陌生人的冷淡，人与人之间保持距离，社会关系更多是建立次级群体基础上的个体的、专业化的关系，经济上是以理性计算、斤斤计较为基础的货币经济。人们多用理智而非情感来处理日常事物，人与人之间的冷漠感最后演变成对社会的疏离感。

沃思从城市人口的基本性质出发指出城市存在，人口众多、高人口密度、高人口异质性的特征。众多的人口必然会出现大量潜在差别，促使文化的差异和职业的异质性以及以次属关系为主的社会关系特征；人口稠密促使城市居民丧失对他人"较有人情味的方面"的感受能力，扩大彼此的社会距离。异质性带来人际冲突的增加，人与人之间猜忌多于信任，呈现人与人之间"老死不相往来"的生活状态。以上种种的城市特性，都直接导致入户访问的难度不断加大。

3. 降低城区入户调查拒访率的思考

（1）提高访员的调查能力以及入户技巧的培训。在发挥"中间人"作用有限的城区调查中，能否取得受访者的信任，需要凭借访员自身的能力，对访员的挑选和培训尤为重要。第一，挑选访员以有经验者优先，注重属地分配。着重考察访员诚实、勤奋、谦虚耐心、吃苦耐劳的品质，挑选语言表达能力、在应对面对陌生人时承受心理压力能力较强的访员。在分配分赴各地的访员时，注重语言优势。第二，规范完善培训机制。访员要熟悉问卷以及访问技巧，培训人员要告知访员访问过程可能出现的情况，使其心中有数。第三，入户前注重仪容仪表，携带相关证件。第四，入户前采取"以老带新"的形式。一开始，老队员带着新队员入户，新队员慢慢积累经验，切勿让没有经验的新队员直接入户，以防止他们因缺乏访问技巧而给受访者留下不好的首因效应，增加重新入户的困难。第五，入户难免会出现拒访的情况，访员要端正自己的态度，参与调查并不只是为了完成老师的调查任务，而是为提升自身的调研水平、科研能力，要树立对社会科学研究的信心。

（2）普及调查知识，营造良好的社会调查氛围。通过广泛的调查知识的宣传与普及，增进社会大众对社会调查和社会科学研究目的和意义的了解与认识，促使社会大众认识到接受社会调查是自身的义务与责任，以营造良好的社会调查氛围。在开展调查前，可通过在居委会门前及村居人多的地方张贴宣传海报的形式增进居民对调查项目的了解。

（3）规范调查市场，避免过度调查。各种不规范、低层次的市场调查造成调查市场混乱不堪的局面，导致调查对象难以辨别社会科学调查，对调查项目警惕性的提高，无形中给正规的社会科学研究增加了难度。因此应大力抵制各种缺乏规范的调查对调查对象的"认知剥夺"。

（4）充分发挥行政力量的辅助作用。虽然行政手段的介入会导致调查对象对调查产生一定的反感，但不能忽视其巨大的作用。行政组织的支持往往是学术调查活动得以顺利进行的通行证。面对欺骗、造假横行的社会环境，外加警惕性较高的城市居民，单单凭借访员的学生证、工作牌等无法取得受访者的信任，因此需要介绍信以及调查属地开具的相关证明才能取得他们的信任。这往往需要各级行政组织部门与社区的配合与通力合作。

（5）加强社区邻里关系和文化建设，增加社区居民归属感。现代化进程加剧了传统社区文化精神伦理的破坏，高度的社会流动和多元的社会结构，使社区的传统营养荡然无存。社区不再是人们生活中地方文化的载体，居民对社区采取过客的心态，社区精神出现空洞。加强社区文化建设，共筑与加强城市邻里关系，重建社区有机体的精神和血肉，点燃社区居民对社区的依恋、认同和自豪，建立社区群众之间良好的人际关系，形成社区成员之间休戚与共的亲密情感，使社区居民对社区产生强烈的归属感。通过社区文化建设加强人际互信，无疑能够借助社区工作人员这层"中间人"关系的社会科学调查增加入户的成功率。

第三部分

逆流而上

痛并快乐着：我的 CSS 之旅

毕 林

记忆大概从 2016 年 9 月开始，CSS 便以课堂教学的方式走进我的生活，是李炜老师那极富热情的讲解中引起了我的向往，希冀能够与它一同去看看祖国的大江南北，体会一次高规格的综合性大调查，以期与其共同成长。

我在等待，时间也在慢悠悠地荡，小院的日头一日胜似一日，各项督导培训也日渐完成。等待的时光虽然难熬，却让出行带来的愉悦翻倍。随后，背影在祖国的大江南北"流窜"，回顾其中滋味只能说不可名状。时至今日，回首整个历程，不禁感慨：当初的愉悦似乎显得自己有点"不知天高地厚"，路途的风景依旧是我人生中难忘的记忆。如果要概括，那就是我很珍惜 2017 年那个"兵荒马乱"却很充实的 7 月。

一 兰州拉面

我很幸运，成为项目组最早赶赴实地的督导之一，这也是我 CSS 之旅的起点，值得纪念。2017 年 7 月 2 日，北京西—西安—兰州。在讲述兰州之旅前，我想回顾一下去兰州的一波三折。

最初我应该要去厦门，那是我"觊觎"许久的海边城市，遗憾，没能看到芙蓉隧道。青海湖本应该会最大限度地消弭我的遗憾，银川之旅本应接替厦门之旅，成为我 CSS 之旅的第一座城市，但我还是被"调"走了。最后，好事多磨，兰州成了我的首站，满脑子都是"兰州拉面"的黄色店标的我，注定会与兰州面食有一次亲密接触。

去兰州虽经历一波三折，然而出发的心情是亢奋的，从第一次漫长火车之旅便可以体现。火车是由西安开往新疆的，我在通宵等待中期待着兰州的西北蓝，一夜难眠。凌晨 3 点到达兰州，我当时深吸了一口气，告诉自己这才是开始，要做好。

我在兰州主要是跟着范老师学习，也得益于范老师的指导和包容，我才有较大的成长。兰州作为我 CSS 的第一站，主要任务是负责培训，这是我一直期待的"职位"。不得不承认，初始的我确实缺乏足够的能力来履行这一职责，这也在离京之前的选拔赛中得到验证，即我没有被选为培训督导。然而，我还是请求项目组能够给我一次机会，于是才有了兰州的学习和成长经历。在此，有必要强调一句话，敢于尝试和自我反思成长同样重要。

培训开始之前，我曾反复演练，查看相关材料，然而上午的实践依旧可谓"丢盔弃甲"，不忍回顾；下午，在观看范老师培训的过程中不断进行对比反思与学习，个人的培训能力也有了明显提升。私下里，我也曾就自己的培训效果和方式与兰州大学的同学进行交流，发现他们并不会主动指出你的错误或者说出自己的迷惑，因此难以保证调查的效果。当时有这样一种想法，我既是培训者也是调查者，需要站在被培训者的角度来看待培训效果，需要站在调查者的角度去理解培训的相关内容。这样才能够保证访员最大限度地掌握访谈技术和了解访谈要求，保证调查质量。

兰州的培训持续了 3 天，包括半个下午的试访谈和总结，我来不及参加试调查总结会，便拖着行李箱赶往安徽。

二　师大姑娘

32 个小时的车程，我一路睡得很好，没想到，火车上的睡眠成为接下来 CSS 期间最让我怀念的记忆，是一种难以表达的放松与舒适。凌晨 1 点左右，我顺利到达芜湖——这座我相对熟悉的城市。从某种意义上来说，这也是我 CSS "兵荒马乱"的开始……记忆开始逐渐清晰。

安徽师大，最难以忘怀的是师大姑娘们，你们将永远刻在我的记忆中。相比于兰州，我不仅负责培训，还要负责实地督导，要和师大姑娘们一起奋战。我回到了大学母校所在的城市进行实地督导，一切都那么熟悉，感觉甚好。真的是幸运女神眷顾，淮南团队是 5 位师大姑娘，她们的调查精神使我震撼，我也曾"批评"师大姑娘的责任心。如果让我总结淮南调查的印象，总有那么几句话会脱口而出。

1. 一座城市，80 个小时，两餐饭

调查期间，6 点钟叫醒我们的不是梦想，不是闹钟，而是责任。淮南调查期间，我们每天都是 6 点钟起床，15 分钟解决早饭，然后开始长达 16 个小时的连续工作，直到晚上 10 点左右才能回程，晚上 11 点左右才能解决晚饭，中午依靠饼干、牛奶等解决温饱。可以说，这 5 天的工作强度是我之前不曾有过的，所以佩服师大姑娘们能够坚持住，况且她们其中大部分人都是家里的独生女，从未吃过这种苦。

其间，值得感动的是一碗鸡丝面。因为极高的调查强度，难以抵抗的炎热，师大姑娘倒下了一位，诊断结果是长期的不良饮食习惯和过度劳累，医务室成了我们的根据地，温暖也就在这里产生。乡镇医务室的医生是一位 50 多岁的阿姨，她了解到师大姑娘是家里的独生女，顶着烈日做的是这样一份有意义的调查，总是说"要是自己的孩子，就不会让她出来做这种

事"。令阿姨"生气"的是师大姑娘的"反击"，她坚持说我们的调查很有意义，希望阿姨能够不让她打点滴，能够让她尽快参加调查，那种坚持的神态让我难忘。出于对师大姑娘的爱，阿姨亲自下厨做了鸡丝面，盛了一碗满是鸡肉的面给了师大姑娘。或许真是鸡汤的强大作用，我们一天就做完了这个村，师大姑娘也恢复了满满的元气。

现在回头想想，我们的调查问卷涉及居民生活的方方面面，内容翔实，自然调查所费时间较长，加上精密而复杂的抽样，因此每一份问卷都显得那么沉重。又是什么力量使其得以完成？我想至少有师大姑娘们的坚持和陌生人的支持，感谢你们。

2. 一通电话，一份信任

调查开始之前，对样本户最大的期望是他们能够在家，能够接受我们的访问，但从来不敢有更多的奢求，在城市社区这种感受尤其明显。

淮南的调查进入攻坚阶段，城市社区成了我们团队最后的"硬骨头"。其间，我们遭遇了恶语，遭遇两次中途拒访，师大姑娘们也曾落泪……一切的不美好都抵不上一次的"小确幸"。

那是在傍晚，也就是下班后不久，师大姑娘接到了归属地为淮南的陌生号码，知道有样本户看到我们留下的预约信后主动联系我们，并约定时间进行访问。团队成员的兴奋我竟有些记不清，大概是我当时也沉浸于这突然到来的"小确幸"之中。后来的故事有了幸福的结局，样本户很热情地接待了我们，对每一个问题都认真思考，我相信他给了我们一份高质量的问卷。这种理解应当就是大调查得以继续前行的重要原因之一，告诉我们社会仍旧有美好。

图 1　安徽督导

我在安徽的 CSS 来得很快，结束得也很快，实地督导也就 5 天左右，却让我对接下来的旅程充满信心。这是师大给予我的，也是那么多陌生的美好给予我的。我们在调查中总会强调各种调查技巧，回归最初的本质，调查实质就是访问者和被访者之间的互相信任，这应该也是最重要的技巧。

三　燕赵侠义

结束在安徽的督导工作后，我在美丽的山城重庆做了 3 天的培训督导，时间很匆忙，未能与同学们进行深入的交流，便匆匆赶到了河北保定。正是在河北，我完成了我自认为的身份和心态的转变，多了一份自我审视。

图 2　重庆培训团队

1. 身份的转变：从"扒皮"到督导

河北农业大学是第一年参与 CSS，相比此前的兰州大学、安徽师大和重庆大学可能欠缺经验，带队老师询问我的地方也就稍多，我的督导任务就较为繁重。

实地调查伊始，带队老师就问我调查应该是一个什么样的节奏，我也如实按照我在安徽的节奏给出了建议，这也成为我被称为"扒皮"的开始。

在沧州的调查节奏和安徽一样，也是要求访员们每天 6 点起床，15 分钟解决早饭，然后一天两餐饭，连续战斗。不过幸运的是，每天都会提前完成工作，好像总是晚上 8 点之前就会吃晚饭，没有那么劳累。然而，即使是这样，我也被称为"扒皮"。现在回想，这与我当时的要求不无关系：要求他们每个村多做一两份问卷，这也是出于对整个调查保障的考虑。

时间就随着这样的节奏在流逝，第 5 天基本上结束了沧州的调查，只是团队成员原定待命等待一天，确保审核合格后才能退出现场。然而，在短短的 5 天内，我的称呼也发生了转变，不知从哪一天开始，团队成员开始称呼我"毕导"。直指内心，我是有些许满足，因为我觉得这是对我的认可，是我个人努力而得到的赞誉。

离别的时候，青县下了大雨，带队老师和团队成员坚持把我送到火车站，这也是整个 CSS 期间唯一一次享受到被送的待遇。可能是我后知后觉，当时不曾觉得伤感，后来听到带队老师说她在离别的时候，眼泪竟在打转。也就在那一刻，我意识到 CSS 会给予我一份份难得的情谊，丰富我的情感世界。从侧面来看，妥善处理调查团队内部的关系，以真诚的态度去相处，这是我们建设一支高效率的团队的基础。

2. 山高水长，有你真好

4 个人，下午 4 点，只完成 1 份问卷，一天的成绩可谓惨不忍睹，我们虽然焦虑却又无可奈何，整个调查团队的情绪处于低谷。调查时，我们会遇到很多困难，因此前辈们也总结出各种技巧，比如寻找带路人，对社区熟悉并且拥有一定的权威的带路人是我们最好的选择。

路经理就是这样一位带路人，他凭借私人关系帮助我们完成最终的调查。当然，他采用的方法与我们受培训时的方法并不一样，这就使我不断地思考既定的调查守则和实地操作之间的关系，这个问题也一直伴随着我接下来的调研实践，不仅仅局限于 CSS。

路经理按着我们事先采集到的门牌号，通过电话一一通知业主我们的身份和目的，劝导他们接受我们的访问。其间，有几位被访者并不是在各自的家中完成的访问，而是在物业办公室接受访问。我无法判断这样是否对访问效果有负面影响、是否会降低调查数据的真实度，但我想这已经是最好的结果。现在回想，虽然我们不能保证调查的全部私密性，但我们也已经尽最大努力保证调查效果。总的来看，注重结合地方调查的实际条件，灵活变通，充分发挥地方性有利因素是我们调查能够成功的重要助力。当然，最重要的是感谢那些一如既往支持我们的人。

3. 恪守底线：不为调查而调查

在社会调查中，我们总是希望被访者能够接受我们的调查，能够真实地回答我们的问题，希望能够顺利完成调查任务。然而，有一个问题必须思考，即接受类似 CSS 这样的社会调查可以看作一个公民的义务，但也需要记住这完全是被访者的个人选择，我们可以用多种技巧，甚至动用多种关系去促使被访者配合调查，但绝对不能对被访者的生活造成负面的影响，哪怕是潜在的负面影响。沧州的调查就以一种近乎残酷的方式给我上了一课。

城市社区本身就难以突破，城市居民更是难以"攻破"，因此相比农村而言，团队更加珍惜每一份城市问卷，不到万不得已不会放弃任何希望。在做青县最后两份问卷时，有一份问卷遇到了极大困难。第一次入户访问时，女主人是我们抽中的被访者，她热情接受了我们的访问，也顺利访问到了一半左右，然而男户主回家后却将我们驱赶了出来，迫使访问中断。女主人为此表示歉意，并约定好男户主不在的时间再次进行访问。当我们按照原先约定时间再次到访时，访问工作有了一定进展，但还是由于男户主突然回家而被迫中断，此时问卷仅剩最后一个部分，而这也是整个团队的最后一份问卷。为此，我们觉得一定要把这份问卷完成，要不然前面的工作都浪费了。没想到，这种调查者的执念却给被访者带来潜在风险。

当我们再次入户访问时遭到女主人的严词拒绝，并且告诉我们由于访问的原因她已经和男户主发生了激烈争吵，孩子也被吓到，从而无法上学。当听到女主人的遭遇时，我们未能及时停止寻求访问的努力，而是在表示歉意的同时尽力争取她的同意，最后依旧被拒绝。我们请了这个小区的业委会会长出面劝说，但依旧被拒绝。业委会会长当时很生气，说样本户今天不给他面子，以后他也不会给样本户面子。我当时突然意识到这可能会给样本户造成风险，就请会长不要因此而为难样本户。后来，我们顺利用其他样本完成了任务，相继撤离现场，也就无法得知后续事件的发展。

CSS 作为纵贯调查，可能好多年持续在这个社区调查，但持续抽中一家的可能性却不是很大。因此从某种意义上来说，我们与被访者就是"一锤子交易"，调查结束，我们就走了，我们无法获知样本户后续的生存状况。正是因为这种特殊关系，我们更需要注重保护被访者，应当以被访者的安全为第一目标，或者说需要恪守调查伦理底线，不能为完成调查目标而给被访者的生活带来困扰。

四 民大风情

离开河北时，天下着大雨，火车晚点了 4 个小时，因此我在北京休整一晚的目标落空，最终又冷又饿，在绿皮火车上熬过一个通宵，当然，我也在北京西站候车室长椅上小憩了一会儿。经过这样的一路折磨，我最终顺利到达四川，和西南民族大学自贡乐山小分队成功会合。然而，就在会合路上发生了一个故事，这给我后面的调查提了个醒。

1.遵守规矩：地方性知识

每一次的社会调查，我们都会进入一个特定的现场或田野，可能是我们熟悉的，但大部分是我们所陌生的。由此了解地方性知识是我们调查成员必备的技能，也是需要事先做的准备工作。

城乡公交把我丢在前往调查村的半路上，距离目的地大约还有 3 公里，退了我 1 块钱车费，让我步行前进。入目所及是弯弯曲曲的山路，我整个人处于一种近乎崩溃的状态。在我的生活经验中，我买了车票就应该把我送到我们约定的地方，除非遇到不可抗的因素，因为这是一种基本的契约精神。然而，我当时没有注意到这里是西南山区，一切并不能按照我之前的生活区域经验来推断。

当我在向目的地徒步前行时，中途遇到一位我以为是过路人的摩托车师傅，好言沟通才搭载我到了目的地，却发现这是当地特有的"摩的"（相当于出租车），需要收取一定的费用，这又给我上了一课。在后续的调查中，我们依旧可以看到这种地方性知识，比如调查过程中有哪些词汇不可以使用等。

2. 调查不是一问一答

通常，我们在做调查的时候，特别是做问卷调查时，总是希望受访者集中精力回答我们所提的问题，不要过多涉及与问题无关的内容，这样会提高调查效率，节省成本。然而，受访者总不是如我们所想那般，我们需要去回应。这一次四川调查，我们就遇到这样一位受访者。

我们暂且将受访者称为李叔，他是一位 63 周岁、由农村到县城务工的环卫员，没有上过学，并且理解力极其有限。当我们问及一些稍微有一点难以理解的问题时，李叔都会表示不明白，需要我们再三解释，甚至需要具体举例说明他才能够初步明白，这对访员和受访者都是极大的考验。同时，每当我们为解释题目而举例的时候，李叔总是会说许多与之相关的日常生活经验，但这样的经验对于我们的调查并没有多少实质意义。每当我们试图打断、重新追问时，李叔就会情绪不稳，认为我们不认真听他说，不想继续访问，于是我们就不得不全程听完李叔的讲解。最后，这份问卷花费将近 4 个小时，这是我们在四川调查期间时间最长的一份问卷。

回去之后，我便想这份问卷值不值得花费这么大的代价。按照我们当时的样本量，完全可以去做其他样本户，可能还会更有效率地完成任务。在与访员的交谈过程中，访员给了我答案：这是值得的，因为我们没有理由去拒绝这样一个样本户，我们也不能"有意废弃"这个样本，虽然样本户中途多次拒绝，但仍应继续努力。

生活，总是比我们想象得更加丰富，比问卷设计得更为复杂。可以结构化的问卷总是有固定的答案，我们总是试图根据答案从受访者嘴里获取我们设定的答案，但是并非所有受访者都会如我们所愿。这就需要我们学会倾听和理解，反复地求证，哪怕不那么有效率，但这是对受访者的尊重，是对调查负责的重要表现，也是调查的基本伦理之一。

3. 尊重生活：理解受访者的世界

这个故事是关于一位具有"特殊"职业身份的受访者的故事，故事主人公暂且称为 L 姐。

当带路人带我们找到样本户 L 姐家时，就告诉我们 L 姐是一名性工作者（通过电话向房主确认），这也引起了我们的好奇，毕竟我们不是专门做性调查研究。然而，这种先入为主的信息知识有时候也会给我们的调查带来一定的麻烦。

经过 3 次入户访问，我们终于成功接触到 L 姐。L 姐整个人看起来"乱糟糟"的，头发也没有梳理，眼袋很深，我想应该是我们的到访打搅了她的休息。后来当我们逐渐开始问卷调查时，发现 L 姐向我们传达的信息与事先所得到的信息有很大出入。在这个过程中，我们也反复求证，希望能够与我们得到的知识进行验证，最后依旧尊重了 L 姐的表达。

访问期间，我们亲眼目睹了 L 姐的整个化妆过程，这进一步肯定我们之前获得的信息。后来，当问卷进行一大半时，L 姐需要去上班。我们提出跟着到上班的地方进行访问，L 姐很反对。当我们跟随 L 姐走到当地有名的 KTV 一条街时，L 姐用眼神制止了我们，并且我们发现她先是进了一家不是 KTV 的店，确认看不见我们以后才进了一家 KTV。那一刻，我们明白 L 姐真的是性工作者。最后，我们没有成功完成这份问卷，却引发了我的系列思考。

如果我们最终完成这份问卷，那么这个数据真实度有多少。社会调查本身不就是为了一份真实的数据？如果得到的是一份真实度很低的数据，那么为此花费的人力、物力、财力是否值得？此外，信息在什么情况下是不真实的？既然我们访问受访者，那么我们应当相信受访者所言是真实的，至少在当前语境下是真实的，我们可以去验伪，但更多的是需要尊重受访者主体价值和意义世界。或许 L 姐就是不愿意在我们"学生"面前透露全部真实信息，这是可以理解的。

四川的 CSS 之旅是我的一个遗憾，由于个人原因我提前离开现场，留下没有带队老师的队员独自面对。庆幸的是，团队成员特别优秀，最终都顺利完成调查任务。感谢你们!

五　总结

回顾整个调研过程,我走过祖国的西北、华中、华北和西南,去了许多不曾去过的地方,认识了一群可爱的人,也体会到从事不同职业的人的不同生活状态,明白了各自的坚持,这将成为我人生的宝贵记忆和财富。可以说,随着现代社会的演进,社会调查越来越难做,但是把握社会状况也将越来越重要,社会调查也必须不断跟进。虽然困难,但是当我们将其视为自身所爱或者自身使命时,正如 CSS 项目组的各位老师一般,我们便可以投入自己的真实情感去探索、去实践。由此我相信,无论社会怎样发展,真诚的情感依据都可以为我们的社会调查打开一片天空。

我应当感谢调查现场的每一个人,感谢每一位老师、每一位带路人、每一位提供温暖的陌生人、每一位访员和每一位受访者(包括拒访者),是你们让社会调查在不断前进着,你们是持续调查的动力,也是我调查期间能够坚持下来的主要动力。

阅一份问卷，做一个调查者

张永林

> 要认识中国社会，就必须从现实出发，实事求是地探讨客观规律。科学之道在于实事求是，科学结论不能靠主观臆想。
>
> ——费孝通《社会调查自白》

社会调查不是一件简单的小事，而是一项研究社会发展规律的伟大工程。我自 2012 年进入大学以来，一直都在接触社会调查方面的相关知识和培训，先是学习袁方老师的《社会研究方法教程》，当时听得似懂非懂；之后学习一些课外调查研究方法方面的相关书籍，印象最深刻的就是费孝通先生的《社会调查自白》，记得当时读起来轻松易理解；之后自己便参与或者做一些实际的社会调查研究，记忆中有组织调研大一新生的总体状况，参与呼和浩特市贫困县基本状况调研，参与华中师范大学主持的"呼和浩特市 70 岁以上独居老人生活状况"调查等。通过这样的一个过程，自己慢慢懂得了一点社会调研方面的相关知识，但总体的感觉还是"社会调查一定是一件苦差事"。

2016 年我初入研究生院，在社会研究方法的第一节课上李炜老师给我们简单讲了即将在 2017 年暑假开展的 CSS 项目，届时将会组织我们奔赴祖国的各个地方参与调查。这对我们来讲无疑是兴奋的。很多同学对研究生的期望就是能够做项目，社科院在这方面是占据极大的优势的。

对于 CSS，我是满心期待的，其中之一的理由便是可以借参加 CSS 项目回到云南老家。这期的 CSS，云南省一共涉及楚雄、德宏、文山、红河四市五区县，区域上横跨云南的东中西地区，涉及不少少数民族地区，更有城乡间的横向对比。因此，我满怀期待，而事实上我也回到了云南，并且深入文山、德宏等地参与调查，现就结合文山的调查经历谈谈自己的一些看法。

一 一个村庄，一个故事

我们首先到的是 A 村。A 村共有 26 个自然村 1258 户 6019 人，居住着汉、彝、苗等民族，其中彝族有 1679 人，占总人口的 27.9%；苗族有 241 人，占总人口的 4%。耕地面积 7091 亩，分为山区和半山区，最高海拔 2045 米，最低海拔 831 米，平均海拔 1200 米。

进入村委会的村级棠石路 2016 年 6 月才通车，我们需要绕过好几个山坡，A 村才进入我们的视线。A 村坐落在大山顶的平台上，四周山峦叠起，层层云海，风景秀丽，民风淳朴。A 村土地稀少，石头槽里种庄稼，也许应验了一斤石头二两油的古话，这里种什么都是疯长，石头槽里生长的万物滋养着这里世世代代的人。当然，也是以大量的劳力和汗水作为交换的代价。很多村民也开始外出打工。同时，由于道路不通，上学不方便，收入低等原因，也有很多村民举家外迁（如 F 坡有 30 多户仅剩 4 户），村里有个大事小务都需找附近村的人帮忙，出现空心村、老人独守、留守儿童、留守妇女等情况。

图 1　山顶平台和云海

图 2　肥沃的土壤

（1）关于村委会。目前 9 个编制，服务 6000 余人，每天完成政府部门下派的行政任务和各种表格。近期精准扶贫就有 4 个部门负责，工作人员经常下乡，要陪同，要补资料。建档立卡就是让户主站在房子前拍照，有些农户被要求拍照十余次。调查期间，我们有时候会问他们到底精准扶贫要怎么弄，回应是不清楚政策安排的细节，也许是他们不愿意对我们这些外来人细说，也许他们还在探索。

（2）关于教育。A 村原有 3 所完全小学，教师 29 人，在校学生 658 人。由于集中办学政策，2016 年上半年 3 所学校合并，集中在距离村 1 公里的地方办学，学校周围云雾缭绕。集中办学要求学前班至六年级全部住校，20% 的孩子不得不 6 岁前留守、6 岁后留校，家庭生活教育、劳动教育长期缺位，导致目前的教育脱离乡村的生活方式和生活文化。教师们负担重，学校管理压力大。为了学生的安全，教师只能战战兢兢地工作，照顾压力、安全压力、教学压力等多重压力下的教师身心疲惫。

（3）关于老年协会。通过走访老年协会，了解到老年活动中心日常有20人左右，有的看电视，有的打扑克，老年活动中心设有图书室和乒乓球室，由一个老人负责看门，有基本的管理，无人组织老年人活动。在村庄走访过程中与老年协会会长莫大爹结识，莫大爹藏书丰富，对阴阳五行八卦、中医易经有很深的研究。村庄中像莫大爹这样的人不少，他们正是现在村庄建设的生力军，更是社会学研究中不断提及的乡贤。

二 一个个体，一个鲜活的故事

夏日里晚上8点多天色已经微暗，我陪访的一户人家预约在晚上8点左右开始。这一家跟其他家很像，也是住三层小楼，但是屋里很灰暗，基本上没有太多的装修，最原初的水泥墙面裸露在外面，家具都是带有浓浓的乡土气息。从受访的阿姨那里得知，他们现在没有地，只能从事一些低端的工作，如做保洁员、清洁工人等，并且在城市的开销不容许他们不去工作。盖这样的一座房子需要20多万，盖房子就基本花尽家里的收入，有的还会欠下一定的外债，所以根本没钱在内部进行好点的装修。我原本以为盖这样的房子是城市社区的规划需要，当时问了阿姨政府是否有一定的补贴，阿姨告知我没有。我们在农村地区也发现这样的二层、三层小楼甚至四层小楼比比皆是，外面都贴了瓷砖，而里面的装修却依旧很差，钢筋水泥裸露在外面，虽然已经住了好多年，但从里面看起来就像刚刚建成。当问及村里为什么要盖这些实际上并不是多实用的楼房时，得到的回答是："大家都盖，你怎么能不盖？好比一个潮流，大家都是人，谁也不比谁差多少，形势摆在那儿，你不盖不成，形势逼人。"一栋栋楼房是被这种"形势"和"潮流"裹挟的产物，是一种特殊的生活经历和现实处境的交合产生的社会现象，而更深层的是集体制度的一种延伸。从心理层面来讲，房子在中国人心中的地位非常重要，它不仅是人们面子的体现，也是安全归属，同时也表达了一种浓郁的乡土情怀。因此，貌似不符合逻辑的事实其实是有很强的逻辑支撑的，而这种来源于农村的结论，似乎在一定的程度上也可以解释城市炒房热的现象。

在中国的乡村，我们可以发现很多有意思的人和事，看似不起眼的事物其实正是当代乡土特征最好的诠释，比如大盖楼房、盲目随礼、读书无用、打架斗殴等。这是现在社会转型过程中的必然现象，需要无数的社会学人、民族学工作者用笔去记录和诠释。

三 CSS，一个成长的舞台

中国社会状况综合调查（CSS）项目虽然才做了 5 期，但已经得到业界的一致好评。接触 CSS，也就意味着已经触碰到国内社会调查领域的高地；也可以得到关于社会调查方面的专业训练，主要是一些理论方面的知识，这在其他地方是无法获得的。此外，在参与社会调查、入户访问的过程中，可以获得很多关于社会调查方面的经验性的知识，比如如何通过观察一个家庭布置判断家庭的贫富水平、如何通过观察一家人的互动了解一个家庭的权利结构等。所以，从这个意义上说，社会调查必须是一门接地气的学科，很多方法、技巧都来源于当时、当地的人与物的互动。最后，在调查结束以后，作为访员和督导的一线工作人员，不仅可以获得物质回报，更可以了解国情、民情，最终的数据可以进行共享。因此，CSS 对于一个社会学人或者社会调查者绝对是一个锻炼和成长的舞台，我自己能够有幸参与其中，真是荣幸至极。

当然，当我们经历紧锣密鼓的培训、深入各地进行调查、收集各种数据信息等环节以后，似乎更应当回过头来看一看 CSS 项目本身。说句实话，CSS 给我的记忆是永恒的，无数的拒绝、风里来雨里去、访员的不理解等，所有这一切足以构成一本一波三折的故事书，令人思考、让人沉醉、催人奋进。经历了这么多，有些在这里说了，有些埋在心间，千般思量化作一句心愿：愿 CSS 有更好的发展，愿脚下这片土地有更美的明天！

白水鉴心　青山不负

——黑土地漫行随谈

高　明

我从未如此去阅读、体味太阳的诚实和泥土的芬芳。2017 年夏天，社科学子从哈尔滨友谊路 501 号出发，走向不同的城镇和农村，完成中国社会状况综合调查（简称 CSS）在黑龙江省的调查执行。万卷书当配万里路，我们的目的很明确，就是用脚步丈量祖国的土地，用实践感受民生。田雨老师在临行前叮嘱我们，"同学们，调研的结果都会以冷冰的数据呈现出来，但每一项社会调查都该让受访者感受到我们的关爱之意，展现出调查者对社会民生的关照之心"。依稀记得朱宇院长讲课的时候也曾对我们说过，"你们是知识分子，是要对社会负有责任的"。那一刻，我感受到了每一位参与社会调查的研究生身上担负的责任。

7月1日，我们一行四人赶赴双城。王惠阳带队，同组的两位姑娘叶桐和王楠一路欢声笑语，给炎炎夏日送来阵阵清凉。因工作需要，在双城区调研结束后，我又被分配到了G社区、S街道、H镇、D镇等调研小组。这半个月，我跨过许多河流，结识很多朋友，也思考着我们国家的百年征途。

一 "察民间之风情，铸学问之胆魄"

从事社会科学研究既是怀揣追求至善的学术理想，又是深入现实国情的修行，毕竟丰富的社会实践是最优秀的教科书，"不接地气"便难以真正做到"为天地立心、为生民立命"。根据科研需要和项目组安排，每个调研小组都要走访100户人家采集样本，我们组负责人前期已经和双城随机抽出的两个城区居委会和两个村委会进行了沟通，我们安排好住处后就即刻开始了在F社区第三委、第四委的调研工作。同样，佳木斯、七台河、大庆、黑河、齐齐哈尔等地都有我院老师和同学们洒下的汗水。这不是一个人或者一个小组在奋斗，我们不孤单。

不同社区会面临不同的问题。农村居民有别于城市居民，棚户区、出租屋、封闭管理的高层小区，存在的问题都各不相同。我们需要处理几个问题：说服居委会的干部全力配合；消除居民的抵触情绪和戒备心理，了解居民不同的作息习惯，寻找合适的访问时间；将学术语言、书面用语转化为家常聊天，口头表达；注意语言技巧和通过自我保护等来保障调研的质量。

F社区接待我们的基层干部中，一位是年过花甲、和蔼可亲的庞阿姨，另一位是兼职司机田大姐，我们6个人分成两组，分别由两位基层干部带着开展调查。这是我第一次与城市社区基层干部深入交流，家庭的故事和居委会的工作日常让我看到一位基层工作者的善良和坚守。庞阿姨今年64岁，背微驼，思路清晰，十分精神，虽然每月仅有300元的工资，但这丝毫不影响她的工作热情。10年的基层工作使她在群众中树立了威信，积累了经验。在她的帮助下，我们的样本采集得以顺利进行。从她那里我们也了解到社区居委会换届选举、社区百姓就业生活以及社区工作的困难等基层工作实际。

"纸上得来终觉浅，绝知此事要躬行。"调研是了解社会的绝好时机。入户问卷调查，每一次都要深入访谈一个多小时，调查内容主要包括教育、收入、养老、医疗、地方政府服务、产品供给以及上下三代人的基本信息等。大时代，小人物，几代人的故事也不过油、盐、酱、醋、茶，他们都在为幸福并有尊严地活着而奔走。每一个家庭的故事都是一部鲜活的历史长歌，一个时代的缩影。C街道那位一直说自己很幸福的老大爷、F社区第四委抽泣的老婆婆、哈尔滨繁华的友谊路和双城某地区落后的基础设施建设⋯⋯就是我们生活的地方。一个地区、一个家庭跨越半个多世纪的图景，让我们社科学子真切地感受到了社会主义现代化建设事业的成就和面临的挑战。

阳光炽热，但是我的"战友"对调研工作的热情毫不减弱，历史专业的马珮云学妹甚至因此中暑。微信群里，惠阳、叶桐、王楠每一次发送成功入户的信息，对于我们来说，都是一天中最幸福的时刻。"文章不写半句空"，保证数据的真实有效是我们社科研究调查的底线。我们会尽一切努力消除居民的疑惑，告诉他们，我们的对话正在改变这个国家，也只有收集到真实的信息，未来政策的制定才有最有力的依据。多亏了基层干部的努力和朴实老百姓的通力合作，G街道、X镇、D镇当天就完成了样本采集。当然，调查期间也遇到一些问题，S社区大量的空户着实让人头痛，在C街道、G社区的拒访率居高，这意味着还要申请样本，还要花费更多的时间和精力。我们还曾遭遇住户报警，第一次坐警车的经历至今令人难忘。

半个月来，我们一起淋过大雨，扛过酷暑，所有遇到的困难都化作通往学术高地的夯土。同学们用手中的笔和电脑认真地记录着一幕幕真实的场景，为学术研究提供丰富的一手资料，让我们更好地感知乡村与城市、国家与百姓。

二 "管窥"城市与乡村

虽然以前阅读过农耕文明和城市文明的资料，但这一次调研却是我们第一次认真地思索城市和乡村的区别，同时也在和城市文明对话。我们跟城市居民交流、被部分居民拒访甚至投诉报警，这些都深深地影响了我们对现代城市的概念认知。这些亲身经历，给我们的第一反应是城市现代化的发展在改善生活条件的同时也带来了人们安全感、信任感的危机，看着发达的现代交通、摩天商厦的都市，我在想，鸡犬相闻的农耕社会到大工业时代产生的城市，文明的高级形态应该是什么样？

美国学者弗里德曼在《美国法简史》中对"陌生人社会"有一段经典的描述："走在大街上，陌生人保护我们，如警察；陌生人也威胁我们，如罪犯。陌生人教育我们的孩子，建筑我们的房子，用我们的钱投资……"我国改革开放 40 年，为广大群众提供了阶层流动的机会，他们从乡村来到城市，而"陌生人社会"就是这个时代产物。当下我们所处境况面临的一个重要问题就是提升社会质量，实现人与人和谐相处和个人发展。如果仅从物质形态和制度发展来比较，"陌生人社会"相对"熟人社会"是进步，因为它产生在人员流动快、经济较发达的区域，它带来法治进步、社会制度的完善以及建立了对规则的信仰。于是，法治文明成为现代社会的权威，以保证利益秩序。但全社会的扩展成就的现代性的文明形态也会带来新的社会风险，即人们对个人隐私的高度关注，对社会安全感缺失的怀疑。

调研问卷中有涉及社会态度的问题，城市受访者普遍认为，人与人之间缺乏信任感，邻居之间几乎不串门。一些社区出租房屋，有的人将房子卖给进城的农村居民，这类人群需要花时间融入社区，他们几乎不参与社区公共活动。农村户籍人口在城市中工作、纳税，参与城市建设，但缺乏政治身份和动力参与社区建设。社区居民和业主委员会要面临一些无休止的推销拜访，因此也就出现了"陌生人社会"的集体焦虑。人们一方面抱怨社会人情冷漠，另一方面却又会对周边出现的陌生面孔保持戒备心理而处处提防。随之而来的可能就是道德危机和制度有效性的实现。例如，在城市治理中遇到"公地悲剧"现象，居委会换届选举中政治参与动力不足，对社会管理制度选择性遵守等一系列问题出现。

相对"陌生人社会"的概念是"熟人社会"，费孝通先生在《乡土中国》中对其进行了论述。"熟人社会"也是人情社会，缘起农耕文明，传统乡村依靠彼此熟识信任建立起契约关系。人情文化产生在乡村却广泛存在社会的各个阶层，植入我们的文化基因，具有对人们交往的规定性。在乡村社会，血缘关系和地缘关系支撑着"熟人社会"的运作，虽然传统认知正在被现代商业文明裹挟着向"陌生人社会"过渡，但依然在维系乡村秩序方面发挥不可替代的作用。

在 D 镇，一位大娘丧夫丧子，自己带着孙女生活。每逢丰收季便有邻居和亲友帮助其劳动生产，遇到大病除了医保和低保，还可以借助亲朋的经济帮扶。在农村，婚丧嫁娶的特别仪式是维系血亲关系的重要形式，人们照顾老人，爱护晚辈。相对于城市居委会，基层干部也更有权威，村干部在乡亲们面前更有"面子"，他们在群众中的影响力可以帮助我们打开局面，降低我们的时间成本。再者，村民和土地打交道，向土地讨生活，他们身上有着像土地一样厚实和善良的品格，因而也更好地配合我们的工作。

当然，"熟人社会"也有它的弊端。因为这是一种圈子文化，它漠视制度和规则，更注重人情面子。调研中我们发现，村民面对村干部时有两套话语体系。聊天时他们也会谈到基层干部贪腐和不作为问题，如对低保户认定存疑、某社区四委三组断水两个月、换届选举有操作痕迹没有体现民主性质。但农村民众缺乏与之周旋的决心和勇气，这必然导致权威的塑造任重道远。在乡村治理中，需要对这种文化进行改造。目前城乡二元化格局中，乡村人才流向财富和权力集中的城市，这种人情文化会在城市继续生存，农村的传统习俗也会因商业文明的冲击而变得趋于功利。

S 社区那位农村夫妇，在城市生活却从未参加过选举，他们在经济地位上稍感自卑；居住在 F 社区的吉林省籍老太太带着孙女照顾已经离婚、卧床不起的儿子，难以享受当地的福利……这些都是现代性问题在个人身上的投射，它深刻改变着人们的认知体系和人的生存状态。中央提出"共享"的发展理念，城镇化建设便是不可阻挡的潮流，未来农业人口需要融入城市社区。乡村文明受到冲击，更高级的城市文明如何塑造，这也是未来城市治理者要去面对的挑战——如何建设和谐的命运共同体。

……

行文至此，感慨万千，不知道自己参与的调研课题会对国民未来的生活产生什么样的影响，回想过往那些和我们深入交谈的百姓，只有深深地祝福他们。我们不会忘记在 F 社区，那位基层干部为我们阐述的对基层民主自治建设的真知灼见，我们不会忘记 X 镇那位老农对我们青年学子寄予的殷切期望……世间百态，尽收眼底，这次社会实践是对青年学生群体的一次深刻洗礼。感谢一路陪伴的老师和同学，半个月时间，不长也不短，我们正是在前行的路上和交流思考中慢慢成长、成熟，慢慢读懂国家社会，读懂百姓生活……我们看到这片黑土地上正在上演一个民族自强不息，奋力前行追求幸福的故事。滚滚千里松江水，作曲填词，多少气壮山河的史诗已经成了往事。继往开来，再续新篇，还在我莘莘社科学子。时代在呼唤我们，我们必将砥砺前行！

那年夏天，我走过这里

叶俊琪

——"喂，哪位？"

——"你好，请问是××居委会的冯书记吗？我们是……这次打电话过来主要想麻烦您……"

一 调研概况

按照早前资料里的联系人电话，怀着无比的紧张和不安，我小心地在手机上按下每个数字键。要知道，电话的另一头将是居委会的某位书记、主任，而不再是学校里你所熟悉的辅导员或每天给你上课的教授，说话不但要客气礼貌，还要注意分寸，而且你并不知道他对你的请求会有什么样的反应。电话，终于通了……

几番电话打下来，我总算是松了口气。跟各个PSU的居委会初次接触，总体情况还挺顺利。大多数书记对我们往年的CSS活动还是有印象的，解释工作并不困难。调研点的领导都热情地表示愿意向我们提供帮助，只是其中有两位书记要求我们提供相关文件证明，以及去征求上一级别行政机构的意见，因此并没有在电话里明确表示接受我们的调查活动。

两天后，从广州出发，历经三个多小时的漫长车程，我和搭档两人来到了广东省江门恩平市。这个充满各种未知的城市，一张张陌生的面孔，让我不禁对接下来的工作充满期待。

真正下到各个乡镇时，我们欣喜地发现居委会的领导都是热情善良的人，对我们两位远道而来的大学生表现得十分友好。即便是先前在电话里头还有些为难的几位书记，也很顺利地接受了我们的请求，这是让我们喜出望外的一点。居委会的现任领导层基本上都曾参与过我们之前的CSS，所以对于调查的具体流程，向他们解释起来其实并不太难。

图1 S村委会领导（左）和恩平组队长（右）

在H镇的H村委会，热情的张书记在了解我们的调查流程后，更是豪爽地提出"等下我就把各个村的村长叫过来，你们需要什么村民信息就尽管向他们开口提问"。在填写居民登记表时，他还专门拿来各村厚厚的户籍登记簿，仔细地在那里统计各村的户籍人数。

在 N 居委会，当我们提到需要对原有的住宅分布图进行更新时，担任文书的福伯特意拿出了一张 2 米长的手绘地图，那是他花了整整一年的时间，将镇上每个街道、每个建筑一笔一划地绘制到图纸上。大家把地图铺在地上，几位书记围着大地图，你一句我一句积极地为我们讲解每片区域里的建筑分布。

H 社区居委会的卢阿姨更是主动吩咐各个小区的负责人去实地核实样本的具体情况，后来还亲自打电话追问样本核查的一些详细标准。

那段日子真的挺辛苦，天气也不太好，冰火两重天。要么是和搭档顶着烈日，以一天喝五六瓶水的节奏，拿着一大堆资料，还背着电脑，穿梭于镇上的每个角落；要么是暴雨来袭，通往居委会的乡间小路都被淹了，车子无法过去，结果只能顶着湍急的水流，蹚水走过去，到了居委会时，裤子都已经湿透了。

图 2　恩平市 N 镇

我们主要利用白天在居委会完成资料收集工作和实地核图，晚上在旅馆进行资料整理，不仅要将白天收集到的信息录入电脑，还要为明天的工作准备相应的资料。我和搭档常常工作到晚上 12 点多，然后第二天早上 8 点多就又出发了。

居委会的上班时间是周一到周五，所以为了保证任务进度，我们基本上是早上刚完成一个 PSU 的任务，中午就马不停蹄地赶往下一个调查点。

我们每天几乎都是在大巴车午休的，有时我累到在车上睡着了，这时搭档就算再困再累也不能睡着，因为他知道我们必须实时、及时地留意车辆的行驶情况，知道我们到哪个地方了。

另外，在前期工作中，我和搭档常常在一些具有争议性的问题上各执一词，产生了很大的分歧。比如说实地核图过程中，发现实际建筑数量跟地图上描述不符，搭档提出××建筑应该按照×××来处理，这样问题就解释得通了；而我却觉得他的想法不合理，无法成立。双方都坚持各自的观点，僵持不下。

但是回想起来，每次搭档跟我争吵过后，过一阵子他又心平气和地跟我讨论这个问题。每次到居委会，面对一个个陌生的书记领导，都是搭档冲在我前面，主动去跟书记沟通，提出我们的要求，都是搭档主动去承受各种压力。我想这就是团队合作、互相包容吧。一个团队里总会有着不同的声音，别人的看法可能不一定是对的，但有一点是要学会接纳、包容。

二 核图抽样的路上也有美丽的风景

人生就像一场旅途，路上充满了挑战，但也会遇到美丽的风景。

我去的那几个乡镇，经济都不算发达，环境、交通也相对落后，但这里有青山绿水，有迷人的乡村风光，有远离城市的宁静。

图3 恩平市H镇

当我们逐个建筑地进行地图地址核查时，镇上的人刚开始时会向我们投来奇怪甚至警惕的目光，以为我们是来查房屋违规出租的。其实他们都心地善良、思想淳朴，了解清楚我们的工作后，热情的他们还会邀请我们进屋喝杯茶或者吃个凉粉。

我们是靠坐摩去居委会的，几个来回，也认识了些开摩的的叔叔。有一次，我们在路上跟一位摩的叔叔聊起天来，得知我们来做民生调查，叔叔便激动地诉说起他的经历。原来他当过兵，参加过中越战争，可如今他生活艰难，很期盼能给他提供社会福利与保障方面的帮助，他衷心希望我们将他的情况反映给上级政府。我很是感慨，那时我们仿佛明白了我来这里的意义。来自民众的声音，需要传达到政府机构。人民共同富裕，不该仅仅是个口号，真正落到实处才是最重要的。

图4 黄昏下的L村

二 核图抽样个人体会

总的来说，抽样核图过程中，联系居委会并不是难题，顺利完成工作的关键在于我们。

一是我们要很清楚抽样核图的步骤流程，鉴于抽样核图培训时间较短，再加上刚刚开始参与实地调查，可能有些步骤我们还没弄清楚，存在误区。

所以我们务必先弄明白每一步该做哪些工作，避免走弯路，用更科学、更准确的方法去完成任务，毕竟居委会的人也是根据我们的要求去做。所以做好这一点不仅能提高我们的工作效率，加快进度，也能有效减少居委会的工作量。

二是要尽可能提前做好准备工作。比如，按照正常的程序，是在更新了总的住户信息后，再根据抽样随机数表，相对应地从住户清单列表中抽出80个住户作为第一轮的样本。建议在实际操作中，我们确定村居总住户数后，对于尚未补充完整的住户信息做适当的假设，先制作个不完整版的样本清单，待居委会工作人员补充完整住户信息后，只需对样本清单做适当的完善补充，即可交给居委会进行下一步的样本排查。因为居委会的领导往往有工作在身，所以我们要减少占用他们的时间，尽量压缩各环节间的空隙时间。

三　正式入户调查，我身边还有他们

一个月后，带着无限的感慨与怀念，我再次来到恩平这座城市。旅店楼下依旧是那间熟悉的小饭馆，饭馆旁边依旧是那条人来人往的街道。

不同的是，这次我身边，除了搭档，还多了6名好队友，以及从北京来的督导师姐和广州市社科院的陈杰老师。旧地重游，而我内心更多的却是对未来一个星期的担忧。

在学校的入户调查培训中，当了解到在正式进入调查问卷主体前还要经历排除不符合标准的受访者、对受访者家庭成员的初步信息录入、预约不在场的受访对象等重重步骤，我不禁为这次的任务捏了一把汗。"问卷内容太多了呀"，这是我听到最多的一句吐槽。确实，问卷的内容包含11个模块，每个模块下又细分成不同的题目，一份问卷至少得花1个半小时才能完成。细读后发现，问卷的前半部分涉及不少个人隐私和其他比较敏感的话题，比如家庭经济收入与开支情况，家庭成员的个人信息，等等，后半部分主要是针对受访者对目前社会状况的看法。此时，我已经深深地感觉到，入户访问跟之前的抽样核图工作相比，任务会更艰巨，所面临的困

难会更多。

担任督导的师兄师姐们所分享的调查经历，也印证了我的担忧。早前他们在其他省份的入户访问工作也并不顺利：有的多次接触受访者都被拒之门外，有的问卷好不容易做到一半，受访者却失去耐心，开始对其进行言语攻击，甚至暴力驱逐。

不过，团队里的另外 6 名新队员的加入，以及督导师姐和陈杰老师的亲自助阵，我想起了中国那句老话"一根筷子容易折，一把筷子难折断"，或许团队的力量能克服这一切的困难。

四 入户调查第一战

人生总要经历些风风雨雨，所以——任务的第一天，台风来了。

那天下午，当大家满怀斗志地准备出发前往居委会时，开始下起了阵雨。大家也没怎么在意，殊不知，传说中的台风已经在慢慢逼近。

我们叫了辆出租车先行出发，陈杰老师开小车载着其他队员随后出发。一路上，雨越下越大，路旁的树枝在风中剧烈地晃动着，还时不时地掉落下来。那雨就像子弹一样，噼里啪啦地打在窗上。一幕幕惊心动魄的场景，简直就像是在拍电影一样。司机大哥也是被吓得一身冷汗，我们几位也是提心吊胆的。靠着司机大哥精湛的车技，巧妙地避过路上一个又一个的障碍物，最后我们安全到达了居委会附近的一栋建筑，以等待后续部队的到来。在躲雨的地方，我们一行人都还惊魂未定，望着门外那狂风暴雨，大树在那里摇啊摇，我想，这将会是令人难忘的一天。

电话里传来的消息是，后续部队来的路上，有棵大树被吹倒了，横在路中间，众人下车试图挪开大树，却由于实在无法搬动，车子过不去，只能暂时去往别的地方避雨。考虑到天气状况和后续部队的缺席，我们 5 人商量后决定待雨势变小，便抓紧时间前往居委会。到了居委会，看到浑身湿透的我们，叔叔阿姨们也很是心疼，连忙给我们端来热茶，拿来干毛巾。我向书记介绍了其他几位队员的基本情况，并提供了受访者名单。书记说，如明天天气状况良好，定会分派人手来协助我们。

第二天，台风终于过境了，也迎来了雨后天晴。上午 10 点，我们的第一战正式开始了。在第一位受访者家庭里，叔叔和阿姨很热情地接待了我和另一位队员的到来。解释工作并没有料想中难，受访者表示愿意接受我们的访问。队友在旁边协助计算相关数据，总体情况还算顺利。叔叔算是脾气较好的，问卷进行到后半部分时，他也只是抱怨了一两句"还有题目啊"。耗费两个多小时，第一份问卷顺利完成了。

那天大家都很努力，晚上 9 点钟，好消息传来，第 18 份问卷顺利完成，我们的第一站以胜利告终。我们只用了一天时间，就成功攻下了第一个 SSU，这一开门红大大激励了队伍的士气。

图 5　调研掠影

五　问卷背后是一个家庭的故事

之后的调查里，我们遇到许多挫折，但也有过令人感动的时刻：在 L 村，家境贫寒的伯伯在我离开时塞给了我 50 块，"小伙子，这钱你拿去买水喝，有空就打个电话回来，跟叔叔我聊聊天吧"，当时我站在那里，半天说不出话来；N 街道的李阿姨，见到天色已晚，更亲自开车送我们回来。

透过每份问卷，我听到的是一个家庭的故事，以及他们对社会的一种声音。农民家庭的农务收入几乎为 0；在城区和乡镇，人们普遍反映每年的收支情况都是入不敷出，在看病治疗上花费不少。这些不约而同的答案，都颠覆了我之前的想法，让我深深地了解到当今一个普通家庭的真实生活情况。

六　入户访问个人体会

在入户访问阶段，问卷能否顺利完成，取决于以下3方面。

一是居委会的配合。六十几份问卷下来，我们发现有居委会的人带着去受访者家里，受访者会更大程度地相信我们，也会更情愿去配合我们。这种现象在城区尤为明显。"小伙子，如果不是居委会的人带你过来，我肯定不会开门的，如今骗子很多"，这是我在城区完成了几户人家的问卷后所共同听到的。居委会的在场，是让受访者成功接受我们的关键。我们尝试过在没有居委会的引领下，去接触受访样本，成功率几乎为0。

二是受访者的情况，包括受访者的文化程度、理解能力。一方面，理解能力强的人，能够快速看懂题目，给出答案。有位队员只用50多分钟就完成了对一名小学老师的访问，这无疑减少了我们的工作量。对于文化程度不高的人，你可能还要花时间去解释题目中的某些表达。另一方面，当对方不识字或视力不好时，示卡就无法派上用场，全程只能口述，这就增长了访问时间，受访者可能会失去耐心而中止访问。

还包括受访者的性格。我们常常遇到这种情况：到了受访者家里，叔叔很乐意接受我们的访问，态度很好，但一旁的阿姨却非常抗拒。脾气好，有耐心的人，往往能够很顺利地完成我们的问卷。

三是我们问卷的设计。从我们前期的抽样核图，到入户访问前的受访者选择等步骤，都体现了本次CSS2017调查的科学性与严谨性，保证了样本是随机抽中的。我相信问卷里的每道题目都是中国社科院的各位老师经过无数次推敲后确定的，都具有其存在意义与研究价值。

问卷长度无疑是值得注意的问题。在问卷后半程，有些失去耐心的受访者往往为了尽快结束，会随便给出个答案，这就影响数据的真实性和可靠性。我想，这样一份问卷，它的意义要大打折扣。在调查问卷的设计上，除了科学性，还要考虑可行性。或许我们需要对问卷内容进行适当的调整。或许我们该权衡下各个模块的重要性，我们的目标应该是在有限的时间里得到那些平时无法获取的信息。另外，问卷的电子系统可以设计得更人性化，比如根据受访者前面的回答，自动省略掉后面无效或重复相同的问题，以简化我们的程序。

经历让我思考

闫　利

"没有调查就没有发言权。"中国社会状况综合调查（简称CSS）通过对全国公众的劳动就业、家庭及社会生活、社会态度、生活质量等方面的长期纵贯调查，获取转型时期中国社会变迁的数据资料，了解掌握社情民意，从而为社会科学研究和政府决策提供翔实而科学的基础信息。这一过程可谓用数据来说话，靠数据来求证。所以CSS的重要意义就毋庸置疑了，但是如何在全国开展实地调查，并保障其质量，需要多方力量来协调。本文以CSS2017个人的调查经历及体会为主，谈谈我对CSS2017的看法与感想。

一　人生因经历而美丽

人生因经历而美丽。作为巡视督导，我进入调查执行现场的第一站是河北保定、霸州的社区。以前老听社区工作人员说入户调研"门难进，脸难看"，这次真的感受到了。我们的访员在入户时困难重重，有的甚至连楼道门都进不去，有的即使进去了，也被户主破口大骂。第一天下午访员就受到了极大的打击，兴高采烈地出去入户，灰头土脸地回到集合地点。面对这样的情况，地方督导董老师积极与社区居委会联系，动员各方力量协助我们进行入户调查。我们的访员也鼓起信心和勇气，一鼓作气，用3天的时间拿下了霸州城市社区17户。这其中最难能可贵的是大家的真诚与真实，城市社区入户调研特别难做，更何况我们人生地不熟，寸步难行，但是我们的访员和地方督导没有退缩，没有弄虚作假。当只剩最后一份问卷的时候，访员动用所有的力量去寻找名单里的最后一户，他们分工明确，两个人去之前无人应答的住户家，另两个人联系周边的亲戚等看看有没有认识的。我们坚持自己的原则：一份问卷，一份真实的数据。虽然夏日炎炎，访员都被晒得红黑红黑的，我们为了真实的数据一户又一户地奔跑着。功

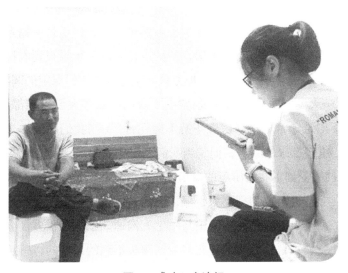

图 1　成功入户访问

夫不负有心人，我们最终完成了霸州市的调研，而且是超额完成，多做了一份，访员说："为了避免出现废卷，我们多完成一份，多一份保障。"

城市社区完成调研任务后，我们转移到了农村社区。经过在城市社区的历练，我们的访员处理起入户难题游刃有余，知道如何敲门成功率会高，见到居民也不再那么紧张，很自然地介绍我们调查的目的及意义。相对来说，农村社区好做一些，但是农村社区也存在一些问题。城市社区门难进，农村社区则问卷难做，因为白天在家的基本都是一些老年人，他们知识水平不高，对于问卷中的一些问题不明白，需要解释很多遍，但是我们的访员依然能够高质量地完成。有的访员看到受访者家徒四壁，回来说："老师，我特别想帮助他，我看着他特别难受，我把身上的钱都给他了，同时也希望国家政策能惠及他们，让他们的生活好起来！"在农村调研，访员不仅是在完成调查任务，更是不断地开阔视野，感受民生民意，增长了很多见识，也意识到了我们社区中存在很多问题，需要国家、社会、我们去解决。在农村，我们的访员很受欢迎，虽然之前他们也对我们的身份存有怀疑，这也是人之常情，但是当听说我们调研是为了更好地解决民生问题，村民们笑了，说非常欢迎，希望我们能将调研的结果积极地向有关领导反映。我们的访员也希望尽自己的微薄之力，认真地访问、记录受访者的情况，争取将调研任务做到完美。

其实，每一份问卷都是一个故事。虽然很艰辛，但是这一路走来，我们的每一位访员都很认真，越挫越勇，从城市社区的举步维艰到农村社区的势如破竹，每一天都充实而有意义。地方督导董老师将我们保定的调研称为"豪华游"，第一天调研时董老师就说："上了我们的豪华大游艇谁都不能掉队，上船容易下船难，希望这一次豪华游不虚此行！"当我们听到"豪华游"时就笑了，心里想哪来的豪华，但是当我们调研结束的那一天，访员抱着我说："姐，我真的感受到了我们游艇的豪华，很多时候我们都封闭在书本里、教室里，对社会上的很多事物都不太了解，但是通过这次调研，我不仅学会遇到问题应该怎么解决，而且不再害怕与陌生人沟通，了解了很多社会问题，增加了我的社会视角，这可能是我花多少钱都买不到的，真的，感觉自己成长了很多，也收获了很多……"

二 CSS 不是简单的调研

CSS 的抽样设计、问卷设计、实施调查访问这三方面都很有特色。一是在抽样环节，CSS 利用第 6 次人口普查分区县市资料设计抽样框；在调查点采用地图地址抽样方法以涵盖更多的流动人口。二是在实施调查访问环节，CSS 依托全国各地 30 余所高校和科研机构，建立了地方调查团队；开设了督导、访员培训课程和多样的访问模拟训练；设计了调查管理的系列流程，并配有高效的后勤支持。三是在问卷设计方面，问卷结构清晰，对问卷填写要求和问卷内容中的难点及疑点进行详尽说明。四是在质量监控环节，各调查点、省级、全国不同层面都会进行一定比例的问卷复核以确保问卷质量。此外，专业者对数据信息做匿名化处理，以确保任何受访者都不会因为参与调查而受到任何负面影响。

1. 抽样设计

入户调研已经很难了，然后还采用多阶段混合抽样的方法，即分县/市/区、村委会/居委会、居民户、居民 4 个阶段抽样，每个阶段都采取不同的抽样方法，这就使调研难上加难。其中，第三阶段采用的是基于地图地址的随机抽样法。我个人认为以地图地址的随机抽样法为基准开展入户调查，在一定程度上可以确保入户访谈的科学性、有效性、代表性和延续性。一方面，它可以提高样本总量的准确性和可靠性，避免出现找不到访谈对象，导致出现失访的情况，只要住宅里的住户存在，就可以保证样本的有效性；另一方面，它会尽量覆盖到流动人口，增加样本的代表性。因为很多地方如城乡接合部、建筑工地和简易工棚等有流动人口居住，有的住户甚至没有居住证，如果仅依照户籍、门牌号等信息确定样本框，这些人是访问不到的，这样会造成样本的代表性不足。根据建筑物确定样本框就很自然地覆盖到这些群体，可以保障样本在不同群体间的代表性，使抽样更加科学可靠。此外，它可以保障入户访谈的延续性。地图地址抽样法可谓以不变应万变，不论人员如何流动，住宅相对来说是不会有很大变化的，除非短期内出现大规模拆迁征地等情况。所以一旦确定建筑物，就可以确定住宅中的住户作为访谈的样本，同时也可以保证后期的回访。对于访员来说，做问卷不难，难的是每次到受访者家中都会遭到质问与怀疑。"为什么是我们家，不是隔壁""你们怎么这么会抽，一抽就抽到我家，谁信呢""为什么你会有我家地址，你们是干什么的"等问题，就需要我们访员加强沟通能力。这是作为访员的基本素养，也希望我们 CSS 社会综合调查进一步加强影响力和宣传力，做成大家耳熟能详的社会大调查！

2. 问卷方面

问卷是调查研究中用来收集资料的主要工具，它是由一系列结构化的问题和答案构成的调查表格。我认为，问卷是一个载体，一方面体现调查者想要了解的相关主题的社情民意，另一方面承载着受访者的有关资料和社会态度意见。在问卷设计方面，我认为 CSS2017 严格遵循明、严、巧这三个原则：明是问卷中明确问题的测量目标；严是设问严密，需要别人回答的问题的逻辑性严谨；巧是问卷在布局上安排巧妙，很顺畅，不突兀，基本上没有敏感话题。但是题目问法是否符合受访者的语言习惯需要进一步研究并改进。此外，问卷太长，有些受访者尤其是农村老年人，感觉时间太长，需要中途中断，或者是等一段时间完成，有的人甚至为了完成而去完成。我们控制了访员的素质和质量，但是却很难控制受访者，所以这也是一个值得深思的问题。

3. 实施调查方面

在调查中我们不断地规范访员和督导员的工作流程，通过培训与演练使访员和督导达到标准化的程度。不论是资料的准备还是工作的流程都具有完备性、规范性。实地调查可以说是锻炼我们每一个人的能力，从我个人来说，教会我如何处理两难问题，如何定位及扮演好自己的角色，学习很多人际沟通方面的技巧。就连地方督导董老师也说自己受益匪浅。他说这可能是他人生中又一次的全新挑战，一点一滴地和地方社区建立关系、协调关系，攻克一个又一个的难关。实地调研是我们相互配合的一个过程，除了解决入户问题之外，也要协调访员之间的关系，促使大家相互打气。

董老师非常有智慧，懂得如何调动访员的积极性，同时这也和我们统筹帷幄相关。实时关注访员情况，一个访员能力强一些，一天做了3份问卷了，但另一个访员可能当天运气不太好，碰到的都是拒访或者无人应答，这时候董老师积极协调，让另一个访员去代替完成3份问卷的访员，董老师称之为关系平衡。这样既不会挫败访员的自信心，同时也能使访员保持最佳状态，不疲劳访问，可谓大智慧。

对于实施调查，我有小小的建议。由于访员和部分督导是来自全国各大高校的在校生，一方面可能培训时间方面有些限制，另一方面调查人员经费方面可能比较紧缺，再者考虑到培训的标准化，能否将培训与网络科技相结合。即专业老师可以先将基础培训录制为课程，然后访员、督导在规定的时间内通过网上进行登录验证，开始学习，形成全国一套标准化的CSS访员、督导网络基础培训课程。后期通过面对面的访问模拟训练锻炼与考察学生的综合能力。将网课与实练结合起来，也需要做好监督和考察工作，具体还需要进一步的规划操作。

图2 团队合影

三 CSS 不虚此研

通过对CSS2017的整体感知，我充分感受到了CSS研究集结了众多学界及各调查组织的心血与智慧。CSS2017项目是CSS的映射，既能反映老百姓的日常生活，也能透过这些日常点滴看到社会本质，能为国家政策的制定和学术研究提供数据支撑。

我深信，每一个参加CSS2017的学生，都会觉得CSS是"豪华游"，每个人都有自己的收获，这些收获对我们实现人生意义有积极的影响。我也相信，CSS将会达到一个新高度。

CSS：一次成长的旅行

程 珊

2017年的夏天，我有幸参与"中国社会状况综合调查"的项目，跟着项目组的老师们学习专业的调查研究方法，走进田野，走近科学研究。在历时一个多月的实地走访中，我收获的不仅是理论的知识，更多的是实践能力的培养和抗逆力的提升。其间我们有丰富的田间经历，听闻各种趣闻轶事；有深切的实践感悟，助推我们的成长；有深刻的反思，帮助 CSS 更好地前行。对于我来说，这次的调研之旅是一次成长的蜕变。

一　痛苦与快乐同行

从开始培训到实地访问，历时一个多月，其间我看到了形形色色的人，遇到了各种各样的情况，有痛苦也有欢乐。其实，回过头看会发现之前所有痛苦的经历似乎都是美好的修行，只是在当时的情境下被太多外界的因素干扰，以至于无法领略它的美好。

我在安徽调研期间，第一站就面临了很大的考验。先是地方的前期核图工作没有做好，导致在实地访问的过程中有些地址不太好找，这不仅耗时耗力，而且也是对访员体力和精力的挑战。我依然记得当时我和4名访员一上午走20000多步，只为了准确找到一名合适的受访者，访员的精气神受到严重的打击，抱怨不断。面对这种情况，我能做的就是陪伴在访员左右，安抚他们的情绪，和他们一起克服困难，并主动联系村居委会，争取他们的帮助。最后，在村委会的帮助下，我们顺利完成该村的工作。

紧接着，我们开始城市社区的入户工作，城市社区人员流动性大，空户较多，居民的防范意识强烈，这一系列因素导致入户难度非常大，成功率非常低。在农村，我们小组大约一天就结束一个村的问卷任务，但是一个城市社区我们连攻三天都不能结束任务。炎炎烈日，还发生过这样一件令我印象非常深刻的事。有一名访员访问中途被拒访，她非常沮丧，因为

图1　访员成功入户

在城市社区能成功入户并开始访问是非常难得的，中途拒访令访员非常不甘心。当天晚上我们就一起开会了解详细情况，商量第二天的对策。那名受访者是一位阿姨，她是个体户，家里开了小茶庄，家庭经济状况还不错。刚开始访员入户还挺顺利，就在访问到涉及家庭经济收入和低保政策时，受访者态度急转，坚决拒访，并威胁访员不准再踏入她家一步，否则会让我们在小区待不下去。根据访员的反馈，我们了解到受访者的丈夫对我们的工作是支持的，他也是我们这次访问取得胜利的关键。于是，第二天我们安排了2名访员再次入户，并尝试取得她丈夫的支持。然而依旧是拒访，受访者威胁要报警解决。为了"搭救"2名访员，我赶去了现场，尝试和受访者解释并向她道歉。受访者仍旧不买账，一直在破口大骂，质疑我们工作的真实性。为了取得她的信任、平息她的怒气，我给当地居委会主任打电话，由她出面证实我们工作的真实性。然后，我们虚心接受受访者的批评。这样僵持了近半个小时，受访者的情绪也渐渐平复下来，停止了谩骂。这时候我趁热打铁打起了感情牌，先是道歉表示理解受访者的感受，同时也表明我们的难处，希望她能理解。因为我们的年龄和她孩子相仿。最后，她终于接受了我们的访问。鉴于之前的那名访员情绪化严重，已经不适合继续访问，我更换了访员与她进行沟通，我自己则留下来在她店里帮忙干活，最终用了两个半小时完成了对这户的访问。虽然过程艰难，备受打击，但是现在看来却是一次难得的经历。

　　由于配合得当，地方督导和访员齐心协力，安徽的调研工作最终顺利地完成了，并且后台反馈质量很高，获得了老师们的高度评价，这对我们几名督导来说也是一次圆满的结局。这段时间在安徽的调研工作，有心酸也有欢乐，更多的是收获。一是这次经历锻炼了我强大的内心，虽然在途中几次差点掉眼泪，但是为了保护访员和完成这次的任务，我必须以坚强的姿态面对各种困难，用尽一切办法赢得受访者的认同和配合。每次访问结束以后，我都切实地感觉到自己的成长，能独立面对复杂的情况，能照顾到别人的感受，我非常开心。二是通过和受访者的沟通，我的工作能力提高了，尤其是随机应变的能力。在紧急情况下，我学会了冷静地处理问题，根据受访者的反应找出应对策略，这让我受益匪浅。三是这次经历提高了我们团队的凝聚力，组员之间学会了相互体谅、相互帮助，我和组员之间的关系更加亲密，这对于今后工作的开展有非常重要的意义。

结束安徽的调研，我便启程去重庆和其他队员会合，开始重庆地区的调研工作。对于我来说，这是一次更大的挑战。因为当我到达重庆后，我发现这里的人都习惯用重庆话交流，这给我这个外来者造成了很大的困扰，意味着我今后和受访者交流的时候会面临窘境。果不其然，在我到达的第二天，我要参加访员的试访环节，以对访员们访问中不恰当的地方进行指导。但当我们开始试访的时候，我完全蒙了，受访者听不懂我的话，我也听不懂他们说什么，只能依靠访员的翻译。而且，访员在访问的时候全程用重庆话进行交流，我根本没办法发现错误并进行指导，最后只能希望他们尽量用普通话进行交流。试访结束后，我找到当地一名访员让他教我说重庆话。虽然时间比较紧张，但我还是掌握了重庆话的特点，基本上能听懂他们的话。就这样，我们开启了重庆的调研之旅。

经过和其他两名督导的协商，我最终负责的是重庆潼南地区的现场督导，跟我合作的是 4 名 1998 年出生的小妹妹。看到她们活力满满，我对这次调查充满期待，也很安心，相信这次调研工作会圆满完成。然而，第一天的工作打破了我的幻想。我们原本提前安排好工作行程，并约定早上 8 点出发开始入户工作。当我 8 点精神饱满地邀请他们出发时，几个访员还在睡觉！在我的催促下，她们才开始慵懒地起床洗漱，半个小时后出发吃早餐，开始工作已经快 10 点了。我很无奈，这样下去整个工作进度会受很大影响。晚上我单独和地方督导聊了一下，希望他们制订明确的计划，并督促访员履行自己的职责。没有规矩不成方圆，第二天这种情况好了很多。接下来的几天，我们都在城市社区进行访问，这里大部分住户都在外地打工，空户率非常高，拒访率也达到了 90%。原定两天的任务持续了五天还没攻下，这很大程度上打击了访员的积极性。访员强烈要求转移阵地，先搁置这个社区的工作。考虑到数据的安全性和完整性，我没有同意这个提议，坚持要把这个社区的调查完成。我和地方督导商量再去街道办寻求帮助，街道办负责人给我们找来该社区主任，让他亲自带领我们入户，及时排除空户，就这样我们在第 7 天完成了对该社区的访问工作，全员计划转战下一目的地。由于几经波折工作终于顺利完成，访员们信心大增，重新燃起斗志，并立志后面的工作要加快步伐，争取早日回家。这一晚为了庆祝，我们一起去吃了火锅，大概是这段时间太累，体力消耗过大，每个人的食量大增。在饭桌上大家有说有笑，各种八卦调侃不断，欢乐极了。经历了同甘共苦的一周，大家越来越亲密、越来越有默契。晚上回到宾馆，依旧每日小结，大家把这几天的感悟和经验进行分享，并制订后面的工作计划。

下一个地点是离县城比较远的乡村，我和地方督导需要第二天提前去安排好住宿问题，并与当地的工作人员联络，取得他们的支持。其他4名访员两两一组先去村里开展核图工作。由于该村近几年变化不大，访员在村民的带领下很快完成了核图任务，正式入户模式启动了。积累了前期的工作经验，访员入户能力有了很大的提高，再加上村民比较热情，第一天入户就顺利完成了一半的工作量，访员信心大增，第二天如期完成所有的工作。

工作的顺利完成固然令大家开心，然而在这个村的所见所闻也引发了我的思考。这个村子在当地处于中等发展水平，村民生活总体比较安逸，但也有个别生活特别困难的贫困户。其中，抽中一户人家，夫妇二人均到了古稀的年纪，住的房子没有屋顶，只用塑料薄膜遮住，泥土糊的墙壁也是残破不堪。只有一间堂屋和卧室，连坐的地方都没有。我们去的时候正值中午，两人正在吃饭，饭菜也极其简单，搭配米饭的只有几根干瘪的咸豆角。但是，两位老人生活态度非常积极，表示对现在的生活很满意，对政府提供的优惠政策非常感激，丝毫没有抱怨的情绪。在那一瞬间除了感动之外，我更多的是震撼和钦佩。什么是"不以物喜，不以己悲"，两位老人用他们的实际行动诠释了这句话。和他们比起来，那些生活富裕却在抱怨社会不公的人显得多么渺小。虽然由于年龄的关系，老人不能接受我们的访问，但是我还是愿意陪着老人聊天，聆听他们的故事，净化我的心灵。他们的故事让我学会了包容和感激，我也特别期待在国家的扶贫政策下他们能切切实实地早日脱贫，得到更多的获得感。忽然间，我真正体会到了培训时老师们提到的这次调查的意义：我们这次的实地调查就是为了了解民众的真实生活状态和对社会现象的看法，从而发现问题、解决问题。

在前期地方工作经验积累的基础上，地方督导更加重视和当地村干部的沟通协作。我们在去下一个村之前，她已经联系好了当地工作人员，提前准备好我们需要的资料。因此，我们后期的工作开展得很顺利。然而，天有不测风云，就在大家兴致勃勃地计划最后一个村的工作行程时，有一名访员突然提出请假，表示家里有急事不能和大家一起完成这次的调查。这让其他访员难以接受，原本人手就不够，再少一个人意味着工作量的加大和时间的延长。访员们一下子像泄了气的皮球，纷纷表示想要回家。面对这种情况，我和地方督导商量，从其他地方抽调人员过来支援，并向访员承诺他们的工作任务不会发生变化。就这样，我暂时安抚了访员的情绪。在对新来的访员进行简短的培训后，我全程跟随他们进行入户访问，最终大家圆满完成了所有的访问。

从安徽到重庆，一个多月的时间我从懵懵懂懂到能独立应对一些突发状况，从一个路痴到能准确地找到我们的受访者，从只用管好自己到要照顾安抚好我们可爱的访员，我的内心变得越来越强大，心态也变得越来越好。我体会到"柳暗花明又一村"的欣喜和"众人拾柴火焰高"的力量。这段时间要感谢的人太多，感谢项目组的老师们、巡视督导同学们的倾情相助，感谢时隔一年再见的师大老师和同学们的热情款待，感谢热情洋溢的学弟学妹们的努力付出，感谢身边三位同伴的相互支持。他们是我前进的动力，是我成长路上的引路人。我真心地感谢每一个人，也希望我们的 CSS 能越来越好。

二 总结与成长相伴

这次的 CSS 之旅不仅教会我如何做事，更教会我如何做人。从前期的准备到实地访问环节，老师们无不是亲力亲为、认真严谨，给我们树立了良好的榜样。首先，周密细致的培训丰富了我们的理论认知，让我们对 CSS 有了全面的认识。不论是对问卷内容的反复揣摩、对调查技巧的不断操练，还是对调查系统的反复试错，都为我们今后的实地工作做了充分的准备。其次，实地的试访环节让我们切实地体验访问的流程和入户的艰难，同时也锻炼了我们工作的能力和随机应变的能力，是对我们抗压能力的一次提升。此外，强大的后台支持系统在实地访问的过程中为我们排忧解难，给我们提供了强大的物质和精神支撑。这些工作细致烦琐，耗时耗力，若不是对工作的认真负责，不是对这项事业的热爱，很难做到这么严谨、这么一丝不苟。这也正是我们年轻一代应该学习的优秀品质，是我们一笔宝贵的精神财富。

然而，世上万物没有绝对的完美，实践活动的复杂性决定任何实践活动都会存在不足。俄国哲学家车尔尼雪夫斯基曾经说过"人世间的事不可能没有缺陷"，正是因为这些缺陷的存在我们才能不断改进，不断趋于完善。CSS作为全国范围内大型的纵贯调查，正是由于不断的实践才得以不断发展。根据我的亲身经历，我觉得CSS在以下几个方面可以更好地完善。

第一，问卷问题的设置应该更加科学合理。经过实地访问和访员的反馈，问卷中有些问题不适合某些人群。比如，问农村老人对网店店主和信息安全的看法，他们没有接触过，所以没法回答或者回答的真实性不高。第二，应该加强对地方督导的考核，避免地方督导的不作为。就我的经历，我能明显感觉到地方督导的重视程度和负责程度对效果呈现的重要性。缺乏考核机制或者考核措施不到位，会造成效率低下，影响最后的访问效果。第三，后台系统反应的速度应再快些，如果无法及时发现访问中出现的错误导致一些滞后性的问题会在一定程度上影响后期问卷回答的质量，也会缺少监督访员的依据。第四，前期核图人员配备不足，我们的核图人员在对地方执行机构的核图抽样员进行基础的理论培训后，缺少进一步的跟踪，导致地方自主性过大。如果地方组织者不够重视，会严重影响核图工作的准确性，对后期的实地访问造成很大的影响。

实践是检验真理的唯一标准，只有在实践当中不断优化，CSS才会走得更好，走得更远。我相信通过老师们的辛勤付出和各位督导们兢兢业业的工作，CSS会发展得越来越好。

CSS 之缘："团队，经历，坚持"

王 泽

2017 年的倒数第二天，CSS2017 的总结大会顺利召开了。屏幕上一张张调查现场的照片在我眼前播放。在 CSS 这个大家庭里，所有的欢笑与泪水都在在场的每一位老师和督导的脑海中回荡，参与过程的点点滴滴仿佛在我们眼前重现。思绪将我带回到了做绘图抽样培训督导的回忆中。

来到中国社科院后，我就听说了"中国社会状况综合调查"（Chinese Social Survey, CSS）这个项目，并且有强烈的参与意愿。我对社会调查本没有特别的热爱或追求，但似乎确有一种力量一直以来一步步牵引着我来到 CSS 这个大家庭。如果有人问我这种力量是什么？我认为那就是机缘巧合吧!

我与大型的社会调查项目结缘还要从大学毕业时说起,那时我已经收到了社科院的录取通知书,等待着成为一名社科院社会工作硕士的这段时间里,我报名参加了北京大学的中国家庭追踪调查(China Family Panel Studies, CFPS)项目,作为一名入户访员在山西临汾做问卷调查。通过这次大型的调查,我才知道目前中国还有这样一些机构或者一批学者在进行类似的事业,也就萌生了想深入了解甚至将来从事类似工作的想法。后来参与CSS,我才知道这一次的调查不是用纸质问卷,而是升级为平板电脑了,并且和北大的中国社会科学调查中心联合开发计算机辅助面访调查系统,该系统的后台质控恰是由我在北大的CFPS项目的督导张雅欣老师的团队与CSS项目组老师联合负责。

在结束CFPS后,我又报名成为中国人民大学中国调查与数据中心(National Survey Research Center at Renmin University of China, NSRC)的电话访员,在人大进行了两天的电话访员的工作。在人民大学给我们培训的执行督导胡以松老师又是北大调过去的,他曾是北大中国健康与养老追踪调查(China Health and Retirement Longitudinal Survey, CHARLS)项目的主要负责人。就这样,几乎整个夏天我都跟社会调查紧密地联系在一起。现在想想这两次经历,在感叹世界很小、机缘巧合的同时,我也看出中国的大型社会调查研究与数据收集处理工作在默默地展开,各大高校在寻求着合作,优质的人才和机构在社会调查领域不断流动交流,新的时代正在慢慢到来。未来,可能会有更多的人从事和数据有关的工作,我也有更多的可能性再次跟数据结下不解之缘。

进入中国社会科学院研究生院之前,我并不了解社科院社会学所也有类似的大型调查项目。在李炜老师的社会研究方法课上,我才知道我们这一届刚好可以赶上两年一次的CSS,在两年的硕士阶段,我再早一年或者再晚一年入学都不一定能参与。参加CSS与以往参加的项目对于我的意义是不同的,因为这次我终于能够参与自己学校的项目,能够为自己学校的项目出力,我们义不容辞,更不用说是平时给我们上课的老师亲自主持的项目。所以,参加CSS之初,我们社科院的同学都把一种亲切感灌注进了督导工作之中。这种感觉一直伴随着我们走完整个项目，最后凝聚到今天这次大家庭聚会的气氛中来。我想所有在场的流过汗和泪的同学一定是被这种感觉所引领、陪伴，走过 CSS2017。

一 团队

记得当初参加 CSS 督导面试的时候，李炜老师问了我一个问题："你认为北大的 CFPS 和我们的 CSS 最大的区别在哪？"这个问题我没有回答上来，李老师告诉我，"最大的区别是，CFPS 是单兵作战，调查员在全国调查，督导在北京指挥；而我们的项目在执行过程中是以一个团队的形式开展调查的，督导和访员一起在地方执行项目"。这种方法就是"现场小组"的社会调查工作方法。后来，随着培训和实地工作的陆续开展后，我也逐渐领悟到 CSS 这种团队作战的特点。团队比个人更容易共同面对困难、解决问题，成员间相互帮助、鼓励，在完成任务的同时也培养了深厚的友谊，这些都是每一个 CSSer 的宝贵财富。

我是负责绘图抽样培训的督导，在辗转 7 个省的培训工作中，我遇到了不同的地方团队，每个团队都有自己的特点。其中，四川西南民族大学社会学系的团队给我的留下的印象更为深刻，他们几乎靠自己到地方去疏通关系，走访入户。他们分成 4 个小组，每一组都完成两个县的绘图抽样调查工作，一个县的 4 个村居调查结束紧接着奔赴另一个县。最后，再回到成都完成 4 个社区的调查工作。所以，他们的时间持续得最久。在团队方面，他们都很团结，每天忙碌的工作之后都能在一起相互鼓励，他们是把团队精神贯彻得最为彻底的人。相信这趟工作下来，他们收获的不仅仅是一次暑期社会实践，更是一次难得的团队经历，一次有欢笑、有泪水、有辛苦、有陪伴的人生体验，这些将来都会成为他们的宝贵财富。我加了他们的微信，每每看他们在调查过程中发在朋友圈里的照片和内心的苦楚，心里都替他们加把劲，希望他们会遇到容易入户的家庭，希望不要让困难打击这些最可爱的调查员！

因为绘图培训的关系，我一直奔走在不同城市，不过我能够感受得到 CSS 背后的团队力量。既有北京值守的社会发展研究室的团队，也离不开提供 CAPI 支持的北京大学中国社会科学调查中心的帮助，更有全国 30 多家高校和科研院校团队的配合。多年的团队配合使得我们采用现场小组的工作方法。一般来说，现场小组由一位地方督导（一般由地方老师或者有大型调查经验的研究生负责）以及 CSS 培训的巡查督导和若干名访员组成。项目组的老师们称李炜老师为"总督"，把我们称为"巡抚"。这个比喻表达了巡查督导的职责之一，就是巡视和督查地方各个执行团队的工作，以保证调查的质量。之外，我们所做的最重要的工作就是帮助地方团队熟悉 CSS 实地调查的整个流程和问卷中设计的每一个问题的内涵，以便他们能够顺利有效地在实地调查工作中完成任务。所以，在实地调查的每一个阶段，几乎都有我们的巡查督导陪同地方团队下到实地，进村入户。在这个过程中，督导和访员一起往往能够经历难忘的日子，建立深厚的友谊，以至于调查结束后都有联系。我至今都与很多访员保持联系，感觉这次调查之后，在全国各地都结识了不少朋友。

　　我想结合自己调查时的所见所闻，在团队建设方面给 CSS 提一些建议。首先，有地方老师作为督导全程陪同下的调查访问能够保证调查的进度和效率，访员们也能够在老师的指导下，按部就班地完成任务；而由学生访员带队的地方团队更有创造力和团队活力。总之各个团队都有其特色，我们的督导下去后，要灵活地运用学到的调查方法，既要坚持基本的原则，又要融入到地方的团队，尊重他们的工作方式。更为重要的是，遇到事情要积极沟通协商处理矛盾。其次，一个有能力的地方督导能够帮助项目顺利开展，反之则事倍功半。我们在注重访员培训的同时，也要注重对地方督导的培训工作，尤其是希

图 1　模拟绘图

望 CSS 能够制定相应的甄别和奖励地方督导的长效机制。最后，CSS 培训的工作中，希望能够加入更多的团队建设培训环节，我认为这样做不但能够增进访员之间的感情，更能保证我们实地工作顺利地开展。

二　经历

因为中国人口流动的关系，CSS 采取地图地址抽样的方法。CSS 的培训工作包括绘图抽样培训和问卷入户技巧培训两个部分。而我主要是负责绘图抽样的培训工作。2017 年的抽样培训人员比较少，只有 4 位督导。每到一个地方去培训，只能有一个人去，没有老师陪同参加。张丽萍是这个抽样培训的负责老师，她像一位慈母挂念游子一样关心我们这些外出的督导们，每当我们出去好久没回来，张老师都会在群里说想我们了。在社会发展研究室，无论我们何时回来，都有另一位像妈妈一样的胡老师在等着我们，胡老师喜欢跟我们聊天，也喜欢给我们准备一些好吃的东西，我们来到办公室就像回到了家一样。正是有这些老师的关怀和付出，才让我们觉得 CSS 更像一个家庭。

CSS 首先需要对我们每个督导进行培训，我们每一位督导都在正式调查开始前两个月就要开始培训，每个周末全天不断地重复练习。后期，我们要进行实地的调查和练习，包括房山的识图练习和北京怀柔的实地入户练习。绘图培训督导在接受全部基础培训的同时，还要接受绘图抽样培训和实地绘图抽样练习。所以，我们参加 CSS 之初是比较辛苦的，除了学校的课程外，周末参加培训，课余时间要消化课上堆积的培训手册和老师布置的问卷作业与调查反馈作业等。经过反复的练习和总结及多次的试调查之后，我们还要在台上试讲，由老师选出适合的同学担任培训督导。这样，我们才能顺利到全国开展培训和巡视的工作。

绘图抽样培训是 CSS 打头阵的工作，只有把工作做好才能保证后面的问卷入户顺利进行。因为我们抽中的每一个个案，都有可能成为真正需要入户的备选样本，然后入户调查才能开展。所以，前期把不符合条件的空户去掉，能为后期入户调查节省时间，保证成功入户，提高访问工作效率。

此外，我们是首先跟地方接触的人，我们的言行代表社科院，我们需要更加用心才能把培训工作做好，让地方合作单位满意，才能保证后期的问卷工作顺利开展。

2017 年参加 CSS 后，我感觉到世界真的很小。由于培训的关系，我们前期必须跑很多省份进行培训。我参与了其中 7 个合作机构的培训工作，涉及厦门大学、长沙民政职业技术学院、沈阳医学院、天津理工大学、山西大学、西南民族大学以及最后培训的广东海洋大学。如今的中国高铁十分便利，交通四通八达。但去了这么多的地方培训，大多数时间是在路上，培训的时候很少能闲下来驻足观看每一个城市的美景和感受城市的魅力。更多的时候，我们都在火车上对下一次培训做准备，查看交通、联系负责人、交代注意事项，或者打开笔记本电脑对上一个机构绘图抽样员们回传给我们的图进行审阅并解答他们的问题。

张老师帮我们提前联系好地方合作机构，由地方安排学生与我们接洽，帮我们熟悉交通和安排住宿。我每到一个地方都会提前与地方接洽的同学联系好，把注意的事情交代清楚，以免培训时出现问题。还会给地方负责接待的同学带一些上一个地区的特产作为礼物，这样既能表达我对他们热情接待的感谢，也可以拉近我们的关系。多次出差逐渐使我理解了前期绘图培训准备工作的重要意义。

记得我第一个到的城市是福建厦门。厦门是个美丽的地方，合作机构厦门大学也号称最美校园，但是天公不作美，一到厦门我就遇上下雨，两天的培训都是在雨里进行的，连出去实地练习也在雨中进行，最后走的时候也是大雨倾盆。因为第二天上午是长沙的培训，所以我早早安排好行程，提前一个小时出发，然而还是不巧赶上堵车，一路上我不停地看高德地图观察路况，思考应对之策。我知道如果错过那趟厦门到长沙的高铁，就没有更合适的车次供我在第二天准时参加培训，所以心里一直默默祈祷道路的畅通，公交车好不容易驶上高速，又在快到火车站的地方再次堵车。最后，公交到站，我早已把身份证拿在手上，雨伞插进书包，做好冲刺准备。在雨中，我跟本顾不上道路的泥泞和来往的人流，最终在发车前最后时刻赶上了高铁。上了车才发现，自己已经浑身湿透，我去洗手间擦干了脸，在鞋里塞了些纸巾，心里暗自庆幸没有被滞留在厦门。然后，回到座位，平复呼吸，又打开电脑准备下一个地方的培训材料和联系下一个地方的负责同学。这次经历让我明白凡事都要未雨绸缪，早做安排，如果自己没有早起一个小时，可能真的错过培训，造成严重的后果。

最累的培训是第二次出差，这次是从长沙回来之后，我上了两次课，又踏上了新的培训之路。这次终于有了同伴——沈阳医科大学的高明月（同时也是我们的督导）与我一起奔赴辽宁，去的路上有我们的人一起，让我不再像原来那样孤单。培训工作也顺利开展，但是走的时候坐上火车就被卧铺车厢的乘客鼾声影响得难以入眠，第二天来到天津理工大学先花几个小时去找符合学校报销条件的宾馆。好不容易休息一下，福建那边的图和抽样信息已经发到了我的电脑里，我要赶在问卷培训的督导下去之前把图和住户清单列表审查清楚。但是，我发现他们存在一些错误，如经纬度输入格式错误、住户清单列表前后不对应、抽中重复的随机数等。这时就要考验我能否一个一个给他们找出来，然后再跟他们核实清楚，直到全部整理好提交给张老师审阅后，我才放松下来。此时，从下火车到下午4点半，我一口水都没顾上喝。晚上，天津理工大学的王庚老师打来电话，我们商量了第二天要去实地练习的地点，我先从宾馆骑车30分钟到实地练习的小区去熟悉地形，然后用手机地图截屏发给王老师打印好以供明天实地练习使用。然后，在那个小区附近找了一家沙县小吃吃了碗面。天津理工大学的王庚老师和王淼老师是定量研究方面的专家，他们对我们的培训也是严格要求的，并且几乎全程陪同旁听我的培训课程，有时提出自己的意见。两天的培训我得到了老师和同学们的肯定，这让我觉得所有的付出都是值得的。同时我也看到地方机构的配合和鼎力支持，王淼老师让学生照着所有不清楚的图都重新画一遍，到地方把图和表第一时间整理好给我审阅后才整理打包提交北大方面，以便抽中个案进入CAPI系统，便于访员后期拿着平板电脑访问。在天津的培训，我感到很愉快，既得益于地方机构的合理安排，也离不开我们每一位CSS督导的辛苦付出。

后来，我又赶往山西、四川、山东、广东等地培训，不变的都是自己一个人、一个包，同样的培训内容；变化的是不同的风土人情，不同的地方机构和访员。习惯了车上工作，习惯了忙碌忘记吃饭，习惯了审图到深夜。现在回头想想，在我的研究生阶段能够经历这样一次难忘的旅程非常难得。在沈阳遇到了刚刚考上社科院社会工作专业的 2017 级学妹，在山西培训间隙与在山西上大学的妹妹一起团聚并吃了一次饭，在广东核图发现街边一整栋楼的侧面墙上写着以和我同名同姓的人打出的广告"治腰腿疼找王泽"。每一次人生旅程的经历都将是未来我们人生道路上的宝贵财富，我们都应该且行且珍惜。

图 2 培训团队

对于审图与核图工作，我想谈谈自己的经验。因为地图地址抽样的时候，对图的质量需要严格控制，所以离不开我们及时地审查他们在实地操作时候所做的图，这样我们在发现问题的时候可以及时告诉他们修整，以免前面出错，后面接着错，影响整个调查工作。我们通过微信及时收发图和住户清单列表都很方便，但实际情况是，下去绘图的同学一天的核图工作结束后，再整理好图给我已经很晚了，如果他们那么晚整理好发给我，再听我意见都会觉得麻烦，所以他们往往是有问题后才回来问我，等把所有的图都整理好后才发给我看。经过和很多的机构接触，我深深地感到，在绘图抽样培训结束后，审图的工作需要有条理地进行。如果没有地方机构老师的安排，光靠我们督导去找每个学生催图既耗费精力又不能保证审查工作。所以，建议绘图培训的督导，每到一个地方培训时，都要跟地方机构的老师督导讲清楚，什么时间发什么东西给绘图督导看。尤其要确保同学们第一次做绘图的时候，每张图、每个表都按步骤做完一步给绘图督导审核一步，等熟练了之后，就不需要这样严格检查，抽查即可，以免给他们增加工作负担。最后，地方督导每个的地图地址都整理好后，先检查一遍基本的格式再统一发给核图的督导，由核图的督导审查后交给项目图的老师和北大录入系统。如果我们无法说服地方机构的督导按照这样操作的话，就请北京的执行老师帮我们和地方沟通。我相信，在合理的安排下，一定能保证调查工作的顺利开展。

三　坚持

在 CSS 总结会上，老师请我们 6 位同学代表分享调查过程的经历。我最大的感受是，每一位 CSS 的同学都在坚持着，经历了很多的酸甜苦辣，这是因为万事都不可能一帆风顺，调查过程一定会遇到很多困难。

调查难主要难在入户困难，现代人的防范意识很强，尤其是在城市，我们习惯了住在钢筋混凝土的丛林里，在我们的领地里对外人避而远之，更何况是来调查我们的人。培训时老师说过，为了提高入户成功率，前期的准备工作必不可少，主要包括掌握各种保证顺利入户的技巧，恰当地与地方老师、居委会工作人员的信息沟通，这些都能够让受访者或多或少地减少对我们的疑虑。当然必要的证件、介绍信都必不可少，一些小礼物也作为他们接受我们访问的回赠。这个世界还是好人多，有疑虑是正常的，在这些工作都完成后，大多数家庭会配合我们的调查。有很多访员都跟我说过，调查过程中得到热心人的支持和帮助。辽宁盘锦地区的老党员爷爷骑着自行车带我们的访员到农村入户，广西的农家给劳累的访员下了碗热腾腾的面条，广东湛江阿姨的话"谁家的孩子出来受委屈家长不心疼"……我们的调查离不开这些好心人的帮助和带给我们暖心的话语与行动。有时，我们在困难和挫折面前无意识地放大了人性的恶，却忽视了社会上的善与美。

在困难面前，希望是最为重要的，有了希望就有坚持下去的动力。福建莆田的绘图工作出现了问题，导致他们问卷访问困难重重。我们的督导和访员下去后，工作迟迟没有进展，部分访员失去信心，打起了退堂鼓。负责莆田的巡视督导也是我的女朋友，每天她都会给我打电话讲遇到了什么困难，我都安慰她说明天可能会更好，结果第二天又遇到新的困难。久而久之，在无数的挫折面前，在不知道流下了多少眼泪之后，我感到她从一个遇到事情慌乱、需要别人鼓励的柔弱女生成长为不为挫折所打倒的更加坚强的督导。每天，访问结束他们都要一起唱《好日子》，希望明天会顺利，一遍一遍的挫折让他们更加乐观，一个小的收获都让他们获得希望。就这样，希望支持他们坚持了下来。在总结会上，我多么希望他们当时也能够到达现场，和我们一起分享，一起共度那段难忘的时光。

对于坚持，在这里不得不提到李炜老师，在总结会上，同学们都为他十几年如一日地对这个项目的坚守精神所感动。这个项目确实很费心力和精力，我们参与了一次就感觉到其中的辛苦，更为辛苦的社会发展研究室的老师们，他们从很早就着手申报项目、筹措资金、设计问卷、联系协调各方，在准备培训到整个实施调查过程中，陪同我们去地方培训，手机 24 小时开机准备随时处理各地遇到的突发状况等，有几位老师的身体因此受到影响。但是，我知道，2019 年 CSS 仍将在他们的坚守下进行，未来 CSS 这个项目也会继续进行下去，这个项目会形成我们这个社会共有的数据库，成为时代变迁背景下，反映中国人民的主观态度与民生民情的一项宝贵的资料。未来 CSS 将会为政府机构制定社会政策，各个机构组织教学科研做出重要的贡献。不忘初心，方得始终。CSS 就在无数人的坚守和无数情感的注入之下延续下去。

时至今日，我不知道自己将来是否会从事跟社会调查有关的工作，也不敢保证自己在一项调查工作中是否能够始终如一地坚持几十年甚至一辈子。但是，CSS 教会我不论将来从事什么行业、何种工作，首先，都要注重团队合作；其次，要学会感恩身边的人和从过去的经历中吸取教训；最后，不忘初心、坚持不懈。

回想整个 2017 年，因为有了 CSS，我的经历丰富而难忘。我感受到 CSS 这个大家庭带给我们的温暖与感动，感谢 CSS 中遇到的每一位老师、每一个朋友、每一段经历。愿未来能有更多人参与到 CSS 中来，愿我们的 CSS 数据能够为国家和社会做出更多的贡献。

砥砺前行

金晓晓

2016年9月我曾去过哈尔滨，此后我心里一直念着东北的黑土地和那一望无际的绿色。2017年夏天，由黑龙江省社会科学院与中国社会科学院合作的项目"中国社会状况综合调查"（简称CSS）正式启动，我终于有机会再次开启东北之行。作为学生的我们，理论与实践应该相结合，这次深入田野的调查，使我们有很大的感触。经过为期几天的培训，我们按组分工、收拾行囊，随时准备出发。我们的负责人田雨老师特地在临行时叮嘱我们："同学们，调研的结果都会以冰冷的数据呈现出来，但每一项社会调查都该让受访者感受到我们的关爱之意，展现出调查者对社会民生的关照之心。"那一刻，瞬间感觉我们将要进行的调查是一份很

图1　4人组合影

"神圣"的事业，需要我们每一位参与调查的学生摆正态度、用心对待。

一　调查实况

7月8日，我们4人组启程赶赴齐齐哈尔市拜泉县。李竺芮学姐（BOSS）带队，同组的两个绅士柯杨（柯总）和柳宗杰（柳兄）幽默风趣，使我焦躁的内心慢慢平复。第一天，到达拜泉县G社区。前辈们的付出与努力，让刚开展工作的我们有了信心和动力。BOSS跟着社区负责人一户户地确认被访户，打好招呼，再让我们分片进行负责。天有不测风云，阵雨就那样肆无忌惮地来临，让我们猝不及防，我们最担心资料被打湿，赶紧就把它们护在身前找地方躲雨，最后终于在一家热心肠的大爷家落脚躲雨。晚上9点多，我们三人跟着去接柯总，昏黄的路灯下，柳兄唱着歌儿，我和BOSS静静地听着，一天的疲惫瞬间烟消云散。每每想起，感觉那个画面是那么美好，让人心醉。

第二天，来到拜泉县大众乡F村。这才是最正宗的东北屯里，这才是我心心念念的黑土地的所在。在干部田叔的带领下，我们很快确认了被访户，一切都按部就班地进行着。屯里访问的第一户就让我感到心酸心疼，荣

图 2　李阿姨和夜间歌声

叔失去双臂没有了劳动能力，阿姨又体弱多病，家里的日常开销仅靠出租几亩薄田和政府每月发放的 100 元低保。他们非常配合我的工作，我从他们身上学到很多，即使生活再苦再难，依旧对生活充满热情；即使所拥有的少之又少，依然积极乐观。我只能做好我的本职工作，在心里默默为他们祝福。在屯里最容易见到的就是各种蠢萌蠢萌的动物，如牧羊犬、鸭子、鸡、羊、牛等等，让身心俱疲的我有了缓解的途径，我喜欢看它们，喜欢追着它们跑，喜欢给它们拍美美的照片。

图 3　G 社区和宣传 CSS

第三天，来到拜泉县 G 社区。因为社区相对于屯里访问难度比较大，所以我们准备继续攻克，尽快完成任务。有时候缘分就是那么奇妙，李阿姨家在 2015 年的 CSS 中被访问过，阿姨工作时当过会计，所以现在 60 多岁了，脑子反应依旧灵敏、说话风趣幽默、谈吐中透露着学识，还是一位爱花人士。还有一位让我印象深刻的阿姨，在得知我们的来意以后，赶忙拿水果招待我们；知道抽中的受访者是叔叔后，阿姨立马给叔叔打电话让他赶紧回来，我们内心甚是感动与温暖。叔叔、阿姨因年龄问题在城里一直找不到合适的工作，仅有的女儿还身患重病无法工作，家里的开销仅靠叔叔偶尔打零工和爷爷微薄的退休工资。即使家境贫寒，家庭也很和睦；即使生活捉襟见肘，家里依旧干净整洁。

图 4　指路大叔和王大哥

在拜泉县 F 镇 T 村，一直以来的调查接待工作，都是由村里的书记负责，2017 年他退休了，可依旧热情地接待了我们，书记不善言谈，可认真负责，给我们介绍每户受访者的基本情况，让我们心中有数。屯里土地辽阔，住宅分布比较分散，很感谢一路上遇到的过路人和村民的帮忙。这天 BOSS 一连有几户被访户，我就暂时当了回"组长"，和柯总、柳兄去了另外的分图区域。在接下来的工作中，尤其要感谢在农忙时节还抽出时间帮我们指路的王伟大哥，他骑着电摩带我一户户地确认被访户，还亲自给我介绍，很快打消了村

图 5　远见村景色

民心里的疑虑，让我们的工作很顺利地完成。一天的工作完成后需要上传数据，可酒店的信号不好，我们就赶去了附近的网吧进行上传。

在拜泉县 Y 村，这儿的黑土地上是一望无际的绿色，天空是那么蓝，天上的云是那么白，虽正值中午热日炎炎，可眼中的美景会让你忘却酷暑，只有欣喜与欢乐。因为是最后一天，我们斗志满满，像打了鸡血似的，工作得竟然忘了吃午饭，最后在一个仓买集合，感谢柳兄和柯总帮忙泡的面，感谢仓买老板娘给的黄瓜，这是近期吃过最有滋味的午饭，充满暖暖的爱。草草吃过午饭立马奔赴下一户访问点，正值大娘大爷午休，我心里多少有些过意不去，感谢大爷大娘的热情配合，老两口一辈子清贫，甚至没咋拍过照片，访问结束后，我给他们拍了张照留作纪念，照片里的他们没有被

图 6　最后一户受访者和我的午餐

生活所迫的愁容，有的只是开心的笑颜。临走时，我除给了应该给的劳务费，还把自己仅有的几个棒棒糖留给了他们，我知道这不足挂齿，可这是我仅能表达心意的东西。

最后的最后，我们提前完成了任务，放下所有的杂念，好好享受了一把黑土地的自然美，边走边瞅、边走边唱、边走边拍，论拍照技术还属柳兄，他随随便便拍的一张都可以用作屏保。时光匆匆，虽然调查的过程中会出现各种各样的问题，但我们是一个团队，在我们一起努力下，调查工作最后圆满收官。

二　调查感受

"田野调查"即实地调查或现场研究，通过作者"亲临现场、亲眼所见、亲耳所闻、亲身体会"的方式，呈现都市和乡村中人们的日常社会经济生活，反映社会变迁中的各类问题和趋势。个人觉得各种学科之间都有关联，就比如这种田野调查方式，它也被视为民俗学学科确立的基石和解释民俗的科学途径之一。多天的田野调查让我对田野调查的认识从实践到理论有了升华；让我对拜泉县有了一个宏观上的了解，并通过出现的各种问题来以点概面地了解了东北地区的相关民情以及国家相关政策的落实情况。

首先，我简单谈谈在调查中的实践感言。第一，出行前的准备。要携带相关的工作设备、调查手册、生活必需品，掌握调查点的基本情况以及选择好合适的住地，等等。第二，如何开展第一步工作。感谢前辈们之前调查留下的人脉资源，让我们迅速掌握被访户的基本情况，得以合理地安排好访问时间，以便最高效率保质保量地完成调查任务。第三，如何寻找到正确的被访户。在前期培训期间，项目负责人派出老师进行了专门的识图讲解，这个技能尤为重要，这关乎你的访问户是否正确，关系到你访问的数据是否有价值。第四，如何打消受访者的心理顾虑。《解释民俗学》在谈选择调查点的时候提到"'有特殊关系'的社区，即是有自己的亲朋好友居住的地方，或有其他一些关系，这些亲戚朋友对准备了解社区情况大有帮助，他们能为田野调查工作者建立良好的田野关系提供极大的便利"。的确，正是由于前辈们一次次的实践调查积累下的人脉资源，才让后续的调查者能够很好地、顺利地开展工作。第五，如何让近两个小时的访谈调查顺利进行。每个住户每天都有自己的工作要做，如何让他们接受近两小时的访问，如何让访问能顺利进行、让数据更具有真实性，这就需要访问者掌握很好的谈话技巧。个人感觉这点很关键，首先要得到受访者的信任，让他完全敞开心扉地和你聊，而不是形式化地一直问问题。比如，设置的某一题受访者很感兴趣，那你可以简单地对这一问题做一下自我评价，多和受访者聊几句，但要把握一个度。第六，访谈结束后，如何告别。这点看似可有可无，其实做得好就可以为后来的调查人员提供很好的帮助。除了给受访者应有的劳务费，其实我们完全可以回以微笑或者给受访者一个拥抱，这不单单是形式上的访谈，还是人与人之间相识的缘分。第七，每天工作结束后的任务。每天的工作量很大，数据也很多，每天睡觉前务必把当天的数据上传保存好、分配第二天的工作任务以及小组成员之间互相谈谈当天的感想。

其次，调查中发现的社会问题也很多。第一，城市和屯里的差别。我们在县里的社区调查时，被部分居民拒访甚至直接被轰出来，内心受挫的同时也深深地影响了我们对现代城市的概念认知。这些亲身的经历使我们产生的第一反应是城市现代化的发展在改善生活条件的同时也带来了人们之间安全感、信任感的危机。当然，也从另一个方面体现了城市居民更重视个人和家庭的隐私，自我保护意识较强。第二，受访者的社会态度问题。调研问卷中有涉及社会态度的问题，关于这类问题社区被访者普遍认为，人与人之间缺乏信任感，邻居之间几乎不串门。然而，对于屯里的受访者而言，他们除了劳作之外，经常会串门或在街道上三五成群地唠嗑。第三，"熟人社会"。在屯里，相对于城市居委会，基层干部也更有权威，村干部在乡亲们面前更有"面子"，他们在群众中的威信可以帮助我们打开局面，以便我们更好地开展工作，降低我们的时间成本。并且，村民和土地打交道，向土地讨生活，他们身上有着像土地一样厚实和善良的品格，因而也更好地配合我们的工作。第四，县里和屯里亟待解决的问题。就屯里而言，一是医疗和教育问题。面对日益竞争激烈的社会压力，这两个方面的问题对于依靠土地生存的老百姓而言依旧不堪重负。随着种地的种子、化肥、饲料以及各种雇佣劳动力价格的提升，农产品价格却始终不见上涨（拜泉县屯里苞米一斤 3~5 毛），老百姓的付出与收入逐渐趋于不平衡状态，以致生活压力逐日增加。二是政府的各种惠民政策的落实情况。政府的惠民政策如低保、新农合等政策，老百姓都特别拥护与满意，可政策是否真正地落实到实处，实惠是否真正涉及老百姓，这就需要各级政府一层一层地严格把关，将政策落实，各级领导干部需努力学习"十九大精神"，做到心系百姓、为民谋利。另外，就拜泉县而言，一些社区出租房屋有时将房子卖给了进城的农村人口，这类人群一方面面对的是融入城市的问题；一方面面对的是城里各项生活花销，生活压力依旧得不到很好的缓解。一些市民如果有退休金，生活还可以维持基本的消费水准；而对于在城市打工的农民来说，没有退休金又没有稳定收入的话，面对城里的高消费，无疑是一种生活上的挑战。行文至此，感慨万千，不知道自己参与的调研课题会对人民未来的生活产生什么样的影响，回想那些曾和我们深入交谈的老百姓，只有在心里深深地祝福他们。关注民生，真正让老百姓老有所依、老有所养，对于我们这样一个大国来说任重而道远。

三　调查评估

谈及对 CSS2017 项目的评价，不免觉得自己有些班门弄斧。首先，从具体工作流程来看。CSS2017 为调查员提供的装备很齐全，如调查员胸卡、书包、帽子、硬纸板等，其中最感谢的是为调查员提供的调查地区的具体地址清单和《调查问卷》手册，让我们在实际的调查工作中能很快地做到得心应手，使我们的调查工作得以迅速地开展；CSS2017 调查过程中的录音这一方式很先进，具有前瞻性，这使得整理数据的人员有了很好的参考物，也使得调查员端正心态，使调查更具真实性，最终使调查的数据更具有使用价值。但 CSS2017 也有一些需要完善的地方，如前来进行培训的讲解人员必须有整体的思维把握，以便更快捷地为调查员答疑；数据上传系统应具有安全快捷性，在实践调查过程中，数据系统会不时地出现故障，这不利于调查员数据的保存，也耽误调查工作的进度。其次，从项目收获来看。这次社会实践，让我们遇到了一些人、一些事，也看到了一些人、一些事、一些问题，使在学校的安逸氛围里生活的我们有了一个人生的体验，经历了洗礼。感谢 CSS2017 项目组提供的机会，感谢一路陪伴的老师和同学，近半个月的培训与调研生活，不长也不短，我们正是在前行的路上和交流思考中慢慢成长、成熟，慢慢读懂社会，读懂生活……我们依旧在路上，看到了这片黑土地最真实、最淳朴的一面。愿我们不忘初心、砥砺前行。

我们一起走过的那个夏天

付雪琴

人生是一条单行线，我们无法选择往回走，只能不断向前。但是记忆却是可以追溯的，可以时不时地搜索出来供我们回忆。2017 年 2 月，只因在浩瀚的公众号中多看了你（中国社会状况综合调查招聘项目督导）一眼，从此踏上了社会调查之路。作为一名社会学的研究生，没有参加过大型的社会调查，我感觉是一件非常遗憾的事情，所以我就以壮士断腕的勇气与信心毫不犹豫地报名了。幸运的是，我通过了第一轮的筛选。接下来几乎是从 5~6 月的每个周末，我们都要赶来回 4 个小时的车程到良乡参加培训，伙伴之间打趣道："我们就当每个周末来郊区度假了。"因为在这路上我们看不到市区林立的高楼大厦，看到的是蔚蓝的天空以及青青的草地，心情也会明朗许多。整个培训内容包括：社会状况调查介绍、调查流程和操作须知、识图培训、入户接触与抽样、问卷讲解、问卷平板现场录入调查系统、调查访问技巧、访员安全须知、地方督导培训以及互访和试访环节。培训结束后，我们的重头戏——实地调查就要上线了。

一 风土人情篇

江苏是一个现代化、工业化发展程度比较高的城市，即使是乡镇也都有企业、有工厂，工厂就在自家不远处，所以在江苏访问的过程中即使是农村，白天也会有很多住户不在家的情况，在家基本上就是老人和小孩。记得有一次在陪访员入户的时候，这一家只有两个人，儿子有四十来岁，至今单身，母亲六十多岁，身体不是很好，行动不是很方便，语言表达也不清楚，看起来比较贫困，在我们向这家的儿子表明来意之后，他接受了访问而他的母亲则在一旁不知道说着什么，很明显是不相信我们，不让她儿子回答我们的问题，这个时候他家里也聚集了很多邻居，邻居们把我们当作政府派来扶贫的人，一直在跟我们讲这一户生活有多艰苦，还有村子里另外的一家是如何困难。我们最后抽中的是母亲，但是母亲的表达能力有问题，所以这一户只能作废。最后我们走的时候，把手里的小礼品留给了这一户，此时我们的心里其实是很难受的，因为村民们对我们寄予了很大的希望，而我们心里明白，作为学生我们解决不了实际的问题，我们能做的可能就只是把手中的那一点点礼品留给他们。

和江苏相比较而言，江西的经济发展水平就没那么高，在江苏入户的时候，大多数人白天不在家，基本都是去工作了，而在江西也存在同样情况，白天入户的时候基本都不在家，但却是因为大家白天都在打麻将，一直都知道打麻将在重庆比较流行，可是没想到在江西打麻将也这么盛行。看来，打麻将已经日益成为留守在家的人的一种娱乐消遣方式。只记得在江西做调研的时候很辛苦，但是现在回想起来，那些汗水与泪水好像都不重要，留在我们心里的是老奶奶的那碗绿豆汤。夏天很热，热心的奶奶怕我们中暑，就给我们每个人熬了绿豆汤放在冰箱里，让我们中午过去她那里休息，等我们回来的时候，绿豆汤、凉粉、西瓜都给我们准备好了，都是些解暑的食物。我们的感动之情难以言表，这个世界始终还是好人比较多，我们能做的是同样善待他人、回馈社会。

湛江是广东省最靠南的地方，不管是当地语言还是食物，都很有特色。在湛江陪访的过程中，我全程是处于蒙的状态，因为他们不仅讲粤语还讲客家话（广东地方方言）。广东人特别重视家族文化，在询问道"您家有几口人的时候？"大多数的回答都是 10 口以上，因为在他们的意识里，叔侄之类的也都算是一家人，住房也体现出了他们这一文化特征。当地的房子一般是独栋小楼，但是楼与楼之间距离很近，一栋小楼里哥哥、弟弟等都住在一起。从小在北方长大的我，见惯了高矮不等的平房，宽阔敞亮的院子，到了南方的乡镇，大家住在拥挤的小楼里，房与房的间距很小，有的房屋终日不见阳光，但是看着这一条条弄堂小道，每家每户忙忙碌碌的身影，别有一番生活的情调。

海南和湛江隔着一条海峡，生活习惯上还是有相似之处，海南人民的生活好似更惬意些，虽不像江西那样大家都在打麻将，但他们也有自己一种叫作"爸爸茶"的消遣娱乐方式，"爸爸茶"顾名思义就是，爸爸们在一起喝的茶，其实就是上了一定年纪、没有什么工作的人们聚集在一起聊聊天、喝喝茶、下下棋等，在海南会有专门搭建的场所供他们使用，大家三五成群围坐在一起，点一壶茶，聊得不亦乐乎。

二　最美相遇篇

这一次的暑期调查经历，让我经历了很多人生的第一次，一个人从江苏到江西，一个人在一个陌生的城市住宿，一个人乘船从湛江到海南发现，原来我没有想象中的那么脆弱，也可以如此坚强。虽然没有像其他地方的伙伴一样经历暴雨、台风等，但是生活嘛，没有说一定要经历大风大浪才会成长，润物细无声的生活也会使人悄悄地发生变化。我第一次带队是在江苏，虽然访员数量不多，但是确实非常给力，访员间的协调和配合都很好，特别是其中一位访员有腿伤，在经过几天的入户，不断上楼下楼之后，

图 1　团队合影

腿伤复发但是也从未说要放弃。地方督导的工作做得也很到位，样本的分配及使用相对比较合理。因此，在江苏的那两天不用我担心太多，做好巡视的工作就好。以至于在接手江西的工作时候有些措手不及，江西的访员们个个都很认真、也很踏实，火热的太阳炙烤着大地，每次几个男生都汗流浃背也来不及擦一下，他们按照严格的培训标准进行抽样和访问，从来没有说为了尽快完成做一些虚假的事情。到了湛江，虽说访员被分成两人一组负责一个村居，甚至大部分时候都要去独立完成，但是他们也从未拒绝过，保证按质按量地去完成每一份问卷。回忆有太多太多，那些走过的路、见过的人，至今还历历在目。

三　调查回顾篇

1. 调查优势

首先从"中国社会状况综合调查"项目自身来看，CSS 是中国社会科学院社会学研究所于 2005 年发起的一项全国范围内的大型连续性抽样调查项目，距 2017 年展开抽样调查已经 10 余年，调查区域覆盖全国 31 个省 / 自治区 / 直辖市，包括 151 个区市县，604 个村 / 居委会，每次调查访问 7000~10000

个家庭。此调查有助于获取转型时期中国社会变迁的数据资料，记录和研究社会变迁，分析与应对社会问题。在开展 2017 年中国社会综合状况调查之前，2006 年、2008 年、2011 年、2013 年、2015 年已分别在暑期展开全国范围内的调查项目，建立和全国 30 余所大学及科研机构的合作，为 2017 年顺利开展全国范围内的大调查打下基础。此外，从"中国社会综合状况调查"问卷内容来看，为了兼顾纵贯调查的连续性和社会议题的现实性，CSS 的调查问卷在设计上分为基础模块、更替模块和热点模块 3 个部分。其中基础模块固定不变，包含个人基础信息、劳动与就业、家庭结构、家庭经济状况等内容；更替模块包括如社会阶层地位流动、社会保障、休闲消费、社会价值观等内容，隔一定周期后重复调查；热点模块则与时俱进，目前已进行社会群体利益关系、民生问题、城镇化、政府工作等主题的研究，而 2017 年又新增了志愿服务模块的内容，建立了中国社会综合状况调查数据库，促进学术资源共享。

最后，CSS 项目在团队组织管理方面也有严格的要求，从执行团队来说，虽然课题组老师只有 5 位，但是每位老师都职责分明，在紧张繁重的工作中有序地推进项目进程。在此次调查中培训和巡视督导也发挥着重要作用，对于培训督导和巡视督导的选择，首先是经过面试筛选，再经过培训通过考核之后才可成为正式的培训和巡视督导。另外地方督导也是团队组织管理中不可或缺的角色，CSS 调查依托全国各地高校和科研机构，建立了地方调查团队，开设了为期 3~5 天的督导、访员培训课程和多样的访问模拟训练，确保督导及访员质量。

我们可以看到，在进行实地现场调研之前，CSS 其自身所积累的优势资源以及有效的组织运行管理团队为我们顺利开展 2017 中国社会综合状况调查打下了良好的基础。

正如前文所述，完整而有序的组织运行框架对于项目的整体推动发挥着举足轻重的作用，在整个调查开展的过程中，大区督导—巡视督导—地方督导—访员，这样的人员配比是在人、财、物有限的情况下比较合理的安排，能够切实有效地发挥不同人物的角色任务，保证调查顺利进行。

相较于往年的 CSS，2017 年的社会调查有一个最突出的特色，就是首次使用 CAPI 系统进行访问，而此访问系统能够满足调查访问、信息收集、样本管理以及信息交流的需求。使用 CAPI 系统能够在访员完成受访者的问卷填答之后，及时地将访问数据传回数据中心，而不用像使用纸质问卷时，需要在结束一个 PSU 之后再寄回。使用 CAPI 系统可以保证数据收集的即时性，同时能够记录每次访问的联系信息、访问时长信息、录音信息等，提高每份问卷的有效性。对于一个全国范围内的大调查来说，能够尽量保证每份问卷的真实有效是非常重要的。所以在此次的大调查当中，为了保证数据的质量，后台质量控制中心会包括 3 个环节的核查工作，分别是数据核查、录音核查和电话核查，而 CAPI 系统在数据核查和录音核查环节发挥着关键作用，通过引进这一访问系统，大大提升了数据的质量。与此同时使用计算机辅助系统能够减少后期数据录入的工作量，整体而言提高了大型社会调查的数据整理与分析的工作效率。

2. 调查中存在的问题及建议

（1）核图和识图问题。从 2011 年开始，CSS 项目就开始采用地图地址抽样框，这对近年来不断增加的流动人口来说，无疑是一种比较合适的抽样方法。地图核图工作是后期全面展开现场实地调查的基础，但是在实际调查过程中存在着地址错误、空户等问题，增加了入户访问的工作量，延长了完成访问一个村居的时间，因此在后期的全国范围内社会大调查开始之前，做好核图工作就很重要。另外在实际调查过程中，存在着部分访员看不懂地图的问题，导致无法在入户时靠自己的力量找到访问对象的地址，这样无形中也影响了整体访问的进度。

（2）CAPI 系统问题。此次调查首次使用的 CAPI 系统访问，我认为存在两个问题。一是地方督导及访员对此访问系统的认识问题。在调查中，地方督导不止一次提到过，认为使用此系统是基于对他们的不信任，是为了加强监管。所以，地方团队对于调查采用 CAPI 系统访问存在着一种认知偏差，在今后的调研中，应该做好前期沟通工作，调查的各种细节问题都要讲清楚。另外就是由于系统是首次投入使用，存在着一些不完善的地方，导致在入户访问时存在中断、不能上传数据等各种问题。但是随着系统越来越成熟，之前存在的一些使用和访问上的问题都在慢慢改善，尤其是调查的后期，系统已基本没有问题，有的可能是平板电脑自身的问题，所以在租赁平板电脑方面也可以改进一些。

　　总而言之，从来没有后悔 2017 年这个夏天选择参加 CSS 项目，这个夏天、一段故事、一段情（ps：师生情、友情）……足矣。

感想二三

秦亚琪

在回京休息一周之后，我奔赴浙江温州，去的路上得知温州是全国最难做的几大城市之一，当时想能有多难，竟迫不及待地想去迎接挑战。培训还是很顺利的，访员们学习能力很强，很快就能掌握问卷内容，但接下来的调查却让人头疼。访员们很难入户，需要我带他们一户一户地敲门，可是温州的房子大多都有门禁，接触到住户就显得非常困难。我们想了各种各样的方法，在楼下等有住户进入时尾随进去，或者按门铃期待有好心人帮忙开门禁。终于突破第一道难关之后，入户又是第二道难关，每位受访者都小心翼翼地开门，各种各样的拒绝理由，有的甚至都不给我们解释的机会，头两天只完成几份问卷，这让我们一度陷入绝望。记得不知道是第几天的晚上,我陪访员入户,再次被赶出来之后,我的眼泪止不住地流。其中也有热心的受访者,拿来西瓜和水,给我们,我们礼貌拒绝,她看着我们说,"真是让人心疼"。那个时候心里暖暖的,想着我们尽力得来的数据,想着它以后能够为社会政策提供依据,我会觉得这一切都是值得的。之后随着问卷越来越熟练,访问技巧越来越丰富,历经半个月的走街串巷,终于完成了规定的问卷数。温州是我唯一一个全程跟下来的城市,见证了所有访员的成长,也看到了自己的成长。

谢琴

新泰市的调研组在社区遇到了许多困难,拒访的情况多,尽管调研员如实讲解调研的目的,可还是无法赢得某些居民的配合。在一次无意识的访问交谈中,得知受访者邻居家的大儿子在济南大学读书,正好请那位校友来辨别调研员学生证的真假以及核实学校某些建筑物的标志来证明调研员的真实身份。得益于结识这位大三校友继而认识他的父母,他的父亲(韩先生)在社区生活多年,许多人都很熟悉,他愿意带领调研组的同学们进行入户访问。在他们一家的帮助下,社区的入户最终完成了。没有这家人的帮助,调研不会如此顺利,可能调研员会花更多时间完成该社区的走访。在此对韩家一家人的热心帮助表示感谢。希望他们能继续支持 CSS,同时也希望更多热心人士参与到 CSS 中。

张露思

厦门的调研结束,我来到湖北,在邹老师与崔老师的保护下,同湖北组的小伙伴一起开始新的冒险。沸腾着的长江水似乎给了我们一个下马威,刺眼的太阳又像是考验着我们想让我们知难而退。那怎么可能?有了城市社区的访问经验,在湖北我也被分配在武汉及附近继续督导工作。在湖北的调研让我更加重视沟通的重要性。城中村的环境复杂,人员鱼龙混杂,我想将自己虽然不足的经验和访员们分享,一起讨论一起调整。曾经和访员一起被赶出家门,曾经感受排挤与怀疑,曾经因做到一半而被拒感到可惜与懊恼……每天的心情并不像暑期的武汉,更像是变脸的孩子,从大雨到冰雹、从笑脸到阴郁。曾感觉到之前未曾感受到的负能量都被集中起来一起轰炸，访员们有的被灼伤耳朵，有的心灰意冷，有的开始懈怠与抱怨，调查开始变得困难。但我始终相信，办法总比困难多，我们的 CSS 是为了更好的社会发展，让生活在其中的我们每一个人能更好地理解自身的生活。同理心让我越来越柔软，"生活不易"这四个字并不简单，每个人、每个家庭的生活有鲜亮的一面也必有晦暗的一面，感受实在的烟火气，感受活生生的人和家，与你相遇的每个人，他们用不同的方式让你思考、让你沉淀，让你明白什么是"生活不易"，什么是"希望"。

赵杜灵

在广西调研的日子里，真的很锻炼人，我现在可以一个人出去，一个人看着地图没有任何障碍，一个人住宾馆再也不会浪费电，一个人可以勇敢地陌生人打招呼，一天天的"厚脸皮"，甚至可以将每一个问题联系到问卷中的题目，就连晚上吃饭，都会问一句"如果十分是满分，那么你给你今天的晚餐打几分"，很随意就说出口，仿佛已经内化到灵魂。

广西调研结束后，在邹宇春老师的安排下，我又前往吉林。此次去吉林，我就更为大胆，也不再担心，内心有一种坚定的声音告诉自己，我可以胜任。相比较广西来说，在吉林的调研很顺利，东北人的豪爽和热情让我现在都在回味。农田里的西瓜，真的很甜，很好吃！

说实话，我真的很感谢 CSS 项目，在这个项目中，我收获了成长，磨炼了自我，让我感受到自己的另一面，原来没有那么多障碍，原来我也可以很坚强！谢谢你，CSS！

图书在版编目（CIP）数据

仗卷走天涯：全国大型社会调查之督导笔记 / 邹宇

春，崔岩主编 . -- 北京：社会科学文献出版社，2019.9（2020.8 重印）

ISBN 978-7-5201-5008-8

Ⅰ . ①仗… Ⅱ . ①邹…②崔… Ⅲ . ①社会调查 – 中

国 – 文集 Ⅳ . ① D668-53

中国版本图书馆 CIP 数据核字（2019）第 115751 号

仗卷走天涯：全国大型社会调查之督导笔记

主　　编 / 邹宇春　崔　岩

副 主 编 / 李　炜　任莉颖　范　雷　张丽萍

出 版 人 / 谢寿光

责任编辑 / 张小菲

出　　版 / 社会科学文献出版社 · 群学出版分社（010）59366453

　　　　　地址：北京市北三环中路甲 29 号院华龙大厦　邮编：100029

　　　　　网址：www.ssap.com.cn

发　　行 / 市场营销中心（010）59367081　59367083

印　　装 / 北京盛通印刷股份有限公司

规　　格 / 开本：787mm × 1092mm　1/16

　　　　　印 张：17.5　字 数：266 千字

版　　次 / 2019 年 9 月第 1 版　2020 年 8 月第 2 次印刷

书　　号 / ISBN 978-7-5201-5008-8

定　　价 / 89.00 元